にほんご ほんやく

# 翻译

陆留弟——总主编　　杜　勤——编著

# 教程

（第二版）

日　本　語　中　級　通　訳　資　格　・　検　定　試　験

华东师范大学出版社
・上海・

图书在版编目（CIP）数据

日语中级口译岗位资格证书考试．翻译教程/陆留弟主编．—2 版．—上海：华东师范大学出版社，2021
　ISBN 978-7-5760-1924-7

Ⅰ．①日… Ⅱ．①陆… Ⅲ．①日语—翻译—资格考试—自学参考资料 Ⅳ．①H36

中国版本图书馆 CIP 数据核字（2021）第 138021 号

# 日语中级口译岗位资格证书考试·翻译教程（第二版）

| | |
|---|---|
| 编　　著 | 杜　勤 |
| 责任编辑 | 孔　凡 |
| 封面设计 | 俞　越 |
| 版式设计 | 蒋　克 |
| 出版发行 | 华东师范大学出版社 |
| 社　　址 | 上海市中山北路 3663 号　邮编 200062 |
| 网　　址 | www.ecnupress.com.cn |
| 电　　话 | 021-60821666　行政传真 021-62572105 |
| 客服电话 | 021-62865537　门市（邮购）电话 021-62869887 |
| 地　　址 | 上海市中山北路 3663 号华东师范大学校内先锋路口 |
| 网　　店 | http://hdsdcbs.tmall.com/ |
| 印 刷 者 | 上海商务联西印刷有限公司 |
| 开　　本 | 890 毫米×1240 毫米　1/32 |
| 印　　张 | 8.5 |
| 字　　数 | 333 千字 |
| 版　　次 | 2021 年 8 月第 2 版 |
| 印　　次 | 2023 年 8 月第 2 次 |
| 书　　号 | ISBN 978-7-5760-1924-7/H·36 |
| 定　　价 | 22.00 元 |

出 版 人　王　焰

（如发现本版图书有印订质量问题，请寄回本社客服中心调换或电话 021-62865537 联系）

# 总主编的话

作为上海市外语口译岗位资格证书考试项目之一的"日语口译岗位资格证书考试"自1997年开考至今,已由开始的鲜为人知,到现在逐步被高校日语专业学生了解,并得到社会各相关部门的认可。考试规模不断增大,生源范围不断扩展。可以说,这一项目为培养具有一定水平的日语口译人才作出了贡献。

随着报考人数的增加,考生结构发生变化,原考试项目显现出局限性。为了更好地体现服务社会的宗旨,适应不同岗位日语口译人才的需要,上海市高校浦东继续教育中心(以下简称"中心")决定从2007年秋季起开设"日语中级口译岗位资格证书"和"日语高级口译岗位资格证书"两个级别的考试。在"中心"和上海市外语口译岗位资格证书考试委员会的直接领导和组织指导下,由日语口译专家组陆留弟、蔡敦达、庞志春、杜勤、王丽薇五位老师负责编写《日语中级口译岗位资格证书考试·听力教程》(王丽薇、吴素莲)、《日语中级口译岗位资格证书考试·阅读教程》(蔡敦达、庞志春)、《日语中级口译岗位资格证书考试·口语教程》(庞志春、王建英)、《日语中级口译岗位资格证书考试·翻译教程》(杜勤、刘新梅)、《日语中级口译岗位资格证书考试·口译教程》(陆留弟、蒋蓓)系列教程。

按照"中心"教程编写:1. 定位准确;2. 设定框架和体例;3. 选材面广;4. 体现时代特征;5. 突出口译特点等五点原则,五位老师认真收集材料,编写精益求精、各具特色。例如,《听力教程》每课由A、B两套试题组成。A套用以测试学习者的听力水平,以便进行有针对性的学习和训练。B套为模拟试题,其题型和要求与《考试大纲》的规定完全一致。《阅读教程》全书由上篇、下篇组成,上篇为"阅读基础与技巧",下篇为"课文与综合解答"。上篇部分主要帮助学习者

认识阅读、掌握阅读的主要方法，从而准确且快速地阅读日语文章，做到事半功倍。下篇日语文章涉及说明文、论述文、随笔、小说等题材。《口语教程》每课由两篇文章和"口语讲座"组成。其中"口语讲座"为其特色，兼具知识和信息，引导学习者如何说日语、用日语，从而提高他们的日语表达能力。《翻译教程》每课由日译汉、汉译日两部分组成。在讲授日汉互译基础理论的同时，注重翻译技巧的传授，帮助学习者通过大量的日汉互译实践提高自身的翻译水平。《口译教程》每个单元由六大模块组成。基本词汇和背景知识模块帮助学习者扫除口译中的基本障碍和了解相关背景知识；短句口译和简单的段落口译模块是口译表达的"实战演练"，要求学习者学会灵活、自然、丰富的口语表达；口译注释模块对相关的语言内容进行补充说明，小知识模块对口译的基本要点和基本培训内容进行必要的阐述。此外，为加强国际传播建设，形成同我国综合国力和国际地位相匹配的国际话语权，为了体现本教程能为上海乃至全国培养更多应用型日语人才的编写目的，编者根据不同教材的特点以及需要，归纳出了八大主题：文化娱乐、社会生活、教育研修、环境保护、高新技术、经济贸易、金融证券和时事新闻。

学习外语不同于学习数学、物理等带有公式、逻辑性的学科。外语的学习必须要有无数次的反反复复，而且是简单的反复、反复、再反复。只有坚持这"简单反复"的过程，才能向外语学习的成功更进一步。当然，这"简单反复"也必须由一些指导性的方法来支撑。首先，在初级阶段练好语音语调是对一个"能说会道"者的基本要求；其次，要做到坚持每天放声朗读，这是带领学习者进入"开口说话与交流"的最佳途径；最后也是最重要的一点：如何寻找"自我学习、自我会话、自我翻译"的环境。在外语的学习过程中，除了借助教程以及老师的教授和辅导外，如何寻找一个适合自己学习外语的环境，使自己在日常生活以及自然环境下悟出一套自我学习外语的方法，这在当今千军万马学习外语的浪潮中成为成功的弄潮儿至关重要。

总而言之，学习任何语言都需要付出艰辛的劳动。希望这套系列教材能为有志于从事日语口译工作的人们提供一些帮助和指导。

在此，我谨代表本系列教程的所有编写人员期待着你们的成功！

本人对整套教程从宏观上进行了总体把握，但微观上的把握略有不足，编撰时难免有些缺失。希望各方专家、学者、老师和学生多多给予指正，以便我们及时改进。

"中心"和上海市外语口译岗位资格证书考试委员会的有关领导和工作人员以及华东师范大学出版社对系列教程的编写和出版做了大量的工作，在此我代表各位主编和参与本系列教程的所有人员向你们道一声谢谢，感谢你们对本系列教程的大力支持，感谢你们给了我们施展智慧的一次良好机会。

总主编　陆留弟
2007 年 3 月

# 教材使用说明

　　本教程是"上海市中级日语口译岗位资格证书考试"系列教材中的一册,根据考试大纲的要求编写而成,分为"词语翻译篇""句子翻译篇"和"练习篇"。内容上涉及语言文化、传统习俗、社会生活、文学艺术、经济贸易等广泛的领域,具有较强的趣味性和知识性。另外本教程还注重时效性,例句中采撷的大多是近几年的数据和信息。考虑到日语中级口译岗位资格证书考试主要测试考生的汉日互译的能力,所以教程中日译汉例句和汉译日例句参半编排。因此可作为各大学日语专业的汉日互译教材(或辅助教材)使用,也可作为广大的日语自学者和非日语专业日语爱好者翻译学习的指南。

　　"词语翻译篇"共10章,分别介绍各类词语的翻译方法。

　　翻译家傅雷先生说翻译要"得其精而忘其粗,在其内而忘其外"。在语言中,词语是最积极、最活跃的一部分,社会生活的变迁、民族文化的发生、沿革和发展无不在词汇中得到直接而迅速的反映。因此词语的翻译更应该掌握"由外及里"的要领。所谓"外"指的是词语的表层结构,所谓"内"指的是语境。众所周知,语境是词语运用赖以依存的土壤。如果忽视了对语境的把握,忽视了词语的色彩意义和语义的转化、引申、演变等深层含义的理解,就容易产生"只见树木,不见森林"的偏误,很多误译就是基于这个原因。因此,我们不能有望文生义的思想,更不能一味地照搬词典的释义。本篇章通过大量的例句帮助和启发考生在语境的引导中把握正确的译词。

　　"句子翻译篇"共11章,分别介绍各类关系复句和多重关系复句的翻译方法。

　　句子包括单句和复句,由于单句的翻译相对简单,考生容易掌握,因此本教程只讨论各类复句及多重关系复句的翻译方法。

所谓复句是包括两个或两个以上的分句的句子。分句和分句之间有一定的联系,这种联系是通过一定的语法手段——语序和关联词语来表示的,但是某些复句中的关联词语是含而不发、藏而不露的,表示分句之间的逻辑关系有时又是多解的。这种情况下更应该依赖语境仔细体味并确定各分句之间的内在联系。有两个或两个以上层次的复句叫多重复句。多重复句的每个直接组成部分本身又是复句形式,即复句中包含着复句形式,一层套一层,整个复句在结构上就形成了两个或两个以上的层次。多重复句与一般复句相比,分句多,层次多,结构复杂。翻译时不能急于下手,首先要分析清楚原句的结构层次。在对一般复句分析的基础上,用层次分析的方法,逐层剖析,以便在弄清其结构层次关系及各分句间意义关系的基础上,确定复句的类型,准确理解多重复句所表达的较一般复句更为丰富的内容,然后思考适当的译词。

在以上两个篇章中,对一些具有典型意义的词语和关系复句,编者在例句译文的后面进行了点评,以期考生甄别并达到举一反三的效果。

"练习篇"共有177个例句。

本教程在编排上并没有分门别类地讲解各种翻译技巧的习得方法,而是注重各种翻译技巧的融会贯通,根据例句的需要适当地进行点评。日语中有一个习语叫做「習うより慣れよ」,意思就是"熟能生巧",这个道理同样适用于翻译的学习。编者在每章后面都编有练习题,并配上参考答案。在此基础上又单列出"练习篇",同样配上参考答案,目的就是想通过大量的试译并比照参考答案,让考生在反复的实践中综合掌握与运用各种翻译技巧提高汉日互译能力,从而为成为合格的口译人员奠定良好的基础。同时也可为讲授者提供自由拓展、灵活掌握的空间。

限于编者学识短浅,加之时间仓促,疏漏之处甚至谬误在所难免,祈请专家同行以及广大的日语爱好者不吝赐教,提出宝贵的意见,以便我们进一步修订,使本教程日臻完善。

杜 勤

2021年7月2日

# 目 录

## 词语翻译篇

概述 ································································· 2
第一章　中日词汇的比较 ··········································· 3
第二章　专用名词的翻译 ·········································· 16
第三章　多义词的翻译 ············································· 24
第四章　词的色彩意义 ············································· 30
第五章　位相语的翻译 ············································· 35
第六章　熟语的翻译 ················································ 45
第七章　简称和数词缩语的翻译 ································· 74
第八章　流行语的翻译 ············································· 85
第九章　歇后语、俏皮话的翻译 ································· 94
第十章　拟声拟态词的翻译 ······································· 99

## 句子翻译篇

概述 ································································ 110
第十一章　并列关系复句的翻译 ································ 111
第十二章　连贯关系复句的翻译 ································ 121
第十三章　递进关系复句的翻译 ································ 127
第十四章　选择关系复句的翻译 ································ 133
第十五章　因果关系复句的翻译 ································ 140

第十六章　转折关系复句的翻译 …………………………………… 148

第十七章　让步关系复句的翻译 …………………………………… 159

第十八章　条件关系复句的翻译 …………………………………… 165

第十九章　假设关系复句的翻译 …………………………………… 171

第二十章　目的关系复句的翻译 …………………………………… 176

第二十一章　多重关系复句的翻译 ………………………………… 181

## 练习篇

参考答案 …………………………………………………………………… 216

# 词语翻译篇

# 概 述

日本古代只有语言没有文字。到我国隋唐时代，汉字大量传入日本，日本才开始系统地利用汉字记载自己的语言。最初是把汉字作为表音的符号使用的，即日语有几个音节，就用几个汉字。日语中引入汉语词，称为"字音语"，这些汉字后来逐渐演变成假名。"假"即"借"，"名"即"字"。只借用汉字的音和形，而不用它的意义，所以叫"假名"。那些直接沿用其音、形、意的汉字叫"真名"。这样，一篇文章中并用真名、假名，显得非常混乱。而且假名要借用的同音汉字很多，加上汉字笔画多，用起来很不方便，所以后来就把假名逐渐简化而创造了自己的文字，即现在的"假名"。中日两国使用的汉字，本来都是汉字的繁体字。

汉字传入日本至少有一千多年的历史，在这漫长的岁月里，汉语的词汇和日语的汉字词两者都经历了很大的变化，一些古汉语词汇在现代汉语中已经不使用或很少使用，或词义发生了变化，另一方面，日语的汉字词虽然大部分保持着原意，但是其中一部分发生了词义、使用范围、形态等方面的变化。

日本人不仅引进了大量的汉字词，而且依照汉字创造了不少新的汉字词，称为"和制汉语"，如：「手続き」「見習」「便所」「但し書」「取締」「引渡」等等。

再者，由于日语中的某些概念找不到适当的汉字来表达，日本人运用汉字造字法创造了一部分汉字，即日本的"国字""和制汉字"，这些国字多依汉字六书中的"会意"方法创造而成。例如，用"人"和"動"二字相合而成为「働」，以表示"劳动"。以"口"和"新"二字而为「噺」，以表示"新鲜的话儿"，转而为"故事"之意。这类词还有：「峠」「畠」(畑)、「麿」「辻」「榊」「凪」「込」「笹」「丼」「鰯」「俤」「颪」「躾」「鱈」「椚」「樫」「糀」「柾」「欅」，这种字都是训读的。

鉴于以上诸原因，汉语词汇和日语的"汉字词"之间存在种种差异，这些差异可以归纳成以下几类进行比较。

# 第一章 中日词汇的比较

## 一、汉日语同形词

汉日语的同形词本来字体是完全一样的,但是由于汉字字体在中日两国经历了不同的演变过程,从而造成了两国通用汉字字体的差异。在中华人民共和国成立后我国实施了一系列的文字改革方案,其主要内容是汉字的精简和印刷用新字体的制定,从1956年起,先后公布了四批简化字,包括偏旁简化在内,对2 238个汉字进行了简化。日本政府于1946年进行了一次文字改革,规定了一些汉字作为使用的范围,共有1 850个,这叫做"当用汉字"。"当用"即"当前使用"或"应当使用"之意。这1 850个之外的汉字不再使用,改以假名表记。但这只是政府的规定,仍还有人按习惯使用非当用汉字。1981年10月1日,日本政府又公布实行了《常用汉字表》,对一批汉字的形体加以简化或采取同音字代替,将"旧字体"该为"新字体"。规定1 945个常用汉字作为"一般社会生活中使用汉字的大致上的标准"。

中日两国虽然都进行了文字改革,但是有的字我国简化了,日本没有简化;有的字日本简化了,我国没有简化;有的字两国虽都简化了,但简化却不相同。所以要注意它们的区别。写日语时,一定要写日语汉字,不能写中文的简化汉字。

中国公布的简化字与日本的新字体有不少是完全相同的,如:"点"、"台"、"声"、"尽"、"宝"、"担"、"独"、"麦",其中有一部分是非常接近的,如:"厅(庁)""处(処)""压(圧)""团(団)""应(応)""艺(芸)""脑(脳)""带(帯)""稳(穩)""两(両)""图(図)""盐(塩)""边(辺)""寿(寿)",还有一部分差异较大,如:"气(気)""圆(円)""樱(桜)""价(価)""归(帰)""龙(竜)""丰(豊)""县(県)""儿(児)""卖(売)""广

（広）"等。

一般意义上所说的汉日语同形词,是指原本是同一字体的汉字构成的词,而把中日两国汉字上述的字体差异忽略在外。

汉日语的同形词有的词义对等或基本对等,有的词义不对等。词义上完全对等的词语翻译时可以信手拈来,这里不加赘言。

另外,即使词义相同,两国语在用法上也不尽相同。因此,这就要求译者不仅掌握它们词义上的区别,还要掌握它们在用法上的不同。如"身边"一词,日语经常用于抽象性概念,例如「日常身辺」、「身辺瑣事」,而汉语"身边"一词则侧重于具体的空间概念,即"某人的旁边"。"她身边坐一个女子"可译成「彼のそばに女の人が座っている」;"他强忍痛苦,坐在病人身边"译作「彼は胸の苦しみをじっとこらえ、病人の枕元に座った」为好。

同形汉字词中还有一部分是形同义不尽相同的,这主要是它们在两国语中词义范围不一。其中有两种情况,同一个词,有的日语词义多于汉语;有的汉语词义多于日语。比如汉语比日语词义范围广的有:"健康""对象""分配""简单""紧张""灵魂""东西""便宜""人家"。翻译时不能过分地依赖这种相同点,一味地根据母语中的词义,望文生义地判断日语中同一汉字词的意义而忽视了两者间的差异,否则就会为误译埋下了隐患。

**例句1:しかし、最近、この経過が変わった。私は不健康な自分の身体を何とかしようと思って一大意志を奮い起こして、体操とランニングを始めた。**

**中年の男が昼間からその辺りをドタバタ走っているのはみっともないから、子どもを利用することにした。いかにも子どもをあそばせているふうに見せかけて、彼女といっしょにランニングをした。**

译文:但是,最近这种情况发生了变化。我想锻炼一下自己那虚弱的身体,鼓起很大的勇气,开始做体操和跑步。

大白天的,一个中年男子在那一带呱嗒呱嗒地跑步,不太好看,

所以想利用孩子,装成带孩子玩耍的样子,和她一起跑。

"健康"一词,汉语中的词义比日语广。它除了表示(人体)生理机能正常,没有缺陷和疾病外,还引申为事物情况正常,没有缺陷。而日语的词义为「日常の社会的生活や積極的な行動に堪え得るからだの状態・からだの各部分にぐあいの悪い所が無く、気力の充実している状態」,可见语义只局限于身体机能方面的正常、无缺陷。汉语的"健康"的引申义应该译为「健全である」。

再如"人家"一词,日语只有单解,即「人が住んでいる家屋」,而汉语中则有多解,即:① 住户。② 家庭。③ 指女子未来的丈夫家。④ 指自己或某人以外的人;别人。⑤ 指某个人或某些人,意思和"他"接近。⑥ 指"我"(有亲热或俏皮的意思)。

汉语中②—⑥的词义日语中是没有的,翻译时要仔细斟酌适当的译词,而不能照搬原文的同形汉字词。

**例句2**:被猫抓住的麻雀说:"猫先生,你是聪明的,请问你,你几时看见过吃了饭才洗脸呢?人家都是洗完脸才吃饭的!"猫听了心想:"反正你是逃不了啦,洗就洗吧。"

译文:猫に摑まえられた雀は言いました。「ネコさん、あなたはお利口だから聞くけど、ご飯を食べてから顔を洗うなんて見たことがありますか。誰でもみんな顔を洗ってから食べるものですよ。」ネコはそれを聞いて「どのみちお前は逃げられないのだ。よし洗うと言うなら洗おう」と考えました。

**例句3**:眼看着玉春一年年地长大了,玉春娘最大的一件心事,就是给玉春找个好人家。

译文:玉春がだんだん年ごろになるのを見るにつけ、玉春のお母さんのいちばんの気がかりは娘によい嫁入り先をみつけてやることだ。

汉语中"东西"一词的某些词义也是日语同形词「東西」所没有的。

**例句4**:我想起大人们说过的话,狐狸能变成美女,但尾巴是藏不住的。便说:"你敢让我摸摸你的屁股吗?要是没有尾巴,我才相

信你不是狐狸。"

"咦,你这小东西,想占你姑奶奶的便宜吗?"她很严肃地说。

译文:私は大人たちの、きつねは美女に化けられるがしっぽは隠せない、という話を思い出した。そこでこう言った。「僕がお尻を触っても平気かい? 本当にしっぽがなければ、きつねじゃないって信じるよ。」

「まあ、このこちびさん、この目上のわたしにHしようっていうの?」彼女は厳しい声で言った。

"东西"一词源于中国的"五行说",周延儒解释道:"南方火,北方水,昏暮叩人之门户求水火,无弗与者,此不待交易,故惟言买东西。"清吴长源就此按曰:"民生日用所需,俱资于木而以金易之,乃以少制多也,故止言买东西。"现代汉语中,"东西"这个词被用来泛指各种具体及抽象的事物。

"东西"在汉语中泛指各种具体的或抽象的事物外,还是人或动物的特指(多含厌恶或喜爱的感情),如"老东西""笨东西"。这里的"小东西"是对小孩的昵称,故译作「おちびさん」。"姑奶奶"在亲属称呼上一般指的是祖父的姐妹,这里是强调长辈的意思。

**例句5:除非小张同意,否则谁都不能将屋里的东西拿出去。**

译文:張さんが納得しない限り、誰でもこの家から物を持ち出してはいけない。

**例句6:那个时候与老师初次见面,难免会很紧张,而且我所事先所准备的资料很不齐全。总之我没有拿出自己原有的水平,导致这种尴尬的事情发生,十分抱歉!**

译文:先生には初めてお目にかかりましたので、どうしても緊張していました。その上、事前にご用意した資料も不十分なものでした。とにかく本来の力を出し切れず、このような恥ずかしい事態を招いて、非常に申しわけなく思います。

"紧张"这个同形词汉语中部分词义与日语是对应的,如"第一次登台,免不了有点儿紧张/初めて舞台に立つので、どうしても多少は緊張する""缓和国际间的紧张空气/国際間の緊張した雰囲気を

缓和させる"。而"物资紧张"中的"紧张"是指"供应不足,难以应付",译成日语是「余裕がない、不足する(から、やりくりが難しい)」。

例句7：三武久美子さんが「質屋の女房」になったのは、二十数年前のことだ。8人きょうだいの末っ子で、幼いころに父を亡くし、母のお供をして質屋によく通った。それがどういう巡り合わせか、質屋さんと結婚した。

译文：三武久美子当上"当铺老板娘",已是二十多年前的事了。久美子是8个兄弟姐妹的老小,幼年丧父,常陪着母亲跑当铺。不知道是怎样一种因缘,她竟然与那家当铺的老板结成了伉俪。

汉语中的"兄弟"在亲属关系中只包括"哥哥、弟弟",而日语中的「きょうだい」含义广,包含兄弟姐妹。

例句8：ライブドアのやり方が株による錬金術とすれば、こちらは、部屋をひねり出す「錬室術」と言えるだろうか。ビジネスホテルチェーン大手の「東横イン」が、悪質な偽装工事をしていた。横浜市内のホテルでは、法律や条例で義務づけられた身障者用の設備や駐車場を、完了検査後に通常の客室などに違法に変えていた。チェーンの他のホテルでも、駐車場から貸事務所への改造などがみつかった。

译文：如果"活力门"的所作所为可以称作股票炼金术的话,那么,这里或许就可称作"变房魔术"吧。连锁商务宾馆巨头"东横INN",一直在鼓捣着恶性的瞒天过海的改建工程。就拿它在横浜市内的酒店来说,法律法规所规定的,必须配备的残疾人设施及停车场等,在验收之后被非法改造成普通的客房了。在其他的连锁酒店,也发现过将停车场改建成出租用写字间之类的情况。

日语的「偽装」意为「知られては困るものごとを、相手の目から隠すために、別のものとまぎらわしい色や形にすること」,一般用于某件事情上,而汉语的"伪装"多用于人上面。

汉日同形汉字词中除了上面的部分对等的以外,还有一部分是形同义不同的,称同形异义词,这类词有：

第一章

| 汉语 | 日语 | 汉语 | 日语 |
|------|------|------|------|
| 手纸 | トイレットペーパー | 野菜 | 山菜 |
| 汽车 | 自動車 | 火车 | 汽車 |
| 娘 | 母親 | 大娘 | おばあさん |
| 姑娘 | 娘 | 小姑娘 | 幼女 |
| 爱人 | 配偶者 | 情人 | 愛人 |
| 麻雀 | すずめ | 汤 | スープ |
| 白鸟 | 白い鳥 | 赤身 | 体を裸にする |
| 大家 | みなさん | | |

这类词还有：

研讨、研究生、走、老婆、迷惑、新闻、用心、差别、行事、组合、油断、天井、料理、分别、地道、工夫、请求、馒头、告诉、人间、事情、丈夫、药罐、汤、便宜、用意、无气味、下流、出来、外人、可怜、不精、模样、心中、无心……

同形异义的同形词在汉日两国语言中的词义截然不同，翻译时应该正确把握原文的词义，摆脱母语的干扰，切不可一味地根据其母语中的词义，想当然地照搬日语中同形汉字词翻译。如"快速客车的运行"一词，翻译时不能直接套用，否则会引起误会，因为日语的「快速」是指日本铁路的一种等级(如JR运行的车辆一般根据车速分「新快速」「快速」「普通」三个等级)，所以应译为「高速車両」，另外"运营"也不能译为「運営」，而应该译为「運行」。

**例句9**：有一位朋友对我说，儿子真不孝顺，才八岁，就长了个1.4米的大个子，坐汽车、看电影、逛公园，都得买大人票，比别的孩子要多花一倍的钱！

译文：ある友達が私にしてくれた話です。うちの息子ったらまったく親不孝者なのよ、まだ8歳だというのに140cmもあるノッポに育ってくれたおかげで、バスに乗るのも映画を見るのも公園を歩くのもみんな大人料金を払わされて、よその子と比べたらお

金が倍もかかるんだから!

　　例句10：米政界の長老で、駐日大使を長く務めたマイク・マンスフィールドさんは生前、自ら来客をコーヒーでもてなすことで有名だった。「コーヒーを一杯いかが」と聞くと、大使室の奥の小さな台所に入り、カップを運んでくる。ケネディからフォードまで4代の政権下で、上院院内総務という米議会のトップポストを史上最長の16年間も務めた。黒人差別の問題に取り組み、ベトナム介入にも早くから批判的で、「米国の良心」と評された政治家だ。そんな大物がお茶を入れる姿は、日本人に強い感銘を残した。

　　译文：美国政界的耆宿麦克·曼斯菲尔德先生长期担任驻日大使。生前因其总是亲自沏咖啡招待客人而闻名遐迩。来客时，他先问上一句:"来杯咖啡怎么样?"然后转身走入大使室里边的小厨房，沏好咖啡端出来。从肯尼迪直至福特的前后四届政府期间，他身居美国国会上院院内总务的要职，竟创记录地长达16年。他致力于歧视黑人的问题，很早就批评美国介入越南，是一位被誉为"美国的良心"的政治家。这样的大人物亲手给客人倒茶的模样深深地打动了日本人。

　　例句11：この店は雑居ビルの4階にあり、あまり目立たない。でも中は清潔で、壁に薄型テレビがかかっていて、私が入ったときには中国のニュースを流していた。暫く見たが、ほとんど聞き取れなかった。

　　译文：这家店在杂居公寓的四楼，不太显眼。不过店里很干净，墙上挂着超薄电视机，我进去的时候，正播送着中国的新闻。我看了一会，不过几乎都没听懂。

　　例句12：毎月9万8千円の仕送りをもらい、1万円の奨学金と2万6千円のアルバイトの収入など計13万6千円余りで暮らす。家賃と光熱費に5万1千円、食費に3万円、教養や娯楽に1万円使う。これは一人暮らしの平均的大学生の姿だ。東京の大学に通う学生に限れば、仕送りは12万3千円を超すという。

　　译文：单身生活的大学生每月平均收支情况如下：每月家里

寄来9万8千日元的生活费，奖学金1万日元，打工挣2万6千日元，合计13万6千多日元。房租和水电煤花费5万1千日元，伙食花费3万日元，1万日元用于娱乐及提高修养。据说仅就读东京地区的大学的学生而言，家里寄来的钱就超过了12万3千日元。

　　汉语的"教养"着重于"对下一代的教育和培养"，而日语的「教養」则指一般文化和品行方面的修养。

　　例句13：今から60年前の3月5日、英国の前首相チャーチルは、招かれて米国のミズーリ州に居た。この州出身のトルーマン米大統領と演説会場に向かう前首相は、Vサインを掲げて写真に納まっている。前年の第二次大戦の勝利がさめやらぬといった面持ちだ。

　　译文：距今60年前的3月5日，英国原首相丘吉尔应邀来到美国的密苏里州。他同出身该州的美国总统杜鲁门走向演讲会场，留下了摆出V字手势的照片。看得出表情是完全沉浸在前一年二次大战胜利的喜悦之中。

　　汉语的"前年"指的是"去年的前一年"，而日语的「前年」指的是"去年"，即"前一年"，两者不对等。

　　例句14：サラ金がらみの銀行強盗や一家心中などが相変わらず続いている。先月は兵庫県警の現職警察官が、マイホームのロン返済やサラ金などからの借金で、銀行強盗を働き、逮捕された。

　　译文：与高利贷相牵连的银行抢劫事件以及全家自杀事件依然时有发生。上个月，兵库县警察署的一名现役警察，为偿还住房贷款和高息贷款抢劫银行而被逮捕。

　　例句15：男子の組み体操は血のにじむ努力が必要です。毎日毎日歯を食いしばり高い技に挑戦します。特にフィナーレを飾る五段タワーは技を成功させようとする者、見守る者の、心を一つにし、一瞬時間が止まったようにも思われます。成功した時の拍手はいつまでも校庭に響き渡ります。また、三年生の学年種目の

むかで競走も熱戦がくり広げられます。

译文：男子的组合体操尤其需要刻苦的努力。选手们每天都要咬紧牙关，向高难度的动作挑战。最后一场压轴戏"五层塔"尤其扣人心弦，那一瞬间，时间仿佛静止了一般，无论是竭力使表演成功的选手还是屏声静气关注的观众，在场所有人的心都紧紧地连接在一起。表演成功的掌声久久回荡在校园。除此之外，三年级的年级项目"蜈蚣赛跑"的比赛也相当激烈。

日语的「競走」与汉语的"竞走"同形异义，应该译成"跑步比赛"或"赛跑"，而汉语的"竞走"相当于日语的「競歩」。

## 二、形异义同词

形异义同词主要有下面几类：字序倒置，意思基本相同；部分用字不同而基本意思相同；省略语、简称。

汉日两国语中有着一定数量的字序不同而意思基本相同的词，这些词多以两个汉字构成。如：

| | | |
|---|---|---|
| 介绍→紹介 | 赞赏→賞賛 | 修补→補修 |
| 和平→平和 | 语言→言語 | 急救→救急 |
| 制作→制作 | 买卖→売買 | 搬运→運搬 |
| 黑白→白黑 | 限制→制限 | 迎送→送迎 |
| 盗窃→窃盗 | 痛苦→苦痛 | 始终→終始 |
| 减轻→軽減 | 争论→論争 | 寂静→静寂 |
| 直率→率直 | 朴素→素朴 | 命运→運命 |
| 脱离→離脱 | 收买→買収 | 侦探→探偵 |
| 借贷→貸借 | 顺从→従順 | 缩短→短縮 |
| 设施→施設 | 分配→分配 | 式样→様式 |
| 积累→累積 | 窜改→改竄 | 过滤→濾過 |

**例句16：** 某大学有位中年知识分子给研究生讲现代汉语语法研

究专题。有一次负责研究生具体工作的年轻人向他反映研究生的意见，说"你讲得不深不透，他们不是大学生了，不爱听炒冷饭的课。"直率是直率，可是这位同志听了却来了情绪："炒冷饭！我不炒不就得了吗？"于是想抽腿不干。

译文：ある大学に中年のインテリがいて、大学院生に現代中国語文法の特別講義をしていた。ある時大学院生の世話係りをしている青年が大学院生の意見を彼に伝えてこう言った。「あなたの講義は内容が浅く不十分です。彼らは新味のない焼き直しの講義を聞きたがりません。」素直なことは素直だが、そう言われたほうは気分を害して、「焼き直しだって！じゃあ、やめればいいんだろ！」と言って、講義をほったらかしにしようとした。

例句17：今の若者の行動様式は二十年ぐらい前の我々に比べると全然違いますので、時々世代間のギャップを感じることがあります。

译文：现在的年轻人的行为方式与二十年前的我们相比大相径庭，时常会感到有代沟。

例句18：中国も日本と同様に、子供が乗り物に乗ったり、映画館や動物園などのような文化施設に入ったりするときには、みな子供用の半額割引の切符を買います。ところが、中国と日本の子供用切符の基準には、実ははっきりと違いがあります。

译文：中国和日本一样，小孩儿坐车啦，去电影院、动物园等文化设施啦，都买半票，也就是儿童票。不过，中日两国儿童票的标准却截然不同。

上述词例字序不同而意思基本相同，然而还有一些词语看上去只是字序相反，而实际上与汉语词义意思有较大出入，有的只有部分意思相近，有的则风马牛不相及，如：

安慰→慰安　　吟诗→詩吟　　进行→進行　　伴随→随伴
显露→露顕　　阶段→段階　　素质→質素

例句 19：いままで贅沢な生活に慣れていた彼は、親の会社の倒産で家からの仕送りが切れて、質素な生活を強いられている。

译文：以前他是奢侈惯了的，可是由于父亲的公司破产，家里不再给他寄钱了，所以不得不过简朴的生活。

例句 20：在欢迎会上，除了致词以外，还有日中高中生的表演，非常热闹。但是因为日中的餐桌是分开的，所以没有时间跟中国学生说话。今天上午他们去参观水族馆，下午分成几个小组去各个学校进行交流活动，晚上去日本人家庭住一夜。看来日程安排非常紧，虽说是家庭寄宿，好像他们只能在那儿吃饭和睡觉。

译文：歓迎会では、挨拶の他、日中高校生の演技もあって、とてもにぎやかだった。ただ、日中のテーブルが別々だったので、中国の学生と話す時間がなかった。今日午前は水族館の見学、午後は数グループに分かれて各学校に行き交流活動をし、夜は日本人の家庭に1泊する。日程がとても詰まっているようで、ホームステイとは言え、食べて寝るしかできないみたいだ。

"进行"表示从事某项活动，一般都是后续带有动词性质的名词的双音节或四音节宾语，翻译时，一般可以省略不译，而在这个带有动词性质的名词后面加上「する」，作为サ变动词，有时也可译为「行う」「進める」。而「進行」意为「目的地に向かって移動すること」「予定の線にそって物事が捗ること」，如「進行中の列車」；「議事の進行を妨げる」，或表示「病状が悪化すること」。可见与"进行"的词义大抵是不对等的。

汉日两国语中还有一些个别字形不同而意思基本相同的词。如：

随机应变→臨機応変　红十字→赤十字　　　联欢会→交歓会
核实验→核実験　　　人造卫星→人工衛星　钢筋→鉄筋
幼儿园→幼稚園

汉日两国语中的形异义同词还包括一些省略语、简称。有的汉语用简称，日语用全称，有的汉语用全称，日语用简称。关于简称的翻译将在第七章里进行进一步的探讨。

## 练习题

翻译下列句子（注意画线单词的意思）

1. 他是个有名的牛皮大王，你可要当心，别被他的花言巧语<u>迷惑</u>住了。

2. 日本でテレビを見ていると、食べ物に関する番組が非常に多いことが分かります。どのチャンネルでも、1日に3つくらいの<u>料理</u>番組があるのですから。現代の日本は「飽食の時代」と言われ、世界のあらゆる料理が食べられます。日本料理、中国料理、インド料理、韓国料理、ギリシャ料理、イタリア料理、例をあげればきりがありません。

3. 刚以为隔壁夫妻<u>吵完架</u>了，没想到就听到了摔破盘子的声音。

4. お互いに知っているものだから、相手からきたメッセージを多少聞きもらしても、ほぼ正確にその<u>中身</u>を理解できるものだ。

5. 通信販売で物を買うと、<u>結局</u>は自分で支払うのに、親しい人からのプレゼントが届いたようなうれしい気分になる。

6. 先生が自分の服装をきちんとしてからでないと、子供の服装を<u>注意する</u>ことはできないだろう。

7. 最近、家で仕事をしている人もいるそうだ。こういう<u>勤務</u>の形は、これからますます増える傾向にあるらしい。

8. 都市には、住宅がいっぱい建てられているが、市民の<u>住宅事情</u>がやっぱり厳しいものだ。

9. 銀行や大きな会社の<u>本部</u>がほとんど東京にあるのだ。

10. 日本には、医療費用の<u>自己負担</u>の部分はどのぐらいでしょうか。

11. 彼は最も不可解な<u>存在だ</u>。考え方とやり方は普通の人とぜんぜん違う。

12. 船はどんどん沈んでいく。みんな死ぬことを<u>覚悟</u>して

いた。
　13．もう二十歳も過ぎたのに、ぜんぜん分別がつかないんだ。
　14．今度の医療事件については、患者が病院を裁判所に告訴するつもりだ。
　15．年末になったから、あっちこっちから請求書がいっぱいまわってきた。
　16．大和ハウス工業も、来年の本社移転を機に、地上22階、地下3階の全館を禁煙とする。普通の人も利用する地下の喫茶店なども同様。最大の利点は、年間1 000万円近い経費の節減だ。喫煙場所に置く空気清浄機の電気代、灰皿清掃の人件費、煙の汚れによる内装の改装費などがいらなくなる。

# 第二章 专用名词的翻译

所谓专用名词是指国名、人名、地名、机关团体名、作品名等，表示世界上独一无二的事物的特殊名词。词汇里的词，有的只有一个意义或多个意义。根据词所包含的义项的多少，可以把词分为单义词和多义词。专用名词属单义词，在语言中只有一项意义。因为译名为人们接受的固定译法较多，翻译时一般要遵守这种约定俗成。

汉语的专用名词翻译成日语时大多可以照搬过去，可是书写上该注意改写成日语汉字，读音上一般可根据日语汉字的音读。

由于历史的原因，或受方言的影响，如"北京（ペキン）""上海（シャンハイ）""厦门（アモイ）""香港（ホンコン）""南京（ナンキン）""哈尔滨（ハルビン）等一部分地名的读音不能根据日语汉字的音读。

对包括少数民族在内的一部分中国的人、地名等，日本人习惯上采用音译的方法，就是用照搬汉字，再加片假名音译的译法，而不采用日语汉字的音读，如"王府井（ワンフーチン）""西安（シーアン）""吐鲁番（トルファン）""喜马拉雅山（ヒマラヤ山）"。

专用名词是表示世界上独一无二的事物的特殊名词，属单义词，只有一项意义。汉语专用词语的翻译要求译名的统一，汉语书写的所有外国专用名词也在其列，与之相对应的译名只能是约定俗成的，而不能擅自炮制，因人而异。要做到这一点，除了在平时的学习中善于观察，熟悉日本人约定俗成的说法以外，最便捷、最保险的方法是有效地利用人名词典、地名词典等词典。一般的汉日、日汉词典的附录中也列出，供读者能查阅。如北京对外贸易大学、北京商务印书馆和日本小学馆合编的《日中词典》的附录中就列有"世界主要人名"

"世界主要地名""世界主要企业、品牌名""世界主要媒体名""世界主要文学、音乐作品名"的日汉对照。一般情况查阅词典的附录就能应付了，如果查阅不到，就要查阅专业性的汉日、日汉词典了。

下面是亚洲各国的国名和首都的汉日对照：

| 国名 | 首都 |
| --- | --- |
| 中华人民共和国(ちゅうかじんみんきょうわこく) | 北京(ペキン) |
| 蒙古(モンゴル) | 乌兰巴托(ウランバートル) |
| 朝鲜(ちょうせん) | 平壤(ピョンヤン) |
| 韩国(かんこく) | 首尔(ソウル) |
| 日本(にほん) | 东京(とうきょう) |
| 越南(ベトナム) | 河内(ハノイ) |
| 老挝(ラオス) | 万象(ビエンチャン) |
| 柬埔寨(カンボジア) | 金边(プノンペン) |
| 泰国(タイ) | 曼谷(バンコク) |
| 马来西亚(マレーシア) | 吉隆坡(クアラルンプール) |
| 新加坡(シンガポール) | 新加坡(シンガポール) |
| 文莱(ブルネイ) | 斯里巴加湾市(バンダルスリブガワン) |
| 菲律宾(フィリピン) | 马尼拉(マニラ) |
| 印度尼西亚(インドネシア) | 雅加达(ジャカルタ) |
| 尼泊尔(ネパール) | 加德满都(カトマンズ) |
| 印度(インド) | 新德里(ニューデリー) |
| 孟加拉国(バングラデシュ) | 达卡(ダッカ) |
| 马尔代夫(モルジブ) | 马累(マレ) |
| 斯里兰卡(スリランカ) | 科伦坡(コロンボ) |
| 哈萨克斯坦(カザフスタン) | 阿斯塔纳(アスタナ) |
| 吉尔吉斯斯坦(キルギスタン) | 比什凯克(ビシュケク) |
| 乌兹别克斯坦(ウズベキスタン) | 塔什干(タシケント) |
| 塔吉克斯坦(タジキスタン) | 杜尚别(ドゥシャンベ) |

巴基斯坦(パキスタン)　　　伊斯兰堡(イスラマバード)
阿富汗(アフガニスタン)　　喀布尔(カブール)
伊朗(イラン)　　　　　　　德黑兰(テヘラン)
科威特(クウェート)　　　　科威特(クウェート)
沙特阿拉伯(サウジアラビア)　利雅得(リヤド)
伊拉克(イラク)　　　　　　巴格达(バグダッド)
约旦(ヨルダン)　　　　　　安曼(アンマン)
巴勒斯坦(パレスチナ)
以色列(イスラエル)　　　　耶路撒冷(エルサイム)
塞浦路斯(キプロス)　　　　尼科西亚(ニコシア)
土耳其(トルコ)　　　　　　安卡拉(アンカラ)

　　食品的名称也属于专有名称。在日本中国菜家喻户晓,所以久而久之就有了固定的讲法。如「ビーフン(米粉)」「チャーシュ(叉烧)」「マーボ豆腐(麻婆豆腐)」「上海ガニ(大闸蟹)」。同时西方的一些食品也在东方扎下了根,我们学习日语时,应该找到两国语它们的对应词。下面试看麦当劳菜单(マクドナルドのメニュー)的日汉对照。

　　ハンバーガー　汉堡包
　　チーズバーガー　吉士汉堡包
　　ダブル・バーガー　双层汉堡包
　　ダブル・チーズバーガー　双层吉士汉堡包
　　ビッグマック　巨无霸
　　フィレオフィッシュ　麦香鱼
　　チキンバーガー　麦香鸡
　　チキン・マクナゲット　麦乐鸡
　　アップル・パイ　苹果派
　　パイナップル・パイ　菠萝派
　　チョコレート・サンデー　朱古力圣代
　　パイナップル・サンデー　菠萝圣代

チョコレート・シェーク 朱古力奶昔
ストロベリー・シェーク 草莓奶昔
ファンタ 芬达
コカコーラ 可口可乐
スプライト 雪碧
オレンジジュース 橙汁
ホットチョコレート 热朱古力
ポテト(L) 大薯条
ポテト(M) 中薯条
ポテト(S) 小薯条

例句1：アフガニスタンの街の中で、車体に日本語を記した中古車の多さに驚いたことがある。大半が商用車で、社名や品名が元のまま残っている。米軍による軍事掃討が続いていたころの話だ。

译文：在阿富汗的街头，车身上印有日语字样的二手车多得惊人。大部分是商用车，原封不动地保留着公司名称或商品名称。这都是美军对阿富汗进行军事扫荡时的事。

例句2：愛知万博の主会場のある長久手（ながくて）町は、古戦場の町として知られている。16世紀に、羽柴秀吉の軍と徳川家康の軍が対決する長久手の戦いがあった。町は、ナポレオン軍が敗れた古戦場として有名なベルギーのワーテルローと姉妹都市の縁を結んでいる。

译文：爱知世博会主会场长久手町，作为古战场而闻名于世。16世纪时，羽柴秀吉的军队和德川家康的军队的决战"长久手之战"即发生在这里。该城市和以拿破仑军队溃败的古战场而有名的比利时滑铁卢之间结成了友好城市。

例句3：驰名全球的美国汽车工业城——底特律，近年来在与日本和西欧汽车制造业的竞争中屡屡挫败，像一个被打败的拳击手，再也不能重振它五十年代里的威风了。

第二章

译文：全世界に名声を馳せたアメリカの自動車工業都市——デトロイトは、ここ数年来、日本や西ヨーロッパーとの自動車製造競争にたびたび敗れ、ノックアウトされたボクサーのごとく、再び五十年代における威勢を振い起こす力がなくなってしまった。

例句4：第一次看到这家店的牌子的时候，我联想到了北京的中南海，以为是很高级的地方，所以不敢进去。其实里边不过是普通的中国餐厅。

今天我吃了麻婆豆腐。在日本的中国餐厅做这道菜的时候一般很少用花椒，我总有缺少一点什么的感觉。在这里花椒有是有，但是和成都的麻婆豆腐相比，要少得多。

译文：初めてこの店の看板を見たとき、私は北京の中南海を連想して高級なところだと思い、入る勇気がなかった。でも実は中は普通の中華料理店である。

今日は麻婆豆腐（マーボードウフ）を食べた。日本の中華料理店では、この料理を作るとき山椒をほとんど入れないので、いつも何か物足りない感じがする。ここでは山椒は入っているけれど、成都の麻婆豆腐に比べたらずっと少ない。

例句5：几分钟后，服务员把一碗热腾腾的馄饨端上来了。里面有八个馄饨，还有上面撒有很多香菜末。我觉得这和日本式的馄饨完全不一样，因为对日本人来说，香菜有点吃不惯，所以在日本的中国料理中，香菜一般放得很少，只不过是配菜而已。

译文：数分後、店員が熱々のワンタンを運んできた。中にワンタンが8個入っていて、さらに香菜のみじん切りがたっぷりかかっている。これは日本風のワンタンと全く違うと思った。というのは、日本人は香菜をあまり食べ慣れていないので、日本の中華料理には香菜は普通少ししか入っていない、料理のつまにすぎないからだ。

例句6：花火での雑踏事故は海外にもある。英国では18世紀、王族の結婚を祝う花火で群衆千人がテムズ川に転げ落ちた。カンボジアでは約10年前、国王誕生日の花火に市民が殺到して

死者が出ている。

　　译文：放焰火引发的踩踏事故在国外也发生过。在英国 18 世纪庆祝王室婚礼的焰火晚会上，有一千名观众被挤落到泰晤士河中。在柬埔寨十年前庆祝国王生日的焰火晚会上，市民们蜂拥而来，酿成观众死亡惨剧。

　　例句 7：サッカー W 杯ドイツ大会の開幕まで、ちょうど 2 カ月。日本代表チームは来月下旬には、合宿地のボンに入る予定だ。ボンは 90 年のドイツ統一まで、西ドイツの首都だった。合宿地に選んだ理由としてジーコ監督は、「街が落ち着いている」ことを挙げていた。

　　译文：现在离德国世界杯足球赛开幕刚好还有两个月时间。日本队预定于下个月下旬入住位于波恩的集训地。波恩在 90 年代德国统一以前是西德的首都。主教练济科提到选择波恩为集训地的理由是"这个城市很宁静"。

　　例句 8：スペースシャトル・コロンビアの打ち上げをケネディ宇宙センターで見たのは、81 年の秋だった。天に向かうロケットの噴射口の下に、白金のきらめきを強烈にしたような巨大な光の玉が見えた。やがて、空気を大きく揺るがす衝撃波が記者席に届き、体が小刻みに震えたのを覚えている。

　　译文：1981 年的秋天，我在肯尼迪太空中心看到航天飞机——哥伦比亚号发射的情形。冲向天空的火箭的喷射口下，看到了变得强烈的耀眼白金色巨大光团，不久，强烈地震撼着空气的冲击波涌动到记者席上，我感觉到身体瑟瑟发抖。

## 练 习 题

一、翻译下列专用名词

爱迪生　　伽利略　　爱因斯坦　　安培　　欧姆　　居里
哥白尼　　达尔文　　牛顿　　　　诺贝尔　伏特　　瓦特
培根　　　卢梭　　　安徒生　　　伊索　　格林　　高尔基

莎士比亚 雪莱　　屠格涅夫 托尔斯泰　 海涅
巴尔扎克 马克·吐温　 莫泊桑　 莫里哀　 雨果

二、翻译下列句子

1. 为什么他没有出生在巴黎、维也纳、柏林、纽约、日内瓦、维尼斯、伦敦、莫斯科，却出生在这么个鸟都不拉屎的穷山沟？

2. 日本爱知县日中友好协会组织的"丝绸之路观光团"一行，于10月20日抵西安，然后乘飞机直赴乌鲁木齐，游览了丝绸之路的要塞吐鲁番、敦煌等地，昨天和今天又参观了首都北京的名胜古迹，结束了14天的访问日程，明天就要踏上归途了。回顾这两周，我们深感贵国的辽阔雄伟，使我们每天都沉浸在激动中。

3. 围绕2002年将在美国盐湖城举行的冬奥会在申办过程中的受贿嫌疑问题，国际奥委会主席萨马兰奇举行记者招待会，表示将对特别恶劣的六名委员给予暂时的开除处分，并敦促他们辞职，将受到处分的六名委员分别来自刚果共和国、厄瓜多尔、苏丹、马里、肯尼亚和智利。

4. 因为我的朋友爱吃辣的，所以点了麻婆豆腐。不过对他来说这道菜根本不辣，而且分量也很少。我们吃完后，我看得出他还吃不饱，所以我为他还点了一碗拉面。我问服务员说："做拉面的时候，可以多加点辣椒吗？"她回答说："担担面的调料是现成的，不能加上其他调料。但是如果是拉面的话，做的时候可以多加豆瓣酱。"我说："好，那请放很多豆瓣酱。"

5. 中世以降、諸州・諸都市が分立していたこの長靴形の半島に「イタリア王国」ができたのは、日本の幕末にあたる1861年のことだった。祖国の統一と解放をめざす運動の結果、トリノに最初の首都が置かれた。今は、フィアットなどの自動車産業や機械工業の中心地となっている。

6. ディケンズは「クリスマス・キャロル」を著し、アンデルセンは、大みそかの夜の「マッチ売りの少女」を書いた。19世紀の歳末をそれぞれに描いたふたりの会話を想像しながら、人の波に分け入った。

7. 例えば「〇〇保育園」と書かれた送迎バスが、武装したアフガン男性を運んでいる。地雷原に近い悪路を行く米軍の車両には、大きく「宅急便」とある。ほかに「JA 盛岡市」や「大阪ガス」も見かけた。漢字やカナが醸すのどかな雰囲気が、戦乱の地には何とも不似合いだった。

　なぜ日本語を消さないのか。地元カブールの業者は「文字が元のままなのは日本で無事故だった証拠。並の日本車より高値がつく」と説明する。現地で塗装し直す際に、わざわざ「日本語は残して」と頼む客もいるそうだ。

　8. よく晴れた日の昼前のことだ。数人の男女がそれぞれにカメラを構え、虫や鳥を撮影していた。そこへ保育園児が10 人ほどやってきた。「さあチョウチョウを捕まえるぞ」。引率の男の先生が捕虫網を配り始めると、カメラを持った男性が制した。「ここではチョウは捕らない決まりです。」先生の記憶では、たちまち険悪な空気になった。「何年も前からここで虫を捕ってきた」と言うと、「羽化したばかりのチョウを捕るのはよくない」と切り返され、口論になったという。撮影の一人が携帯電話で110 番に通報し、パトカーが来た。警官は双方から言い分を聴いた。「お気持ちはわかるが、お互いもうこの辺で。」

第二章

# 第三章 多义词的翻译

所谓多义词是指有两个或两个以上的意义，各个意义之间有都有一定关联的词。一般说来历史长久，使用频繁、经常出现在不同的上下文中的词，它们的义项就比较多。多义词的各个义项性质并不相同，有基本义、引申义、比喻义等。

多义词虽然包括两个或两个以上的意义，但是在具体的语境里，除了用作双关语外，都只有一个意义。与其他语言同样，汉语中有不少多义词。多义词的意义之间往往有着共同点或某种联系，如"接"有"连接"（接电话）、"接受"（接到一封信）、"迎接"（接客人）这三种意义，它们都表示"使分散的人或事物聚合在一起"。然而译成日语时要分别译为「電話に出る」「手紙を受取る」「お客さんを迎える」。所以在翻译过程中必须根据上下文吃准它在语句中的准确含义，找到确切的对应译词。如"有意见"一词是多义词，其基本义是"对人（事）认为不对因而存在不满的想法"，日语为「不満を持つ」「文句がある」。有时"有意见"是其比喻义，比作"肚子饿得嗷嗷叫"（像在对主人提意见）。而日语中没有相应的比喻义，不能直译，而只能意译为「お腹が減ってグーグーと鳴り出す」。"家教"也是一个多义词，一为"家长对子女进行的关于道德，礼貌的教育"，二为"家庭教师"的简称。翻译成日语时应该根据上下文语境从「家のしつけ」或「家庭教師」「個人レッスン」中寻找正确的译词。

一般说来，越是简单的词汇，词意越多。下面以"走"一词为例，分析其词义的多样性，并比较日语的对应词。

1. 马不走了。
   →馬が走らなくなった。

2. 春节期间走亲戚的人很多。
   →旧正月期間中、親戚訪問に出かける人がかなり多い。
3. 这次的调查要秘密进行,千万不要走了风声!
   →今度の調査は密かに行うべきだから、絶対消息を漏らしてはいけない。
4. 茶叶走味儿了,一点儿都不好喝了。
   →お茶の匂いが抜けたので、ちっとも美味しくないわね。
5. 那块儿手表早就不走了!
   →その腕時計はとうに動けなくなったのよ。

**例句1：唉,在供职期间,人们唯恐自己的饭碗丢失,放弃带薪休假也许是出于无奈。但在辞掉工作前想消化掉过去积攒下来的带薪休假,这是人之常情。**

译文：まあ、働いている間は自分のポジションを確保する為に有給休暇を放棄するのはやむを得ないかも知れませんが、会社を辞める前には、せめて貯まりに貯まった有給休暇を消化したいのが普通でしょう。

**例句2：面对严寒来袭,上海提前出击：社区里弄,水管水表穿上"棉衣",雪铲草垫准备充足,独居老人有人关心；郊区农村,露天菜已经抢收,大棚菜烧炭保温,"菜篮子"供应充足；高架道路,提前撒盐融雪演练,易结冰处专人驻守,确保市民出行安全。**

译文：襲来する厳しい寒波を前に、上海は今回も同じく早めに行動した。住宅地では、水道管とメーターが「綿の服」を着せられ、雪かきのショベルと藁のマットが十分に用意してあり、一人暮らしの高齢者にも世話をする担当者がつく。郊外の農村部では、露地野菜がいち早く収穫され、ビニールハウスでは保温のために炭が燃やされ、食材の供給は充足している。高架道路の場合、前もって除雪剤散布の訓練が行われ、凍結しやすい場所には専門のスタッフが常駐し、市民のお出かけの安全を守っている。

多义词的义项,从它们在语言在中出现的频率和使用范围上而言,可以分为常用意义(基本义)和非常用意义(引申义)。所谓常用意义,

第三章

一般是指使用频率高、出现范围广的意义,反之,就是非常用意义。"菜篮子"是个多义词。基本义是"盛菜的篮子",借指城镇居民的蔬菜、副食品(的供应)。为缓解我国副食品供应偏紧的矛盾,农业部于1988年提出建设"菜篮子工程",建立了中央和地方的肉、蛋、奶、水产和蔬菜生产基地及良种繁育、饲料加工等服务体系,以保证居民一年四季都有新鲜蔬菜吃,解决了市场供应短缺问题。原文中的"菜篮子"是引申义,所以不能译作「買い物籠(かご)」,而只能译作「食材」。

例句3:あたりに人気のない建設現場を、風が渡ってゆく。敷地の囲いのすき間から建物が見える。既に見上げるほどに高く組み上げられているが、工事はもう進まない。

译文:建筑工地四周空无一人,一片荒凉,只有阵阵风吹过。透过工地周围护栏的缝隙,能窥视到建筑物。它已经砌得让人仰视的高度,可现在却已经停工了。

「人気がない」有两个意思,因读法而异。读作「にんきがない」,表示"不受欢迎",读作「ひとけがない」,则表示"看不到人影"、"空无一人"。

例句4:今年ほどマスク着用率の高い年があっただろうか。花粉症の患者を泣かせる快晴で強風の日に、通勤電車の中で数えると、乗客のざっと4人に1人が着けていた。

译文:今年戴口罩的人多于以往任何一年吧。刮大风的晴朗日子则更让花粉症患者吃足了苦头,我在上班的电车中数了数,乘客中大约4个人中就有1个人戴着口罩。

例句5:昔、米軍の基地を「包囲」しようとしたことがある。ただし、ひとりで、てくてく歩いて…。東京西郊の立川基地は、戦後長い間、米軍基地だった。大学の休みに基地沿いに歩いて、その大きさを実感しようとした。まだベトナム戦争が続いているころだった。

译文:从前,我曾作过"包围"美军基地的尝试。不过,所谓"包围"只不过是我独自一人信步而行。东京西郊的立川基地战后长期

曾是美军基地。我利用大学的假期绕着基地转悠,想亲身体验一下它的面积之大。当时,越南战争尚未结束。

例句6:先夜、タクシーの運転手さんがこぼしていた。「お客さんに1万円札を出されると、びくっとしますよ。受け取ってすぐ透かしてみるわけにもいかないでしょう。」

译文:前几天的晚上打的时,听到出租车司机在抱怨:"客人拿出一万日元的纸币来,我心里就会'咯噔'一下。拿过来又不能马上对着光来验真伪,您说是吧。"

「こぼす」是个多义词,这里是"发牢骚""抱怨"的意思。

例句7:モザイクは何かご存知だろうか。おそらくある人は、モザイクとは一種のスタイルのことだといい、またある人は、モザイクとはドキュメンタリー番組のあるシーンで、プライバシーを保護するため、そのシーンに出てくる人の顔の部分に使う一種の編集技術だというだろう。

译文:知道什么是"马赛克"吗?也许有人会说"马赛克"是一种形式;也许有人会说马赛克是在纪实节目的电视镜头中保护个人隐私而在出镜人面部使用的一种编辑技术。

例句8:ふるさとへ、あるいは海へ山へ、多くの人が旅をする季節である。しかし、車で移動する人たちは、今年は複雑な思いを抱いているのではないか。日本をつなぐ幹線道路を造ってきた日本道路公団が、公団ぐるみで「官製談合」に関与していた疑いが濃くなっている。

もう一つの「談合」も浮上した。公団と国土交通省が、公団民営化推進委員会の懇談会への、幹部の出席を見送ったという。「事件が捜査中で委員の質問に答えられない」「談合対策で多忙」などと弁明しているようだが、両者間に「欠席談合」があった気配が感じられる。

译文:大批大批的人返回故乡或是去游山玩水的季节到了,但是借助于汽车出行的人们今年恐怕会别有一种滋味在心头。修建连接日本干线道路的日本道路公团涉嫌集体参与"官方串标",从而在

人们的心中布上了浓郁的疑团。

另一起"串通事件"也浮出了水面。据悉,公团和国土交通拒绝派官员出席公团民营化推进委员会的恳谈会。尽管他们以"事件正在调查中无法回答委员的提问""忙于制定防止串通对策"等理由为自己开脱,但是难以摆脱两者间有"串通缺席"的嫌疑。

## 练 习 题

一、把与多义词"打"有关的句子翻译成日语
1. 这次的流行性感冒很厉害,不打针恐怕好不了。
2. 路很远的,还是打的去好些。
3. 打上伞!外面正在下雨呢。
4. 啊,打雷了!快点走,不然要被雨淋湿了。
5. 给小李打个电话,让他明天早上八点来接我。

二、把与多义词"包"有关的句子翻译成日语
1. 现在的年轻人连过春节都懒得包饺子。
2. 要寄给小平的东西都包好了,下午出去时寄去吧。
3. 这次暑假准备包辆车带家里人去苏州、南京玩。
4. 在日本饭店和旅馆大多都包早餐。

三、把与多义词"抢"有关的例句翻译成日语
1. 我怎么运气这么不好,又被她抢先了。
2. 听说那里的治安很不好,抢包抢钱的事很多。
3. 二级考试特别难报名,好多人抢报了一天也没报上。
4. 要下雨了,快抢着把活儿干完了!
5. 今天出去玩儿,男同学们都抢着付费。我一分也没花出去。

四、翻译下列句子
1. 爸爸,事情是明摆着的,妈妈教了二十多年的书。现在病得动不得了,她教书的那个学校,又出不起医药费,她整天躺在床上,只能靠您和我们下了课来伺候她。那个四川小阿姨干得不耐烦了,整

天嘟囔着说要走人。

2. 晚上，老师来"家访"，说小虎上课捣乱，还跟老师顶嘴，没有家教，以后再这样就罚他停课。

3. イチロー選手はなぜこれほどヒットを打つことができるのか。よく指摘されるのは、イチロー選手が練習の虫だということ。日本のプロ野球でプレーしていた頃も、マシンを相手に何時間でも納得が行くまで練習したという。

4. オウムは国の中に国を造ろうとたくらんだ。標的は日本という国家だった。市民は、いわばその身代わりにされた。したがって、無差別テロの再発防止だけではなく、被害者や遺族への手厚い支えもすべきである。

# 第四章 词的色彩意义

　　词的色彩意义,是指词在语感上给人的情态、意味、格调等的感受,有感情色彩义、语体色彩义之分。

　　感情色彩意义来自人们的主观世界,是人们根据一定的标准对词所称谓的事物做出的是非、褒贬的评价情态以及爱、憎、敬重、嘲谑等感情色彩。如同是指称妻子的词,尽管它们的理性意义不变,说"夫人"有敬重感,说"爱人"有亲切感,说"老婆"有诙谐感。称"爸爸"为"父亲",情态郑重,风格文雅;不称"父亲"称"爸爸",口吻亲切,风格通俗,今年来,有流行的"老爸"一词,则更平添了几分亲切感。日语中同样也有「妻」「女房」「細君」「奥さん」「奥様」「家内」「上さん」及「父親」「お父さん」「パパ」「親父」等同义词,情感色彩各自不同。再如同样是"洗头",日语有「洗髪」和「シャンプー」之分,前者古朴,中老年男子使用甚多,后者时髦年轻女子经常使用。再者「する」和「しでかす」虽然理性意义相同,但是感情色彩也不同,前者没有特定的色彩意义,为中性词,没有褒贬之别,后者则为贬义词。日语有很多与"脸"对应的同义词,如「かお」「かんばせ」「つら」「がんめん」等,但是它们各有不同的感情色彩意义。「かお」是一般通俗的说法;「かんばせ」风格文雅,多见于古文;「つら」含有贬义;「がんめん」严谨,如用于医学上的「顔面神経」。翻译时应该很好地把握了原文中的色彩意义,选择准确的译词。

　　例句1:大约一年前,她和我不太亲近了。原因好像是把她赶出我的工作间,此外,也不太和她一起玩了吧。如今,只有当我空闲时才去照顾她,所以,即使想要抱抱她,她也是躲得远远的。

　　做爸爸的真是伤心啊!

我娇惯孩子,这一点她是知道的,所以只有在企图躲开妈妈去拿点心时,才会来叫我"爸爸,抱抱"。被她这么一叫,我这个当爸爸的整个身体好像都酥软了一般。

译文:彼女は一年ほど前まで、あまりこの私になつかなかった。仕事部屋から追い出したり、あまりいっしょに遊んでやらなかったことが原因らしい。ところが都合のいいときだけかまおうとするので、ダッコをしようとしても逃げていったりする。

パパは悲嘆に涙にくれたものだ。

ただ、私が子供に甘いことだけは知っていて、ママに隠れてお菓子をとりにゆこうとするたくらみを抱くときのみ、「パパ、ダッコ」と私を誘う。そう言われると、このパパは身体中グニャグニャになるのである。

例句2:校外事办公室的一位干部说:"圣诞节到了,今天中午我们要请大家吃饭,咱们高兴高兴。"有位留学生听了,大声地说:"太好了,我们要大吃大喝了。"这句话弄得这位干部哭笑不得。

译文:大学の外事弁公室のある幹部が言った。「クリスマスが来たので、今日の昼に皆さんをお食事に招待しようと思います。皆さん一つ楽しみましょう。」それを聞くと、ある留学生が大声で言った。「それはいい。無駄遣いして飲み食いしようじゃないか。」その言葉を聞いた幹部は泣くに泣けず、笑うに笑えなくなってしまった。

外国留学生初到中国学汉语,对"大吃大喝"所表达的感情色彩不了解。这个词是贬义词,指当今社会某些人利用公款请客吃饭,大开宴会,肆意挥霍浪费的不正之风。这位留学生的以为在"吃""喝"前面加上个"大"字,就是痛痛快快地吃一顿了,结果闹出了笑话。这个词不能简单地译成「大いに食べ大いに飲む」,如果这么翻译,就忽视了其中贬义的感情色彩,也就和后面的"弄得这位干部哭笑不得"衔接不起来了。另外,直接套用原文,再加译注也不失为一种译法。

例句3:一旦真要休假,由于在休假期间所负责的工作得由其他同事分担,所以被视为添麻烦的事,休假无论对公司还是对周围的同

事来讲都绝非是受欢迎的事,这就是"真心"所在。就因为如此,一年内一个月左右的带薪休假泡汤,好容易才获得的权利也不得不放弃的职工大有人在。

译文:いったん本当に休もうとすると休む間は担当業務はほかの人に分担してもらわなければいけないので、迷惑だということで有給休暇を取るのは会社にとっても、同僚にとっても決して喜ばしい行動ではないというのが「本音」です。そのために、年間に1ヶ月くらいの有給休暇が水の泡になってしまい、せっかくの権利を放棄せざるを得ない社員がずいぶんいます。

风格色彩意义来自词的使用范围。语言的应用范围,总的分为两大场合,一是日常生活的交际场合,一是政治、经济、文化生活的交际场合。前一种交际内容一般用口语表达,后一种交际内容往往用书面形式表达。这就使语言产生了两种语体、两种风格。经常用于日常生活交际的口语词,就有通俗、浅显的口语风格情调,经常用于书面交际的书面语就有郑重的书面语风格情调。如"捉摸"和"思考"意思相同,但前者带有口语风格,后者带有书面风格,日语也是如此,「考える」口语文章里都可以使用,「思考を凝らす」则只用于书面语。翻译时要注意原文和译文书面风格或者口语风格的对应。"计划生育"一词,日语中有两个译词「計画出産」和「一人っ子政策」,两者间有与语体上的差异,前者庄重,后者通俗,应区分对待两个译词的雅俗之别。如在翻译国家机关专用名称"计划生育委员会"时适合用前者,在一般陈述时用后者。

例句4:最令人感到激动的还是万里长城。当我们看到从月球上唯一能见到的建筑物时,被它的壮观深深感动。听说中国有句话,叫做"不到长城非好汉",我们也荣幸地当上了好汉。我们用短暂的两周时间游历了这么辽阔的国土,真可谓是走马观花,但作为了解中国、加深交流的开端,收获还是很大的。

译文:もっとも感動したのは、やはり万里の長城でした。月から見える唯一の地上建造物を目の当たりしたときは、その雄大さにすっかり魅了されてしまいました。「長城に到らねば好漢にあ

らず」といわれているそうですが、おかげさまで、我々は全員「好漢」になることができ、こんなに広大な大陸を二週間という短時間で駆け回ったわけですから、まことに「馬上花を見る」思いでありますが、中国を理解し、交流を深めていく第一歩としては大きな収穫でした。

　　本例句中"不到长城非好汉"是文言文，译文也译成文言文，这样就保持了原文的语体风格。

**例句5：我们的讨论已经渐入佳境了，希望还没有发言的代表也踊跃地参加进来。**

　　译文：我々の討論はますます盛り上がってきましたが、まだご発言なさっていない方も、どうぞ積極的に討論に加わって下さいますよう、お願いします。

　　不能看出这是会议主持人的讲话，"渐入佳境"如果翻译成「佳境に入る」，就显得太生硬了。译文中匠心独用，用「盛り上がる」一词来翻译，活泼自然，体现了口语体的语言风格。

**例句6：バレリーナのような女性の写真があった。氷の上のバレーともいうべきフィギュアスケート界に妖精のような少女がいる。全日本選手権女子で2連覇した中京大中京高の安藤美姫さん。いま注目度ナンバーワンのニューヒロイン。世界でただ一人、4回転ジャンプを3度も成功させ、2006年トリノ冬季五輪の金メダルの有力候補のスーパー美少女選手だとか。**

　　译文：这是一张酷似芭蕾舞演员的女性照片。她就是全日本女子花样滑冰锦标赛二连冠的中京大学中京高中的安藤美姬小姐，一位活跃在素有冰上芭蕾舞之称的花样滑冰界的"精灵"，当前最受关注的新女英雄。目前世界上只有她一个人能完成4周跳跃，并且三次获得成功。她将是最有实力冲击2006年都灵冬季奥运会此项目金牌的超级美少女选手。

　　日语中的"妖精"指的是"西方的传说或童话故事中出现的树精、花仙子"，汉语中的"妖精"一词则是"妖怪"或"以姿色迷惑男性的女人"，两者在词语的色彩意义上不对等。

**例句 7**：一番信用できない連中が自分の失敗や汚職を棚に上げて、「俺を信用しろ」というのである。なんという厚かましさ。

译文：就是这帮不讲信誉的家伙，闭口不谈自己的过失和渎职，还大言不惭地说什么"相信我"，多么厚颜无耻啊！

**例句 8**：就那么个矮矬子还想打篮球？尽说大话！

译文：そんなちびなくせに、バスケットボールがやりたいというの？よくも生意気を言うのね。

**例句 9**：如果执法明显缺乏力度，法律岂不成了不咬人的纸老虎？

译文：もし法律の執行が明らかに力不足なら、法は人をかまない張子の虎になってしまうのではないだろうか。

## 练 习 题

翻译下列句子

1. "有朋自远方来，不亦乐乎。"《论语》开篇这一节名句，在日本人中也较为人知。与我同年代的人，十岁刚出头时就被灌输在脑子里。40年过去的今天，无论与新朋相会，与旧友重逢，仍总要想起这句话来。

2. 打开《论语》，开头便是"子曰：'学而时习之，不亦说乎？'"这著名的一节。这个"学"是指阅读《诗经》《书经》等孔子的教科书。不时地重新读诵温习，每每将加深理解。人生的喜悦莫过于此。

3. "少年易老学难成"这句格言是真理，但遗憾的是，人往往是上了年纪之后才能真正体会到这句话的分量。

4. 爸爸看着结婚照片，调侃道："你老娘没生孩子的时候，多美……"从眼神中流露出对妈妈似水年华的追忆。

5. 遺書によれば、大河内は「使い走り」をさせられていた。これは自ら望んでしたのではなく、無理に強いられた苦役である。つまり、大河内「身体の自由」を奪われていたのである。

6. あいつはいかにも道楽者だ。お父さんが一生苦労して稼いだお金を何日間で使ってしまった。

# 第五章 位相语的翻译

语言在具体的使用过程中，会根据说话者的性别、身份、年龄的不同，说话内容、场合的不同，表达方式也呈现出不同的形态。这就叫"位相语"。翻译的过程中选择适当的位相语有相当的挑战性，因为相对地位关系是由许多因素的复杂组合来决定的，如社会地位、级别、年纪、性别，甚至替别人帮过忙或欠别人人情。

日语中敬语是"位相语"的一个重要的组成部分，在长期的社会生活中日本人形成了一个完整的敬语体系，它用以表示谈话者对谈话对象的尊重。所谓的敬语是用于称呼谈话对象或与其相联系的事情，如亲友或所有物。总体来说，妇女比男士倾向于使用更礼貌的语言，而且使用的场合更多。相反，有一些特别谦虚的词，是讲话者用于指自己或与自己相关的事情的。语言的位相表现在词汇、音韵、语法，甚至体现在文字书写等方面，然而在词汇方面的位相差异尤为明显。

与其他语言相比，日语中的"位相语"尤其发达，翻译者应该掌握的"位相语"的各种表达方式，这样才能游刃有余地进行翻译工作。

日语中一个简单的句子可以有多种表达方式，这要取决于谈话者与谈话对象之间的相对地位关系。

我们看一组例句：

① **社長は来週出張する。**
② **社長は来週出張なさる。**
③ **社長は来週出張します。**
④ **社長は来週出張なさいます。**
⑤ **社長は来週出張いたします。**

① 是基本义，不含敬意和礼貌义；② 含敬意不含礼貌义；③ 不

含敬意,含礼貌义;④ 含敬意和礼貌义;⑤ 含礼貌义,含谦义表示对外部人员的敬意。在以往的日语教学中,位相语没有得到足够的重视,因此往往也成了日语学习者的薄弱环节。然而翻译要做到寻求对应中的"神似"本质,必须在这方面有所突破。具体说来,就是掌握日语位相语的相关知识,要使译文准确地再现出与原文的社会属性、个人属性以及使用场合相吻合的各种位相。

## 一、男 女 用 语

男子用语和女子用语的区分是位相语的一个重要内容,也是日语的一大特色,而现代汉语中,除了从感叹词和语气助词中能隐约感受到一点以外,几乎很少有男女用语的区别,如感叹词"哎哟"多为女性使用,男性则多说"哎呀"。语气助词"呀"多为女性使用,男性则说"嘛、啊"。当我们把一段汉语对话翻译成日语时,如果不知道说话者的性别,简直无从下手。然而,每个人话语都不是空中楼阁,而是有着它赖以依存的语境供你分辨出说话人的性别、身份以及与听者间的亲疏关系,如:

**例句 1:** 奥さんが、子供を抱いて、表でひなたぼっこをしていると、道を通る人が、子供を指差し、

「ほんとに、この子は、东西南(とうざいなん)じゃなあ。」

といって通ってゆきました。

奥さんは、誉められたと思い、嬉しそうに家に入ると、ご亭主に言いました。

「のうのう、おまえさん。どこの人か知らないが、この子のことを,东西南じゃと、とても誉めていかれましたわ。」

というと、ご亭主、「風呂にでも入れて、表へつれてでな。东西南とは,北(きた)ないということだぞ。」

译文:夫人抱着小孩在外面晒太阳,有一个过路人手指着孩子说道:"这孩子真是东西南啊!"说完就走了。

夫人以为人家是夸奖孩子,高高兴兴地回到家对丈夫说:"喂,你

瞧啊,有一个陌生人说这孩子是东西南,特别夸奖他呢。"

丈夫听了之后说道:"你带孩子出去时,要先给他洗洗澡啊。所谓东西南,就是没有北,这是说脏的意思啊。"

(注:在日语中"没有北"「北(きた)ない」与"脏"「汚い(きたない)」发音相同。)

从上面的译文中也能看出,在人称代词的使用上有男女之别。男子使用的人称代词,第一人称有「ぼく」「おれ」「わし」,其中「ぼく」用于同辈之间或较随便的场合,「おれ」则显得傲慢而粗俗,「わし」多为老年人使用;第二人称有「きみ」「おまえ」「きさま」「てめえ」等,其中「きみ」用于同辈之间或对下辈,「おまえ」大多带有居高临下的傲慢口吻,「きさま」「てめえ」之类带有轻蔑和责骂的口气。

女子使用的人称代词,主要是第一人称「わたし」,在比较随便的或亲密的场合,也有用「あたくし」的,「あたい」多为小女孩专用,「わたし」「わたくし」虽然属中性人称代词,男女性在公共场合都可用此自称,但在实际运用中,女子的使用频率远远高于男子。第二人称中严格说来没有女子专用的人称代词,一般都用「…さん(さま)」来称呼对方,值得一提的是「あなた」或「あんた」大都是日本女子用来称呼自己的丈夫或恋人的。

语言学家金田一春彦先生在『日本語の特質』一书中非常风趣生动地说,如果回到家,妻子好心好意地温好了一盅酒端上来,却对你说「おお、帰ってきたか、一本付けといたぞ」,就会使丈夫大皱眉头。"好话一句三冬暖,恶言出口六月寒。"明明是个妇道人家,说起话来却跟男人一样粗野。相反,回到家,哪怕只有一碗茶泡饭,一句「きょうはお茶漬けでごめんなさいね」便胜过任何美味佳肴了。日本女性把语言的温文尔雅,礼貌含蓄作为美德。她们把「はらが減った」「飯を食う」「うまい」之类的话当作粗俗的语言,而说「おなかがすいた」「ご飯を食べる(いただく)」「おいしかった」。不仅如此,在感叹词和终助词的使用上男女间也存在着位相的差别,这一点从例句1中也能略窥一斑。

男女使用的感叹词有别,基本上属于男性使用的感叹词有「ほう」「おお」「おおい」「おい」「なあ」「いよう」等。此外还有「くそ」等粗俗的词语。基本上属于女性使用的感叹词有「あら」「まあ」「あらまあ」「ちょいと」等。

终助词的使用上男女之间也有明显的区别,男性专用的有「ぜ」「ぞ」「や」「い」「な(あ)」等,女性专用的有「わ」「かしら」「の」等。

例句2:
敏敏:老师,桃花是什么颜色的?
老师:桃花是红颜色的。
敏敏:噢! 那一定非常漂亮! 我最喜欢红颜色了。老师,你看,它和我衣服的颜色是一样的!
老师:不,你衣服的颜色是雪青的,也非常漂亮。衬着你鹅黄色的运动衫,奶白色的裤子,真精神!
译文:
ミンミン:先生、桃の花はどんな色なのかしら?
教師:桃の花は赤いんですよ。
ミンミン:あ、それじゃきっときれいね。あたし、赤い色が大好き。先生、ほら! 桃の花とわたしのお洋服とは同じ色よ。
教師:いいえ、あなたの服の色は桃の花とは違いますよ。
ミンミン:ええ? 違うって?
教師:あなたの服の色は薄い紫色で、それもとてもきれいですよ。クリーム色のスポーツウェア、アイボリーのスラックスと似合って、とても生き生きとしています。

例句3:倘若有来生,我依然要做你的女儿。不过我要健康、快乐地生活,不会让你如此地牵挂。

译文:来世があるものなら、またお母さんの娘になりたいわ。ただ、こんなにご心配させなくて、元気に、明るく生きて行きたいわ。

例句4:
男:你知道我多想见你啊!

女：少来这一套！
男：哎，你怎么一见面就发脾气呢？
女：你自己心里清楚！

译文：
男：どんなに会いたかったか、分かっているだろう。
女：こんなのやめて！
男：あれ、どうして会ったとたんに怒っているの？
女：自分の胸に聞いてみれば！

## 二、普通体和尊敬体

汉、日语表达上的另一个明显的不同是日语有普通体「普通体」和尊敬体「丁寧体」之区别，「普通体」是使用「だ・である」的文体，又称「常体」「だ体、だ調」，多用于对说话者无需表示敬意的私下场合，即家庭性的亲友、家属之间的日常会话。「丁寧体」是使用「です、ます、でございます、あります」的文体，又称「です、ます体」「です、ます調」，用于说话者对听话者直接表示敬意。而汉语没有这种区别，找不到现成的对应表达。

这两种表达方式之间产生的差距表示出对谈话对象恰如其分的尊重。汉译日时，必须充分地考虑到当事者双方的年龄、性别、身份、彼此间的关系，才能分辨得出该用「普通体」还是「丁寧体」，从而翻译得准确、地道、自然。

如翻译"打听一下，三号楼在哪儿"这个句子，可以有如下几种译法。

A ちょっとお訪ねしたいんですが、三番の建物はどのあたりですか。
B ねえ、三番の建物はどのあたり？
C ぼく、三番の建物の場所、教えてくれるかな。

A 使用「丁寧体」，适用于说话者是成年人，向不相识的成人问路的场合，B 和 C 使用「普通体」，分别适用于说话者女性，向熟人或不

认识的儿童问路的场合,适用于说话者是男性,向小男孩问路的场合。

**例句1:旅游咨询ア(阿罗拉)、観(旅游咨询员)**

观:这里是旅游咨询中心。

阿:是这么回事,我朋友下周要从美国来,为了带她参观,我想问一下去什么地方好。

观:是这样啊,没关系。我们这里备有很多资料,只要您来一趟都可以看到。

阿:那么……有一家"和服博物馆"吧?

观:有。您朋友喜欢和服是吗?

阿:是的,很喜欢。

观:是吗?那样的话,这里应该很适合你们参观。既有古代和服展览,又能亲自穿和服。而且在餐厅里还能品尝到传统的日本料理。

阿:是吗?也可以让我们外国人参加吗?

译文:観:はい、観光案内所でございます。

ア:あのう、実は友達が、アメリカから、来週来ますから、観光案内のために、どこかいいところを教えていただきたいのですが。

観:さようでございまさか。大丈夫ですよ。当案内所ではたくさんの資料をご用意してあります。直接こちらへいらしていただければ、ご覧になれますよ。

ア:ええと……「着物博物館」というのがありますね。

観:はい、ございます。お友達お着物、お好きですか?

ア:はい、そうです。とても好きなんです。

観:さようでございますか。それでしたら、ここはよいのかもしれませんね。昔の着物の展示などもございますし、お着物を実際にお召しになれますよ。それに、食堂では伝統的な日本のお料理もお召しになれます。

ア:あ、そうですか。外国人にも、参加させていただけますね。

例句2：在餐馆吃完饭正要付钱，一摸口袋没带钱包。正在发愁时，坐在我身边的一位客人说了声："我替你垫上吧。"就把钱给付了。我询问他的名字和住址，"谁都会碰上这种事，忘了它吧。"他若无其事地摆摆手，并没告诉我。

译文：レストランで食事を済ませて代金を払おうとポケットを触ると、財布がない。困っていると隣の席の客が「私が立て替えましょう。」と言って払ってくれた。名前と住所を尋ねたが、「誰にでもあることです。忘れてください」と何事もなかったように手を振って、教えてくれなかった。

日语敬语的功用也是一分为二的，有时会表现为人际关系的一道无形的屏障。当然人生活的一部分社会关系是要靠敬语来维系的，如郑重的公共场合，对上司、成年陌生人、长辈讲话要以礼相待，而敬语就是实现"礼"的一种手段。如果在必须使用敬语的时候不用敬语，会使人感到粗鲁，缺乏教养。另一方面，使用敬语也要适当和适度。所谓适当就是根据场面和彼此双方相对的地位高低，亲疏程度、年龄的大小、男女的差别、教养的高低等因素，有选择地使用；所谓适度就是程度上用得恰到好处，不要过头。不顾场合地滥用敬语，或过分地使用敬语，都会造成人际关系的隔阂，甚至会给人以虚情假意的印象，带来负面影响。

敬语的滥用往往是日语学习者容易忽视的一个领域，应引起必要的重视，翻译的时候更是如此。现代汉语的敬语不如日语发达，没有与日语相对应的敬语体系。因此我们认为汉译日的敬语把握上，正是一种"再创造"，需要发挥译者的胆识和主观能动性。

例句3：（今天小王和小李来打保龄球，提起保龄球，小李可没什么好的回忆。第一次，他把所有的球都投进了沟里，在小王面前丢尽了脸。）

A：小李，保龄球进步了吗？今天我来教你。

B：逞什么能！看我的。

译文：（李君と王君はボーリングに来た。李君はボーリングによい思い出がなかった。初めての時、すべてのボールをガータ

一に落として、王君の前で赤恥をかいたのだ。)

　A：李君、ボーリングは少しうまくなったか？　今日は僕が教えてやるよ。

　B：なにを偉そうにしているんだ。見ていろ。

不难看出,这段是亲友间的对话,除了要注意符合男子特点的用词外,语体上还要注意用简体,如用尊敬体,就显得不自然了。

另外自言自语的话语、责备的话语、生气的话语大多日语中大都也使用简体。

例句4：我朋友家的一个邻居喜欢养狗,而且养的是喜欢汪汪叫的丝毛犬,那位朋友说,那狗简直是讨厌极了,休息日叫得他脑袋直疼,真想把它杀了才解气。仅仅是因为吵,就想把那条狗杀了吗？其实不然,是因为不喜欢狗的名字,朋友的名字叫冈田太郎,狗的名字也叫太郎。

每天,隔壁的主妇喊叫"太郎！太郎！"时,朋友就很不高兴,特别是训斥狗时,更是令他恼火。朋友早晨一进厕所,隔壁就传来了主妇的尖叫声："太郎,可不能在那儿拉屎啊！"

"有什么不对的,他妈的在自己家拉屎,有什么不对。"我那朋友暗暗地回敬道。

译文：ぼくの友人の隣に犬好きの人がいます。それも、キャンキャン鳴きはねるスピッツ。うるさくて、うるさくて、休日は頭が痛くなるほどだと、友人は言います。殺してしまいたいほどだとも言います。うるさいだけで、殺したいのかと思いましたら、そうではないのです。名前が気にいらないのです。彼の名前は岡田太郎で、犬の名もタローです。

毎日、隣の奥さんにタロー、タローと呼ばれるのは不愉快なんです。それも、叱られると、本当に頭にきます。彼が、トイレで朝の用を足していると、隣から奥さんのカン高い声。

「タロー、そこでウンチしちゃダメよ。」

「いいじゃないか。自分のうちでウンチして、何が悪い?」

## 练习题

翻译下列句子

1. 如果可以丢下工作,真想马上飞到你身边,我承认,自己已经不能再矜持了(本句各自借用从男性和女性的口吻分别翻译)。

2. 福神说:"正好,我这里有很多金币,可以全部都送给你。来吧,我给你装进袋子里。"

乞丐很高兴,把袋子伸到福神面前。

"不过,我们得有言在先。假如金币太多了从袋子里滚出来掉到地上,它们就会全部变成尘土,再也没有用了。你的袋子看样子很旧了,最好别装得太多了啊!"

乞丐非常高兴,用双手撑开了袋子口。

福神就像往铁桶里倒水那样把金币装进袋子里。

"差不多了吧?"

"再来点。"

"我倒是没关系啊,可是你的袋子不会破吗?"

"没问题,再来点。"

"行啦,你已经是大财主啦。"

"再来一大把!"

"行啦,这下已经满了。"

"再来最后一枚。"

"好吧,给你放。"

说着,福神把一枚金币往下一丢,只见袋子立刻漏了,金币一下子全部掉到了地上,于是正像他们事先说好的那样,金币全部变成了尘土。

同时,福神也不见了,乞丐手中只留下一只空袋子。

乞丐除了袋子的底漏了以外,什么也没得到,他比以前更穷了。

3. 承蒙贵方大力协助,至为感谢。特此函复,再表谢忱。

4. 在河南的嵩山少林寺,刮起了大风。在风渐渐停了的时候,

有一个拄着拐杖的老人敲门。

"对不起,能让我在这儿借宿一晚上吗?"

这时,门里传出了不耐烦的声音说。

"门已经关上了。门外不是有个小屋吗?就在那儿呆着吧。"

小屋里没有铺盖,也没有草席。但老人什么也没说,就在那个小屋里住了下来。

5. 女职员间的会话

A:喂喂,听说铃木科长的事了吗?

B:啊?铃木科长怎么了?

A:前些日子不是吸收服务卡会员吗?

B:噢,跑来跑去的,真是累极了。

A:你吸收了几个会员?

B:跑了一星期,20个人呗。

A:是吧。我也才18个人。

B:大家差不多也就是这个数目吧。

A:可听说铃木科长竟吸收了100人。

B:100人!

A:是呀!听说动用了所有的关系。

B:怎么会呢?在这里又没什么熟人。

A:可真了不起啊!

# 第六章 熟语的翻译

现代汉语词汇中不仅包括词,还包括沿用已久、结构固定的短语和短句。这就是熟语。

汉语的熟语言简意赅、生动形象,具有丰富的内容和精练的形式,它概括了人们对自然、社会的认识成果,充实了词汇的宝库。熟语源远流长,运用普遍,比一般词语有着更强烈的表现力,自古以来成为人们喜闻乐见的一种语言材料。

汉语里的熟语广义上可包括成语、谚语、格言和惯用语等。

汉语成语,意义完整,结构定型,不能任意改动或增减成分。成语绝大部分以约定俗成的四字格形式出现,约占所有成语的百分之九十五。四字格的成语总数达到一万多条,在各种文体的文章中起着不可忽视的作用。某些成语不能只从字面上去理解它的意思,如"鼠目寸光"是比喻眼光短,见识浅,并非四个字字面意思的简单相加。

多数的成语是对相关的事物、现象或典型事件的形象材料的高度概括,多具有典故,如春秋时代,越国被吴王打败之后,越王勾践立志报仇,为了激励斗志,他晚上睡柴草,室中挂苦胆,在吃饭和睡觉之前都要尝一尝苦味。经过长期准备,越国终于打败了吴国。后来,这个故事就被概括成了"卧薪尝胆"。

谚语是人民群众口头上广为流传的通俗易懂、含义深刻的固定语句,社会生活各个方面的经验总结几乎都可以从谚语中得到反映。

一般说来,熟语的翻译比一般词语难度大,因为除了要正确地传达原文的意思以外,还要考虑到原文的感情色彩、语体、修辞效果、音节韵律。在翻译过程必须多费一番苦心。下面介绍几种常见的熟语

的翻译方法。

## 一、形意对等的熟语

众所周知,中日文化的交流源远流长,早在隋唐时代我国文化就传入了日本。日本人不仅利用汉字创造了自己的文字,同时吸收了大量汉语词汇,其中包括相当数量带典故的成语、习语,这些成语、习语出自一辙,日语的表现或是原封不动地照搬汉语,或是删减、增加、更改个别字。因此形式和内容基本完全对等,翻译时照搬过去即可。

例如:

A
暗中摸索　　　暗中模索（あんちゅうもさく）

B
八面玲珑　　　八面玲瓏（はちめんれいろう）
不共戴天　　　不倶頂天（ふぐたいてん）
半信半疑　　　半信半疑（はんしんはんぎ）
百花齐放　　　百花斉放（ひゃっかせいほう）
百家争鸣　　　百家争鳴（ひゃっかそうめい）
百发百中　　　百発百中（ひゃっぱつひゃくちゅう）
百战百胜　　　百戦百勝（ひゃくせんひゃくしょう）
不得要领　　　不得要領（ふとくようりょう）
不即不离　　　不即不離（ふそくふり）

C
恻隐之心　　　惻隠の心（そくいんのこころ）
彻头彻尾　　　徹頭徹尾（てっとうてつび）
粗制滥造　　　粗製濫造（そせいらんぞう）

D
大器晚成　　　大器晚成（たいきばんせい）
大逆不道　　　大逆無道（たいぎゃくむどう）

| | | |
|---|---|---|
| 大同小异 | 大同小異 | （だいどうしょうい） |
| 单刀直入 | 単刀直入 | （たんとうちょくにゅう） |
| 断章取义 | 断章取義 | （だんしょうしゅぎ） |
| 东奔西走 | 東奔西走 | （とうほんせいそう） |

### F

| | | |
|---|---|---|
| 翻云覆雨 | 翻雲覆雨 | （ほんうんふくう） |
| 风光明媚 | 風光明媚 | （ふうこうめいび） |
| 风声鹤唳 | 風声鶴唳 | （ふうせいかくれい） |
| 焚书坑儒 | 焚書坑儒 | （ふんしょこうじゅ） |

### G

| | | |
|---|---|---|
| 隔靴搔痒 | 隔靴搔痒 | （かっかそうよう） |
| 孤城落日 | 孤城落日 | （こじょうらくじつ） |
| 古色苍然 | 古色蒼然 | （こしょくそうぜん） |
| 孤立无援 | 孤立無援 | （こりつむえん） |

### H

| | | |
|---|---|---|
| 画龙点睛 | 画竜点睛 | （がりゅうてんせい） |
| 豪放磊落 | 豪放磊落 | （ごうほうらいらく） |
| 合纵连横 | 合従連衡 | （がっしょうれんこう） |
| 毁誉褒贬 | 毀誉褒貶 | （きよほうへん） |
| 厚颜无耻 | 厚顔無恥 | （こうがんむち） |
| 荒诞无稽 | 荒唐無稽 | （こうとうむけい） |
| 虎视眈眈 | 虎視眈々 | （こしたんたん） |
| 汗马之劳 | 汗馬の労 | （かんばのろう） |

### J

| | | |
|---|---|---|
| 急转直下 | 急転直下 | （きゅうてんちょっか） |
| 金瓯无缺 | 金甌無欠 | （きんおうむけつ） |
| 金枝玉叶 | 金枝玉葉 | （きんしぎょくよう） |
| 金城汤池 | 金城湯池 | （きんじょうとうち） |
| 金刚不坏 | 金剛不壊 | （こんごうふえ） |
| 惊天动地 | 驚天動地 | （きょうてんどうち） |

第六章

鸡鸣狗盗　　　鶏鳴狗盗（けいめいくとう）
坚忍不拔　　　堅忍不抜（けんにんふばつ）
栉风沐雨　　　櫛風沐雨（しっぷうもくう）
酒池肉林　　　酒池肉林（しゅちにくりん）
卷土重来　　　捲土重来（けんどじゅうらい）

### K

空前绝后　　　空前絶後（くうぜんぜつご）
空中楼阁　　　空中楼閣（くうちゅうろうかく）
苦心惨淡　　　苦心惨憺（くしんさんたん）
夸大妄想　　　誇大妄想（こだいもうそう）

### L

利害得失　　　利害得失（りがいとくしつ）
流言飞语　　　流言蜚語（りゅうげんひご）
论功行赏　　　論功行賞（ろんこうこうしょう）
龙头蛇尾　　　竜頭蛇尾（りゅうとうだび）

### M

马耳东风　　　馬耳東風（ばじとうふう）
梦幻泡影　　　夢幻泡影（むげんほうえい）
明镜止水　　　明鏡止水（めいきょうしすい）
明眸皓齿　　　明眸皓歯（めいぼうこうし）
门户开放　　　門戸開放（もんこかいほう）

### N

内忧外患　　　内憂外患（ないゆうがいかん）

### P

旁若无人　　　傍若無人（ぼうじゃくぶじん）
盘根错节　　　盤根錯節（ばんこんさくせつ）
鹏程万里　　　鵬程万里（ほうていばんり）
蓬头垢面　　　蓬頭垢面（ほうとうこうめん）

### Q

晴耕雨读　　　晴耕雨読（せいこううどく）

| | | |
|---|---|---|
| 牵强附会 | 牽強付会 | （けんきょうふかい） |
| 千差万别 | 千差万別 | （せんさばんべつ） |
| 轻举妄动 | 軽挙妄動 | （けいきょもうどう） |
| 劝善惩恶 | 勧善懲悪 | （かんぜんちょうあく） |
| 气焰万丈 | 気炎万丈 | （きえんばんじょう） |
| 起死回生 | 起死回生 | （きしかいせい） |
| 切磋琢磨 | 切磋琢磨 | （せっさたくま） |
| 千军万马 | 千軍万馬 | （せんぐんばんば） |
| 千辛万苦 | 千辛万苦 | （せんしんばんく） |
| 千篇一律 | 千篇一律 | （せんぺんいちりつ） |
| 千载一遇 | 千載一遇 | （せんざいいちぐう） |
| 千变万化 | 千変万化 | （せんぺんばんか） |
| 曲学阿世 | 曲学阿世 | （きょくがくあせい） |

R

| | | |
|---|---|---|
| 人事不省 | 人事不省 | （じんじふせい） |
| 人口稠密 | 人口稠密 | （じんこうちゅうみつ） |
| 人面兽心 | 人面獣心 | （じんめんじゅうしん） |
| 弱肉强食 | 弱肉強食 | （じゃくにくきょうしょく） |

S

| | | |
|---|---|---|
| 深谋远虑 | 深謀遠慮 | （しんぼうえんりょ） |
| 深山幽谷 | 深山幽谷 | （しんざんゆうこく） |
| 森罗万象 | 森羅万象 | （しんらばんしょう） |
| 神出鬼没 | 神出鬼没 | （しんしゅつきぼつ） |
| 盛衰兴亡 | 盛衰興亡 | （せいすいこうぼう） |
| 三寒四温 | 三寒四温 | （さんかんしおん） |
| 四分五裂 | 四分五裂 | （しぶんごれつ） |
| 四面楚歌 | 四面楚歌 | （しめんそか） |

T

| | | |
|---|---|---|
| 泰然自若 | 泰然自若 | （たいぜんじじゃく） |
| 天衣无缝 | 天衣無縫 | （てんいむほう） |

| 天真烂漫 | 天真爛漫（てんしんらんまん） |
| 同音异义 | 同音異義（どうおんいぎ） |
| 同床异梦 | 同床異夢（どうしょういむ） |

### W

| 温故知新 | 温故知新（おんこちしん） |
| 外柔内刚 | 外柔内剛（がいじゅうないごう） |
| 卧薪尝胆 | 臥薪嘗胆（がしんしょうたん） |
| 吴越同舟 | 呉越同舟（ごえつどうしゅう） |
| 五风十雨 | 五風十雨（ごふうじゅうう） |
| 文质彬彬 | 文質彬彬（ぶんしつひんぴん） |
| 文明开化 | 文明開化（ぶんめいかいか） |
| 唯我独尊 | 唯我独尊（ゆいがどくそん） |
| 唯唯诺诺 | 唯々諾々（いいだくだく） |
| 无色透明 | 無色透明（むしょくとうめい） |

### X

| 行云流水 | 行雲流水（こううんりゅうすい） |
| 喜怒哀乐 | 喜怒哀楽（きどあいらく） |
| 小心翼翼 | 小心翼翼（しょうしんよくよく） |
| 新陈代谢 | 新陳代謝（しんちんたいしゃ） |
| 先忧后乐 | 先憂後楽（せんゆうこうらく） |

### Y

| 一衣带水 | 一衣帯水（いちいたいすい） |
| 一言一行 | 一言一行（いちげんいっこう） |
| 一字一句 | 一字一句（いちじいっく） |
| 一望千里 | 一望千里（いちぼうせんり） |
| 一网打尽 | 一網打尽（いちもうだじん） |
| 一刻千金 | 一刻千金（いっこくせんきん） |
| 一目了然 | 一目瞭然（いちもくりょうぜん） |
| 一高一低 | 一高一低（いっこういってい） |
| 一利一害 | 一利一害（いちりいちがい） |

| | | |
|---|---|---|
| 一唱三叹 | 一唱三嘆 | （いっしょうさんたん） |
| 一攫千金 | 一攫千金 | （いっかくせんきん） |
| 一发千钧 | 一髪千鈞 | （いっぱつせんきん） |
| 一气呵成 | 一気呵成 | （いっきかせい） |
| 一举一动 | 一挙一動 | （いっきょいちどう） |
| 一举两得 | 一挙両得 | （いっきょりょうとく） |
| 一视同仁 | 一視同仁 | （いっしどうじん） |
| 一泻千里 | 一瀉千里 | （いっしゃせんり） |
| 一宿一饭 | 一宿一飯 | （いっしゅくいっぱん） |
| 一触即发 | 一触即発 | （いっしょくそくはつ） |
| 一日三秋 | 一日三秋 | （いちにちさんしゅう） |
| 一进一退 | 一進一退 | （いっしんいったい） |
| 一知半解 | 一知半解 | （いっちはんかい） |
| 一朝一夕 | 一朝一夕 | （いっちょういっせき） |
| 一点一画 | 一点一画 | （いってんいっかく） |
| 一石二鸟 | 一石二鳥 | （いっせきにちょう） |
| 一五一十 | 一伍一什 | （いちごいちじゅう） |
| 意马心猿 | 意馬心猿 | （いばしんえん） |
| 以心传心 | 以心伝心 | （いしんでんしん） |
| 远交近攻 | 遠交近攻 | （えんこうきんこう） |
| 疑心暗鬼 | 疑心暗鬼 | （ぎしんあんき） |
| 夜郎自大 | 夜郎自大 | （やろうじだい） |
| 优胜劣败 | 優勝劣敗 | （ゆうしょうれっぱい） |

## Z

| | | |
|---|---|---|
| 朝三暮四 | 朝三暮四 | （ちょうさんぼし） |
| 醉生梦死 | 酔生夢死 | （すいせいむし） |
| 自给自足 | 自給自足 | （じきゅうじそく） |
| 自然淘汰 | 自然淘汰 | （しぜんとうた） |
| 自问自答 | 自問自答 | （じもんじとう） |
| 自暴自弃 | 自暴自棄 | （じぼうじき） |

| 自力更生 | 自力更生（じりきこうせい） |
| 自由自在 | 自由自在（じゆうじざい） |
| 执牛耳 | 牛耳（ぎゅうじ）を執る |

这里需要指出的是有时会产生这样的情况：就一个汉语熟语，日语中同时有两个或两个以上的熟语与其对应，既有从汉语中照搬过来的说法，也有日语固有的说法。例如"隔靴搔痒"一词，日语中有「隔靴搔痒（かっかそうよう）」以外，还有「二階から目薬をさす」。一般说来，前者文言味较重，后者通俗平易，翻译时应根据原文整体的感情色彩、修辞色彩以及语体特征选择适当的译词。

**例句1**：侯宝林接受了我的采访。我就单刀直入地问："请您谈谈对现在相声界的看法。"他一口回绝："不谈。谈了非但解决不了问题，还得罪人。"

译文：侯宝林は私のインタビューを受けた。私はいきなり単刀直入に「現在の漫才界に対するお考えをお聞かせください。」と切り出したが、彼は一言で拒絶した。「だめだ。話しても問題が解決できないし、その上人に恨まれる。」

## 二、形似意等的熟语

日语中还有一部分成语、习语是根据日语的表达方式借用汉语相应的成语、习语的部分用词或通过释义创造出来的，它们虽然在字数上、结构上、语体上与汉语不尽相同，但是意思相通，基本上可互相置换。

例：

| 汉语 | 日语 |
| 细枝末叶 | 枝葉末節（しようまっせつ） |
| 画蛇添足 | 蛇足（だそく） |
| 杞人忧天 | 杞憂（きゆう） |
| 三头六臂 | 八面六臂（はちめんろっぴ） |
| 晴天霹雳 | 晴天の霹靂（せいてんのへきれき） |

| | |
|---|---|
| 支离破碎 | 支離滅裂（しりめつれつ） |
| 薄利多销 | 薄利多売（はくりたばい） |
| 良药苦口 | 良薬は口に苦し |
| 归心似箭 | 帰心（きしん）矢の如し |
| 表里如一 | 表裏一体（ひょうりいったい） |
| 喜出望外 | 望外（ぼうがい）の喜び |
| 势如破竹 | 破竹（はちく）の勢（いきお）い |
| 远亲不如近邻 | 遠い親類より近くの他人 |
| 如坠五里雾中 | 五里雾中（ごりむちゅう） |
| 有其父必有其子 | この親にしてこの子あり |
| 颐指气使 | 頤（あご）で人を使う |
| 家常便饭 | 日常茶飯事（にちじょうさはんじ） |
| 背水一战 | 背水（はいすい）の陣（じん） |
| 防患于未然 | 災（わざわ）いを未然に防ぐ |
| 藏头露尾 | 頭かくして尻隠さず |
| 入乡随俗 | 郷（ごう）に入っては郷に従え |
| 如鱼得水 | 魚が水を得たよう |
| 胯下之辱 | 韓信（かんしん）のまたくぐり |
| 刎颈之交 | 刎頚（ふんけい）の交わり |
| 欲速则不达 | 急がば廻れ |
| 百闻不如一见 | 百聞は一見に如（し）かず |
| 缘木求鱼 | 木によって魚を求む |
| 一箭双雕 | 一石二鳥（いっせきにちょう） |
| 五十步笑百步 | 五十歩百歩（ごじゅっぽひゃっぽ） |
| 青梅竹马 | 竹馬（ちくば）の友 |
| 塞翁失马 | 塞翁（さいおう）が馬 |
| 恩将仇报 | 恩が仇（あだ） |
| 自作自受 | 自業自得（じごうじとく） |
| 自吹自擂 | 自画自賛（じがじさん） |
| 朝令暮改 | 朝令暮改（ちょうれいぼかい） |

第六章

|  |  |
|---|---|
| 日新月异 | 日進月歩（にっしんげっぽ） |
| 骑虎难下 | 騎虎（きこ）の勢（いきお）い |
| 数一数二 | 一、二を数える・指折り |
| 异口同声 | 異口同音（いくどうおん） |
| 豪言壮语 | 大言壮語（たいげんそうご） |
| 本末倒置 | 本末転倒（ほんまつてんとう） |
| 山清水秀 | 山紫水明（さんしすいめい） |
| 优柔寡断 | 優柔不断（ゆうじゅうふだん） |
| 包罗万象 | 森羅万象（しんらばんしょう） |
| 千载难逢 | 千載一遇（せんざいいちぐう） |
| 有名无实 | 有名無実（ゆうめいむじつ） |
| 古今中外 | 古今東西（ここんとうざい） |
| 燃眉之急 | 焦眉（しょうび）の急 |
| 同病相怜 | 同病相憐（あわ）れむ |
| 病入膏肓 | 病い膏肓（こうこう）に入る |
| 火上加油 | 火に油を注ぐ |
| 怒发冲冠 | 怒髪衝天（どはつしょうてん） |
| 男女老少 | 老若男女（ろうにゃくなんにょ） |
| 有备无患 | 備えあれば憂い無し |
| 三十六计,走为上策 | 三十六計逃げるに如かず |
| 仓廪实而知礼节,衣食足而知荣辱 | 食足りて礼節を知る |
| 智者千虑,必有一失 | 千慮の一失 |
| 礼尚往来 | 礼は往来を尚ぶ |
| 老马识途 | 老馬、道を知る |
| 不耻下问 | 下問を恥じず |
| 英雄好色 | 英雄色を好む |
| 开卷有益 | 巻を開けば益あり |
| 刻舟求剑 | 舟に刻みて剣を求む |
| 温故而知新 | 故きを温（たず）ねて新しきを知る |

| | |
|---|---|
| 磨杵成针 | 鉄杵(てっしょ)を磨く |
| 狐假虎威 | 虎の威を借る狐 |
| 水可载舟,亦可覆舟 | 水は舟を載せまた舟を覆す |
| 雪中送炭 | 雪中に炭を送る |
| 一年之计在于春 | 一年の計は元旦にあり |
| 水清不养鱼 | 水清ければ魚棲まず |
| 掩耳盗铃 | 耳を掩うて鈴を盗む |
| 所向无敌 | 向う所敵なし |
| 落花有意,流水无情 | 落花情あれども流水意なし |
| 转祸为福 | 禍を転じて福となす |

例句1：托尔斯泰是19世纪世界文学的高峰，19世纪全世界的良心。他和我有天壤之别，然而我也在追求他后半生全力追求的目标——说真话，做到言行一致。

译文：トルストイは19世紀世界文学の高峰であり、19世紀の全世界の良心であった。彼と私とでは天地の差がある。けれども彼が後半生全力をあげて追求した目標である「本当のことを言い、言葉と行いを一致させる」ということを私も追い求めている。

例句2：しかし、牡丹をここまで持ち上げた楊貴妃は惜しくも美人薄命で、美しくて悲しい物語を残した。日本留学の時に、この物語の日本版続編を聞くことになるとは思いにも寄らなかった。名古屋の熱田神宮は1 000年の歴史を誇る神社であるが、楊貴妃がここで牡丹と相伴って生活していたという美しい物語が伝えられている。聞くところによると、多情な皇帝は、人々の目を忍んで、楊貴妃を遠い日本に送り、楊貴妃はここで寂しい一生を過ごしたそうだ…。楊貴妃が日本に渡ってきたというこの伝説は、人々のやるせない気持ちを幾分慰めるものである。

译文：然而，成就牡丹的杨贵妃却是红颜薄命，留下了一个美丽而凄惨的故事。留学日本时，没有想到居然听到了这个故事在日本的下篇。在名古屋的热田神宫，一所千年神社，流传着杨贵妃在此与

牡丹相伴的美谈。据说，多情的皇帝避开人的耳目，偷偷将杨贵妃送到了遥远的扶桑，杨贵妃在这里伴着牡丹渡过了寂寞的一生……这个贵妃东渡扶桑的传说，给人们在遗憾中留下了些许安慰。

**例句3**：江戸時代、インフルエンザが猛威をふるった。まず長崎で発生、中国地方から関東に達し、さらに東北へ進むのがお決まりだったと言う。

译文：在江户时代，流感大施淫威。这种流感据说大致最初是发生在长崎，后来从中国地方蔓延到关东，进而向东北地区挺进。

## 三、形异意等的熟语

在语言内部的各个系统中，与语音、语法相比，词汇对文化的反映更为敏感，承载的文化信息更加丰富。日本人在长期的生活实践中创造了不少具有本民族特色的成语、习语。汉日比喻性习语中，更普遍的是喻体相异却表达相同的喻义，即形异而意义相同或接近，喻体的取向是跟该民族的传统文化、生活习俗息息相关的。它的构成要受到社会状况、宗教信仰、风俗习惯、价值观念、思维方式和审美情趣的影响和制约。

如：

| 汉语 | 日语 |
|---|---|
| 家丑不外扬 | 臭いものに蓋 |
| 丢卒保车 | 小の虫を殺して大の虫を助ける |
| 鸡飞蛋打 | 虻蜂（あぶはち）取らず |
| 班门弄斧 | 釈迦（しゃか）に説法（せっぽう） |
| 对牛弹琴 | 馬の耳に念仏 |
| 饥不择食 | 空きっ腹にまずいものなし・嵐に港を選ばず |
| 得鱼忘筌 | 雨晴れて笠を忘れる |
| 树大招风／人怕出名猪怕壮 | 出る杭は打たれる |
| 飞蛾扑火 | 飛んで火に入る夏の虫 |

| | |
|---|---|
| 瓮中之鳖 | 袋の鼠 |
| 如虎添翼 | 鬼に金棒 |
| 半斤八两 | どんぐりの背比べ・似たり寄ったり |
| 姜还是老的辣 | 亀の甲より年の功 |
| 蒙在鼓里 | つんぼ桟敷(さじき)に置かれる |
| 双喜临门 | 盆と正月が一緒に来たよう |
| 抛砖引玉 | 蝦で鯛を釣る |
| 智者千虑,必有一失 | 弘法も筆の誤り |
| 鱼与熊掌不可兼得 | 二兎を追う者は一兎をも得ず |
| 一个巴掌拍不响 | 相手のない喧嘩はできぬ |
| 有钱能使鬼推磨 | 地獄の沙汰も金次第 |
| 三个臭皮匠,顶个诸葛亮 | 三人寄れば文殊の知恵 |
| 好了伤疤忘了痛 | 喉元過ぎれば熱さを忘れる |
| 临渴掘井、临阵磨枪 | 泥棒を見て縄をなう・泥縄 |
| 无风不起浪 | 火のない所に煙は立たぬ |
| 无中生有 | 根も葉もない |
| 三天打鱼/两天晒网 | 三日坊主 |
| 杯水车薪 | 焼け石に水 |
| 唇亡齿寒 | 唇滅びて歯寒し |
| 忍无可忍、逼上梁山 | 堪忍袋(かんにんぶくろ)の緒(お)が切れる |
| 种瓜得瓜、种豆得豆 | 蒔(ま)かぬ種は生えぬ |
| 隔墙有耳、没有不透风的墙 | 壁に耳あり、障子に目あり |
| 不耻下问 | 聞くは一時の恥、聞かぬは一生の恥 |
| 天壤之别 | 月とすっぽん・雲泥の差 |
| 水中捞月 | 畠に蛤(はまぐり)・骨折り損のくたびれもうけ |
| 甘拜下风 | 兜(かぶと)を脱ぐ |

| | |
|---|---|
| 水火不相容 | 犬猿(けんえん)の仲 |
| 狗尾续貂 | 木に竹をつぐ |
| 未雨绸缪 | 転ばぬ先の杖・濡れる先の傘 |
| 瘦死的骆驼比马大 | 腐っても鯛 |
| 祸不单行 | 弱り目に祟(たた)り目 |
| 老虎也有打盹时 | 弁慶の泣きどころ |
| 真人不露面 | 能ある鷹(たか)は爪を隠す |
| 活到老学到老 | 六十の手習(てなら)い |
| 匹夫不可夺其志 | 一寸の虫にも五分の魂 |
| 屋漏偏遇连夜雨/船破又遇打头风 | 泣き面(つら)に蜂 |
| 十里不同风,百里不同俗 | 所変われば品変わる |
| 山中无老虎,猴子称大王 | 鳥なき里の蝙蝠(こうもり) |
| 眼不见为净 | 知らぬが仏 |
| 蚂蚁啃骨头 | 餓鬼も人数(にんじゅ) |
| 淹死会水的 | 河童(かっぱ)の川流れ |
| 旁观者清 | 岡目八目(おかめはちもく) |
| 远水不解近渴 | 二階から目薬(めぐすり) |
| 纸上谈兵 | 畳の上の水練(すいれん)・机上の空論 |
| 坐井观天 | 針の穴から天覗く |
| 积少成多 | 塵も積もれば山となる |
| 良莠不齐 | 味噌も糞も一緒にする |
| 水泄不通 | 蟻の這い出る隙もない |
| 孤注一掷 | 一か八か |
| 因小失大 | 一文惜しみの百失い |
| 恋恋不舍 | 後髪を引かれる |
| 东施效颦 | 鵜のまねをする烏 |
| 大吹特吹 | 大風呂敷を広げる |
| 顽石也会点头 | 鬼の目にも涙 |

| | |
|---|---|
| 熟能生巧 | 習うより慣れよ |
| 翻手为云,覆手为雨 | 手の裏を返す |
| 王婆卖瓜,自卖自夸 | 手前みそを並べる |
| 一不做二不休 | 毒食(くら)わば皿まで |
| 叶公好龙 | 名ありて実なし |
| 好叫的猫不捕鼠 | 鳴く猫は鼠をとらぬ |
| 打是疼,骂是爱 | 憎い憎いは可愛いいのうち |
| 犹豫不决 | 二の足を踏む |
| 换汤不换药 | 二番煎じ |
| 生不带来,死不带去 | 人間元来無一文 |
| 贼喊捉贼 | 盗人たけだけしい |
| 乐极生悲/苦尽甘来 | 楽あれば苦あり・苦あれば楽あり |
| 宁吃少年苦,不受老来贫 | 若い時の苦労は買うてもせよ |
| 歪打正着 | 怪我の功名（こうみょう） |
| 捷足先登 | 早いもの勝ち |
| 挑拨是非/唯恐天下不乱 | 寝た子を起こす |
| 眼中钉,肉中刺 | 目の上のたんこぶ |
| 言归于好 | もとの鞘に収まる |
| 八字没一撇 | 目鼻がつかぬ |
| 无的放矢 | 闇で鉄砲 |
| 迟到罚三杯 | 駆けつけ三杯 |
| 秤锤儿虽小压千斤 | 小粒でも山椒 |
| 酒能乱性 | 酒極まって乱となる |
| 空中楼阁 | 砂上に楼閣を築く |
| 囫囵吞枣 | 胡椒の丸呑み |
| 多一事不如少一事 | 触らぬ神に祟りなし |
| 医不三世,不服其药 | 医者と味噌は古いほどよい |
| 一波未平,一波又起 | 一難去ってまた一難 |
| 好死不如赖活 | 命あっての物種 |
| 功到自然成 | 石の上にも三年 |

| | |
|---|---|
| 欲盖弥彰 | 隠すより現る |
| 快马加鞭 | 駆け馬に鞭 |
| 因祸得福 | 損をして得を取る |
| 吃亏是福 | 損せぬ者にもうけなし |
| 上山容易下山难 | 行きはよいよい帰りはこわい |
| 山外有山，天外有天 | 上には上がある |
| 原形毕露 | 化けの皮を現す |
| 样样通，样样松 | 多芸は無芸 |
| 人穷志短 | 貧すれば鈍（どん）する |
| 唱独角戏 | 独り相撲を取る |
| 胳膊拧不过大腿 | 長いものには巻かれよ |
| 说曹操，曹操到 | 噂をすれば影がさす |
| 墙头草两边倒 | 二股膏薬 |
| 班门弄斧 | 河童に水練 |
| 君子一言，驷马难追 | 男子の一言金鉄の如し |
| 棍棒出孝子，娇养出逆儿 | 可愛いい子には旅をさせよ |
| 破磨配跛骡 | 割れ鍋にとじ蓋（ぶた） |
| 捧腹大笑 | 臍が茶を沸かす |
| 娶了懒嫁妇，穷了一辈子 | 悪妻は六十年の不作 |
| 火烧眉毛 | 足下に火がつく |
| 画蛇添足 | 月夜（つきよ）に提灯（ちょうちん） |
| 物尽其用，人尽其材 | 適材適所（てきざいてきしょ） |
| 老虎屁股摸不得 | 虎の尾（お）を踏む |
| 吃小亏占大便宜 | 負けるが勝ち |
| 久居则安 | 住めば都 |

　　汉语中的成语、惯用语、俗语、歇后语等熟语是从汉民族土壤中生长出来的。他们具有独特的文化渊源，带有鲜明的民族性。在翻译时，要透过双方语言中喻体的表层形式，吃透其喻象意义，在译文中找到与原文"貌离神合"的对应习语。

例句1：一年后，每日黄昏时分，在北京一个普通的小公园——团结湖公园的门口，人们可以看到一群老太太把菜篮、网兜之类的东西放在一边，旁若无人地大练电视里教授的迪斯科健身操。

译文：一年の後には、毎日夕方に北京のありふれた小さな公園——団結湖公園の入り口付近で、おばあさんの一団が買い物かごや網袋のようなたぐいを側に置いて、テレビで教えているディスコ健康体操を、人の目を気にせずに練習しているのが見られるようになった。

例句2：谁也没有注意到，不知从何时起风行全国的整齐划一的广播体操，已经无可挽回地走向了衰退。

译文：だれも気づかなかったが、いつのことからか2、30年もの間国中で流行していた画一化されたラジオたいそうは、もう挽回のしようがないくらいにすたれてしまっていたのだ。

例句3：我想，人不能靠说大话、说空话、说假话、说套话过一辈子。还是把托尔斯泰作为一面镜子来照照自己吧。

译文：人はほらを吹き、きれいごとを言い、うそをつき、決まり文句口にすることで一生を送るべきではない。やはりトルストイを鏡として自分を映してみようではないか。

例句4：直言不讳容易得罪人。如果年轻人会说话，他应该委婉些，把批评意见当成"希望""建议"说出来。比方可以说："这班研究生的水平高，他们希望老师讲点新见解、新材料，讲点外国语言研究的动态。"也许这么说，教师就能接受。

译文：歯に衣を着せぬ言い方は、人の気持ちを傷つきやすいものだ。もし、青年がものの言い方を心得ていたなら、批判的な意見を「希望」「提案」として、もう少し婉曲に言うべきであっただろう。例えば、「このクラスの院生のレベルが高いので、彼らは先生が新しい見解や、新しい資料について講義なさり、国外の言語研究の動向をお話しになるのを望んでいます。」こんなふうに言ったなら、教師は聞き入れたかもしれない。

由于不同民族文化尤其在微观上异大于同，因而不同语言中

词汇间的完全等义、等值是十分有限的,相对的,除科技术语和少数人类共通的日常用词外,汉外词义的不对等、不等值是主要的和普遍的。学习、翻译、研究另一门语言,重点就是了解、掌握外语跟母语的差异,特别是在文化背景上的差异。在翻译过程中,如果刻意寻求乃至凑合一个现成的对应习语,往往会忽略各词本身的原义及其引申义内涵,从而跌入喻义欠对等尤其是语用功能不等值的"陷阱"。

例如"垂涎三尺"这一成语不能直译成「よだれを三尺ほど垂らす」,因为日语读者从这个词语中恐怕只能产生"肮脏"、"狼狈"之类的联想,而并非"嘴馋"。这时可以借助形象化熟语「喉から手が出るほど欲しい」达到"貌离神似"的表达效果。再如"抛砖引玉"一词,比喻自己的浅知薄见引出别人的高见佳作,但绝不是贪人便宜,而是一个典型的中国文化谦词。而「海老で鯛を釣る」指"失小得大",意为投小饵钓大鱼、施小惠而得大利、吃小亏占大便宜。两者间喻义内涵及褒贬评价相差悬殊,甚至互相离悖,可谓貌合神离,似是而非。"什么风把你吹来的"表示对不速之客登门的惊喜,不能采取直译的方法。「どんな風を吹いてあなたをここまで来させたのか」会使译文读者如坠五里雾中,应当译成「今日はどんな風の吹き回しだい?」"大锅饭"一词,原指供多数人吃的普通伙食,引申为以往分配制度上片面地追求一视同仁,而不顾职工工作表现、能力如何的不合理现象。日语中有对应词「親方日の丸」,但是众所周知,「日の丸」是日本的国旗,是日本国家的象征,「親方日の丸」是用来讽刺那些自以为工作单位后台硬,不必担心倒闭而缺乏责任心的政府官员和公务员,不适作译词,翻译时可以选用习语「どんぶり勘定」。

总之,翻译时,关键在于归宿语表达规范不规范,合不合乎日本人或中国人的表达习惯。这就要求我们平时要悉心观察,耳闻目染,着手时仔细推敲。

**例句5:今年の求人説明会に来ていた企業は少なくありませんでしたが、私に合ったところはどこもありませんでした。** 履歴

書を一通り提出してみたのですが。梨のつぶてです。

译文：虽然参加招聘会的企业来了不少，但是实在没有什么适合自己的。简历发了一圈，却如石沉大海。

例句6："一块钱三斤半。"一斤等于两角八分七。数学老师李霞心算速度的准确率是惊人的。她看了看游龙般的长队，又做了另一个运算——起码得排三十分钟。

译文：「三斤(1.5 kg)で一元。」すると一斤は約二角八分七厘。数学の先生である李霞の暗算の速度、正確さは驚くべきものだった。彼女はうねうね続く長蛇の列を眺めて、また、もう一つの計算をした——最低三十分は並ばなくちゃならない。

中国人是龙的传人，对龙情有独钟，提到"游龙般的长队"，中国人马上就能联想倒舞龙的队列。但是日本人不太会有这种联想，不宜直译成「竜のうねり曲がる様子に似た長い列」，而运用「長蛇の列」一词与其对应。

例句7：真会灌迷魂汤！我不会做家务，这在别人眼里的缺点，在你眼里却成了男人的魅力所在了？

译文：お世辞が上手いね！僕が家事ができないことはほかの人の目には欠点と映っているのに、君から見れば男の魅力とでもなったのか。

"灌迷魂汤"（魂を惑わす薬湯を飲ませる）比喻想讨好某人而说些迷惑性的话语，翻译时根据原文的意思译成「お世辞を言う」、「おべっかを使う」为好。

例句8：女儿近来更爱打扮了。有一天，她突然没头没脑地问："有学生给你起过'狼外婆'的外号？"

译文：娘はこのごろいっそうおめかしをするようになった。ある日、彼女は藪から棒に聞いた。「お母さんに『狼外婆（鬼ばば）』というあだ名を付けた人がいたんですってね？」

"没头没脑"原意为"摸不着头脑""找不到头绪"（「つかみ所がない」「手がかりがない」）。这里的意思是"没有前兆""唐突"（「出し抜けに」「藪から棒に」）。"狼外婆"是伪装成外婆的狼，出自我国的民

间故事,直译即是「やさしい母方の母に化けたオオカミ」,作为译词就过于冗长,让人觉得拖泥带水。其实这里是调皮的学生为发泄对老师的私愤而给老师起的不雅的外号(也许是老师过于严厉的缘故),所以考虑译词不必拘泥原来的词义,可采取直接引用原文加注的办法,能找到「鬼ばば」这个对应词则更为理想。

**例句9:上海に赴任した頃、こんな話を聞いたことがある。ある日本人の婦人がカニを市場で買った後、ヒモで足を縛られたカニをかわいそうに思い、ヒモを切って袋に入れた。翌日、食べようと思って、袋を見たら、もぬけの殻だった。**

译文:在上海工作期间,听到过这样一件事情:一位日本妇女在市场里买了螃蟹,看到螃蟹被绳子绑着很可怜,就把绳子割断放进了袋子里。第二天打算吃螃蟹时,打开袋子一看,袋子里唱了一出空城计。

## 四、习语的意译

一种语言中的一些习语译成另一种语言时,还有一种情况就是无论在形式上,还是内容上都找不到现成的与之相对应的习语,所以只能采取意译的方法。如日语中的"湯の辞儀は水になる",汉语中没有现成的对应习语,不妨可意译成"客气也要分场合"。"鸦雀无声"按照字面的意思可译为「カラスや、スズメの鳴き声さえ聞こえない」,但是这里使用的是其比喻义。词的比喻义是为人们共同确立下来,并固定在词义之中为某个特定民族的人们共同理解的,但是未必能为不同语言体系的人们所接受。这个熟语的表达形式即在其列,所以可以意译为「しんとして物音一つしない」,还可根据上下文巧妙地译为「咳払い一つ聞こえない」。连咳嗽声都听不到了,遑论其他。"吃不了兜着走"这个惯用句如果硬要直译成「食べきれずに包んで持ち帰る」,日本人很可能莫名其妙,应根据上下文意译成「責任を取る羽目に追い込まれる」或「尻拭いをする」。

**例句1:他每天一回来,我就把拖鞋递给他,把洗澡水烧好,饭菜**

送到嘴边，可他还是摆着一副冷脸。

　　译文：毎日彼が帰宅すると、私はすぐに彼のためにスリッパをそろえ、お風呂の湯を沸かしてあげ、上げ膳すえ膳のサービスをするのですが、彼は相変わらず無愛想な顔をしたままなのです。

　　"饭菜送到嘴边"是个具有夸张意味的习语，意即殷勤地照料某人的饮食，并非真的这么做。与其直译，不如以对应习语「上げ膳すえ膳」来翻译，另外，"把拖鞋递给他"与其译成"スリッパを持ってくる"不如意译成"スリッパをそろえる"符合日语的表达习惯。

　　**例句2**：乾隆皇帝微服私访的时候，和太监一块饮酒，乾隆让太监坐在身边。本来嘛，朝廷里规矩多，奴才见了主子都得三叩九跪，太监和皇上坐在一起，他真的要喊几声"谢主隆恩"了。

　　译文：それは乾隆帝が粗末な身なりでお忍びで江南におでましになった時のことである。太監と酒を飲むのに乾隆帝は太監を傍らに座らせた。もともと朝廷内には約束事がたくさんあって、臣下は主君にまみえる時にはいつでも「三叩九跪」(三度ぬかづくことを三遍行う礼)をしなければならなず、太監が皇帝と同席するというのであるから、「謝主隆恩」(ご厚恩を賜りありがたき幸せ)と何度か大声で唱えなければならないところである。

　　**例句3**："说真话，做到言行一致。"我知道即使在今天这也还是一条荆棘丛生的羊肠小道。但路是人走出来的，有人走了，就有了路。

　　译文：「本当のことを言い、言葉と行いを一致させる。」これは今日においても曲折の多いいばらの道であると私には分かっている。しかし道というのは人が歩いてできたものである。歩く人間がいるからできる。

　　**例句4**：说话听声，锣鼓听音。局长的爱人是个精明人，和张嫂好得像亲姊妹，一心想成全那件婚事，晚上一躺下就给局长吹枕边风。

　　译文：話は察しが肝心。局長の細君は気の利く人で、張姉さんとは姉妹のように仲がよかった。その結婚話はなんとかまとめ

ようとして、夜、横になると、局長に寝物語を始めた。

**例句5**：那封信看是看了，可是写得拐弯抹角的，到底想说什么，根本摸不着头绪。

译文：その手紙は読んではみたものの、回りくどくて、何が言いたいのか、さっぱり要領を得なかった。

**例句6**：中国南方人过年吃年糕有盼望"年年高"的意思，吃汤圆儿也是讨吉利，盼望一切都圆满。

译文：中国の南方人が正月を祝う時にお餅を食べるのには「年々暮らしが良くなる」ことを願う意味があるが、餡入りのゆで団子を食べるのも縁起担ぎで、すべてがまるく満ち足りるよう願うものです。

訳注："汤圆"は、（さんざし、くるみ、ごまなどの餡の入った）もち米の粉の団子、ゆでて汁と一緒に食べるもの。

**例句7**：企業の駐在員がこぼしていたのを思い出す。秋になると、顧客や上司らがだんご状態で出張して来る。お目当てはカニ。毎晩、おつきあいした揚げ句、胃の調子がおかしくなった、というのだ。

译文：说到这儿，想起一个企业驻外人员的牢骚话来。一到秋天，他的客户和上司就接二连三地来此地出差，不用说都是冲着螃蟹来的。每晚作陪，把胃都吃出毛病来了。

**例句8**：幕末の志士、高杉晋作は何かと仲間に血判を求めた。「夷狄を討つ」と江戸で御楯（みたて）組を結成した時には二十数人が血盟に応じた。なのに京都で将軍暗殺の同志を募ると一人しか応じない。高杉の呼びかけでも、企てがむちゃならそっぽを向かれたようだ。

译文：幕府末年的志士高杉晋作，动辄要求同伴按血手印。在江户结成御楯组"讨伐夷狄"时，有二十几人歃血为盟。但是在京都寻求暗杀将军的同仁时，只有一个人响应。即使是高杉晋作发出号召，倘若策划得很草率，也会无人理会。

**例句9**：私たちが日本語ができる人材を集められなくて困っ

ているとき、私の東京大学時代の恩師がたまたま北京外国語大学の日本学研究センターの客員教授として赴任しており、そのつながりでわれわれは学生の就職を担当する先生と知り合い、日本語の優秀な人材を常に確保することができるようになった。

　　译文：在我们为招收日语人才没有进展而发愁的时候,我的东大的导师恰巧在北京外国语大学日本研究中心做客座教授,通过他的穿针引线,我们接洽到了负责学生就业工作的老师,开始有了优秀日语人才的稳定来源。

## 五、习语的直译

　　所谓直译,是既保持原文内容,又保持原文形式的翻译方法。直译的方法还应该适用于下面一种情况：即使始发语与归宿语之间拥有相同的表现形式来体现同样的内容,但是为了忠实地再现原文的表达方式,并且增添译文的趣味性,把原文的表现形式直接翻译出来,而不套用归宿语中现成的表达形式,这种方法尤其体现在文章中有解释该习语的文字的情况。但是这种直译必须满足一个前提,这就是原文的表达形式归宿语的读者能够接受,并产生同样的表现效果。例如"瞎猫碰死老鼠"表示侥幸得到意外收获或成功,日语里本身有个现成的熟语「棚からぼた餅」意思与其接近。由于原文中打的比喻浅显易懂,直译出来日本人也能理解,所以翻译时有时不必借用这个熟语,也不必意译成「まぐれ当たり」而译成「目の見えない猫が死んだネズミにぶつかるようだ」。通过直译出来保持了原文形式的原汁原味。再如"人靠衣服马靠鞍"一词,日语里本身有个现成的熟语「馬子にも衣装」意思与其基本对等,然而翻译时为了保持原文形式,可以采取直译的方法,译作「人は服次第、馬はくら次第」,这是翻译者主观能动性的体现,也算得上是一种再创作。

　　例句1："叩指礼"是饮酒者的一礼。当主人给你斟酒的时候,把拇指、食指和中指捏在一块,轻轻地在桌边点几下,以示感谢。这就

叫"叩指礼"。

译文：「叩指礼」は酒を飲む者の作法の一つである。主人から酒を注がれた時に、親指と人差し指と中指をつまむように揃えて机の端をそっと何度かたたくことで、感謝の意を表す。これを「叩指礼」という。

例句2：中国の国際友好交流事業と中日友好活動にとって、2020年は特殊な一年だった。新型コロナウイルス感染症が世界的に猛威を振るう中、これまでの中日両国民の活発な往来の光景は見られなくなり、全てのイベントに停止ボタンが押されたようだった。しかし実際は、感染症との闘いを巡って行われた中日間のさまざまなオンラインとオフラインの友好交流活動は止まってはいない。感染拡大の困難な時期、中日が助け合った感動的な出来事はたびたび伝えられ、人々の心を動かした。

译文：2020年是中国对外友好工作的特殊年份，也是中日友好工作的特殊年份。新冠肺炎疫情肆虐全球，中日两国民众的频繁往来已经风光不再，各种活动似乎都按下了暂停键。但是事实上，中日两国之间围绕"抗疫"而展开的各种线上线下的友好活动却未停止。在疫情蔓延的艰难时刻，中日互帮互助的感人事迹层出不穷，感人肺腑。

例句3：老马已是奔五十的人了，满身是伤，有个头疼脑热的，身边没有个端汤递水的人怎么行？爱情不爱情且不必说，有个温柔敦厚的妻子，对老马倒是非常必需的。

译文：馬さんはすでに五十に手が届こうという人で、全身に傷を負っている。病気でもして、身近に身の回りの世話をする人がいなくてもよいのか。愛情はあるかないかは二の次で、温和で実直な妻が、馬さんに絶対必要だ。

例句4：中国还有不少多子多福的传统吉祥画。这些挂在家庭居室中的吉祥画，画面上常常是蝴蝶飞舞。环绕着饱结果实的瓜田。那些瓜果，就象征着孩子，让家庭中洋溢着幸福。

译文：中国では他にも「多子多福」（子供が多ければ幸せであ

る)の伝統的な吉祥画がたくさんある。これら家の居間に掛けられている吉祥画でよく見かけるのは、蝶の群がたくさん実をつけた瓜畑の上を飛び交っているものだ。その瓜の果実はまさに子供の象徴で、家庭に幸せを満ち溢れさせるものなのである。

　例句5：「食」といえば、中国は本場である。「四本足で食べないのは机だけ」と言われるほど中国の人々は食い道楽である。おかげで、中国に滞在していた折、奇妙なものまで口に入れる幸運に恵まれた。

　译文：说到"饮食"，中国当数第一。"四条腿的只有桌子不吃"，中国人对吃津津乐道。我在中国的那段时间里，有幸尝到了许多稀奇古怪的美味。

　例句6：中国には「家では両親が頼り、外では友達が頼り」という言い方がある。これは、まったくそのとおりで、一生涯のうち、家にいる時間は限られており、人生の大部分は友達に頼らざるを得ない。海外にいて、周りに親族もいない、言葉も文化も違う、考え方も違う、社会制度も違う、となるとなおさらだ。人間はしかり、仕事もまたしかりである。

　译文：中国有句俗话：在家靠父母，出门靠朋友。这话一点不假。人的一生中，在家的时间毕竟有限，这就决定了人生的大部分，要靠朋友才能成事。身居国外，举目无亲，语言文化不同，思维方式不同，社会制度不同，就更是这样了。人且如此，事业亦然。

## 练 习 题

一、把下列成语译成日语

| 邯郸一梦 | 骑虎难下 | 鹤立鸡群 | 九牛一毛 | 虎头蛇尾 |
| 恩将仇报 | 恻隐之心 | 空中楼阁 | 扭转乾坤 | 日新月异 |
| 沧海一粟 | 白日做梦 | 三头六臂 | 千虑一失 | 旁征博引 |
| 衣锦还乡 | 水中捞月 | 心怀叵测 | 惊慌失措 | 借花献佛 |
| 旁观者清 | 后来居上 | 甘拜下风 | 山珍海味 | 恋恋不舍 |

雁过拔毛　一箭双雕　不可胜数　少得可怜　多此一举
东施效颦　乳臭未干　自私自利　进退维谷　一丘之貉
守株待兔　骄兵必败　白驹过隙　滴水穿石　雨后春笋
吹毛求疵　脚踏两只船　乌鸦笑猪黑　挂羊头卖狗肉
草窝里飞出金凤凰　摇钱树　车到山前必有路　茅塞顿开
胜不骄,败不馁　匹夫不可夺其志　冰山一角　好事不出门,
坏事传千里　功亏一篑　风烛残年　如坐针毡　变色龙/
见风使舵　秋波传情　单相思　其貌不扬　先见之明
徒有其表　见异思迁　铭刻在心　高枕无忧　吃闭门羹
冒名顶替　忍无可忍　雷声大,雨点小　过犹不及
得意忘形　捏一把汗　软硬兼施　美人计　轻而易举
丈八灯台照远不照近　近朱者赤,近墨者黑　摆架子
闹肚子　拉关系　递眼色　打官腔　女大三,抱金砖

二、翻译下列带成语的对话

1. A：最近我也开始喜欢吃生鱼片和纳豆了。
   B：是吗？近来像你这样的外国人增多了。入乡随俗嘛！

2. A：老师,「気圧」的「気」是不是写成中文的「气」了？
   B：啊？真的！看来智者千虑必有一失呀！

3. A：无论做什么事,一开始就要考虑清楚,订出计划。
   B：是呀！经常会发生欲速则不达这类事情的。

4. A：让你打了那么多的资料,很烦的吧？
   B：没有哇。对我来说,既学了日语,又练习了打字,一举两得呀！

5. A：早听说杭州是个非常漂亮的地方,但去了一看还是被她的美丽惊呆了。
   B：是啊！百闻不如一见嘛。

6. A：听说这次暑假全体人员要去日本旅行,是真的吗？
   B：根本就是无稽之谈。听谁说的？
   A：不过,无风不起浪吧！肯定有人说过。

7. A：又想去广州贸易公司,又不想离开上海,究竟该怎么办呢？

B：鱼和熊掌不可兼得，去不去还是早点决定吧。
8. A：到了那里有导游，没必要带地图。
　　B：有备无患嘛！还是带上吧。

三、翻译下列句子

1. 小说上都说眼睛是心灵的窗口，一点不假，他的眼睛纯净、诚实。

2. 他听了有点生气说："你的钱应该存一些，每月给你家这么多钱，那咱们不得喝西北风了吗?!"夫妇俩吵了起来，婆婆一听也火上加油，结果一家人好多天都不说话。

3. 现在我们的古典文学研究中为了某一古人的一件无甚意义的琐事，花费大量的精力和时间去考证，甚至进行无休止的争论，实在是小题大作。

4. "浪子回头金不换"是一句俗语，意思是说，沾染了恶习或失足堕落的人，如果能改邪归正的话，那是比金子还可贵的。

5. 中国には、「一滴の水の恩を涌き出る泉をもって報いる」という言い伝えがある。日本サイトと日本語版はゼロからスタートしたが、今日では十数人のメンバーを抱え、日本人の正社員もおり、画面もある程度充実し、改善された。とりわけ、毎日訪れる1万人に及ぶ「インターネットフレンド」は、私たちの友人の輪を大きく広げ、私たちに苦労の甲斐を教え、発展への自信を与えている。

6. 「大きな徳は、感謝の言葉を待つまでもない」と中国では言われているが、実にそのとおりで、感謝してもし切れないのだ。1 000字あまりの短い文章では、われわれがこれまでに与えられた支持と協力の万分の一も書き尽くすことができない。彼らは、私たち一人ひとりに、また私たちの仕事に大きな手助けをしてくれただけでなく、中日友好のために尽力して、さらに両国の民間交流における重要な構成部分でもある。われわれはその全てをいちいち数えるすべもないが、いつまでも忘れず、これからも、ひたすら仕事に励んで行くだろう。

7. 在生活中多注意注意周围人的眼光是很重要的事,但这不意味着让你去做一个八面玲珑的人。

8. 啊,那是常有的事,丝毫不值得奇怪。

9. 在现在的社会中,像他那种恩将仇报的人不多见。

10. 啊,那个手机便宜了!快让小王来买。上次看这个手机时他简直垂涎欲滴了。

11. 那种专业话题,跟他讲也是对牛弹琴,不可能听得懂的。

12. 不懂的话最好马上问明白,应该不耻下问。

13. 政治家大多善于纸上谈兵。

14. 真人不露相这句话好像就是说他的!作为好朋友本以为很了解他……

15. 年をとると、食べることに執着してくる。あと、何回飯を食えるのか。指折り数えるとまではいかないが、日々の楽しみのひとつが食事である。

16. 在中国漫长的历史中,儒教起了重要的作用。把儒教作为理想国家的是周代的周文王的时代。他不仅赢得了一百个孩子的喜爱,更被数万人尊为领袖。自古以来人们所熟悉的"百子戏莲",就是从这里流传下来的。

17. サソリを初めて体験したのは山東省でだった。この地方の特産で、サソリの養殖で大もうけした「サソリ大王」の記事がよく新聞に出る。これも空揚げだったが、せんべいのような口ざわりで、淡泊な味だった。北京のホテルのレストランでたまたま山東省フェアをやっており、サソリもあった。子供達は嫌がるかとも思ったが、「スナック菓子みたい」と意外に歓迎された。

18. 日本の伝統である家紋にも、多く吉祥を願う意味が含まれている。女性にとって欠かすことのできない櫛にもこのような家紋が描かれている。この櫛は往々にして母親から娘に伝えられるもので、「和櫛」と呼ばれる。日本の漆器に多いのもワラビ、つくし、蝶々など、多子多産に関係のあるデザインだ。お祝いの宴席で出される食器にもしばしば母子草の模様が登場する。刀のつかに

刻まれる「花紋」のデザインはたくさんの男の子に恵まれますように という願いを現している。このような伝統は、結婚の宴席での和服にも現われている。着物の絵柄には10数羽から2、30羽におよぶ鴛鴦が描かれているものが多いのだが、鴛鴦はつまり、仲睦まじい夫婦の象徴なのである。

19. 銀座では、1番売り場の列がとくに長い。隣の2番ならすぐ買えるのに、「1等を当てるには1番だ」と縁起を担ぐ人が多いからだ。売る側も心得ていて、ちゃっかり1番だけ窓口を二つ設けて大量にさばいている。それでも大安のきのうは「3時間待ち」だった。

20. 琴ちゃんは人を笑わすのが好きなんだと感じました。いつも自分に無理をしすぎず、マイペースで自分の感じたこと、思ったことをまっすぐに人に伝えられる彼女を私はとても、「いいなあ」と思いました。学校の琴ちゃんは誰とでも仲良くしていけます。バイト先の琴ちゃんは自分の仕事をきちんとこなして仲間に信頼されています。自宅で家族といる琴ちゃんは少しわがままで飼い犬や飼い猫とばかり遊んでいます。そして、私といる時の琴ちゃんは、写真を撮り始めてから、撮り終わるまでに、だんだんと私のほうへ近づいてきてくれたように思います。いろんな彼女を見た私は、私自身が悩んでいたのは、私が無理をしているからだと気付いた。琴ちゃんは、いつでも誰の前でも「自然体」でいます。そんな琴ちゃんといっしょにいると、肩の力が抜けて、私は笑顔になれます。

21. 高中毕业后,我毫不犹豫地闯入京剧的世界,来到了北京的中国戏曲学院附属中学,选择了"武丑"这一角色,开始接受京剧的专业训练。当京剧演员的人一般都是从小学艺,可是对半路出家的我来说,基本功的训练超出了我的想象。

第六章

# 第七章 简称和数词缩语的翻译

词语的简称是把一个较大的语言单位简化或紧缩成一个较小的语言单位,简缩以后内容不变,形成一个特殊形式的词语。词语简缩的原因是表达上避繁趋简的要求,如果用到某些冗长的专用名词,一句一个全称,说起来不便,听起来也觉得啰嗦。汉语里有许多简称。有些简称用多了,用久了,人们便忘了它原是一个简称,甚至使用上完全取代了全称,如"流感""春晚""外教""外贸""科技""扫盲""夜大"等。

当然日语中也有大量的简称(略語・省略語),如:

プロフェッショナル——プロ　　パーソナルコンピューター——パソコン
高等学校——高校　　　　　　　　アルコール中毒——アル中
テロリスト——テロ　　　　　　　ゼネスト——ゼネラル・ストライキ
教育ママ——教育過剰ママ　　　　航空母艦——空母
マザーコンプレックス——マザコン　万国博覧会——万博
日本放送協会——NHK　　　　　　北大西洋条約機構——NATO
世界保健機関——WHO

对同一事物,要从汉语和日语中找到完全对应的译词,除少数英文简称(如:HP、IP、FAX、MVP、DNA)以外,几乎是不可能的,如"联合国安全保障理事会"的简称,汉语是"安理会",而日语则说「安保理」;汉

语里"裁减军备"一词的简称为"裁军"而日语「軍備縮小」简称为「軍縮」。所以，汉语的简称翻译成日语时，一般都要还其本来面目。

在汉语的简略式表达当中，还有一种数词形式的浓缩。所谓数词形式的浓缩是从联合词组中，抽出联合的词和语的共同成分，用数词加以概括来代表联语，如：

废水、废气、废渣（廃液・廃ガス・廃棄物）——"三废"

百花齐放、百家争鸣（百花斉放・百家争鳴）——"双百"

来料加工、来料组装、来样加工、补偿贸易（原料加工貿易、部品組立貿易、サンプル貿易及びバーター貿易）——"三来一补"

通邮、通航、通商（通郵、通航、通商）——"三通"

合资、合作、独资（合弁・単独投資・合作）——"三资企业"

**例句 1：不少离、退休老人买了舞厅月票，每天都到舞厅里来，扭臀甩胯，摇头摆手，青春仿佛又回到了他们身上。**

译文：大勢の引退したあるいは退職した老人は、ダンスホールの定期券を買って毎日ダンスホールにやってきては、腰をくねらせ頭や手を振り、まるで青春が再び彼らの体に戻ってきたかのようであった。

"离、退休老人"是"离休老人"和"退休老人"的压缩语。"离休"一词，翻译时应该加注。据小学馆《最新新中国情报词典》(1985)的解释，是「指導的地位についている13級以上の高級幹部（おおむね局長以上）、および1949年10月1日（新中国成立）以前に革命に参加した者（地位を問わない）」。"扭臀甩胯"如果直译的话，似乎可译为「お尻をひねり、またを振り回す」，但是这句话是描写离、退休老人的舞姿，这样直译与实际情形恐怕相去甚远，所以还是译成「腰をくねらす」为好。"摇头摆手"的"摇"和"摆"译成日语都是「振る」，所以日语可合译为「頭や手を振る」。

**例句 2：我们在欧洲做学生的时代，因为穷，大家也主张"西化"，饭馆里吃饭，各自付各自的钱，相约不抢着付钱。**

译文：私たちがヨーロッパーで学生であったころは貧しかったので、みんなも「西洋流」にやろうと言って、各々が自分の分を払

い、争って食事代を払ったりはしないということをお互いに申し合わせた。

例句3：可是乾隆皇帝这次是微服私访,不能暴露身份,于是聪明的太监就想出了个办法,用三个指头在桌边轻轻地点九下,象征着三叩九跪。后来这个习俗在民间盛传至今。

译文：しかし、乾隆帝がお忍びであるから身分が分かってしまってはいけない。そこで頭のよい太監は次のような方法を考えだした。それは、三本の指を机の端を九回軽くたたくことで、「三叩九跪」を表すというものである。後にこれが民間にしだいに盛んに伝えられ、現在まで受け継がれている。

例句4：**ある日、米の友人を江ノ島、鎌倉に招待しました。日本の方、この日はあいにくと雨でありました。肌寒くあまりうれしそうにしていない初めての来日の、遠来の客に彼はいいました。**

**「どうです。雨にけぶる江ノ島の眺め、なかなか風情があるでしょう。」**

**すると彼の米人は、すかさず、一日中降っているのに、なぜよろしいのか？」と、このあと話が進まなかったそうです。**

译文：有一天,一位日本人邀请一位美国朋友去参观江之岛和镰仓。但不凑巧当天下雨,天气有点凉,第一次来日本的这位美国朋友,似乎有点不开心,于是,这位日本人对他说:"怎么样,烟雨蒙蒙中的江之岛景色很有情趣吧。"

他的美国朋友马上说道:"明明下了一整天雨,有什么好的?"于是话就讲不下去了。

例句5：**現代の日本の世帯構成を見ると、核家族世帯が最も多く、全体の約 60％を占めています。次いで単身世帯が約 20％強となり、三世帯は10％強となっています。**

译文：从当代日本的家庭结构来看,三口之家最多,占总体的约60％,紧接着是单身家庭,占20％多,三世同堂的略高于10％。

例句6：**大分県では、県下の各町村で地域の特性を生かした**

特产品を最低一つは作ります。すなわち「一村一品」の運動が1979年よりなされています。

译文：大分县1979开展了"一村一品"运动。也就是说，各村镇至少要生产出一种具有地方特色的产品。

例句7：三権分立とは「立法」「行政」「司法」の三つに分け、それぞれのしごとを別の機関に担当させるしくみのことです。日本の政治でも、三権分立のしくみがとられており、立法は国家のしごと、行政は内閣のしごと、司法は裁判所のしごととされています。

译文："三权分立"指的是把国家政治为成"立法""行政""司法"三类，并由不同的机关各司其职。日本的政治也采用的是"三权分立"的结构。国家掌管立法；内阁掌握行政；法院掌管司法。

例句8：2008年の北京五輪と2010年の上海万博は、北京と上海の両市の交通にとって、間違いなく一つの契機になる。中国で最も影響力のあるこの二つの都市の交通状況に、大きな改善がもたらされるであろう。

译文：2008年北京的奥运会和2010年上海的世博会，对北京、上海两个城市的交通发展来说无疑是一个契机。我国这两个最有影响力的城市的交通状况一定会大为改善。

例句9：あいつはジゴチューだよ。どんなときであっても、自分のことを先に考えるのだ。

译文：那家伙以自我为中心的，什么情况下都是先考虑自己。

例句10：今の若者はネッ友とおしゃべりするのが好きで、パソコンの前に座って、一日中おしゃべりをする人も少なくない。

译文：现在的年轻人喜欢和网友聊天儿，很多人一坐到电脑前会聊上一天。

例句11：明日からガソリンが値上がりするそうなので、今日急いで行って見たら、ガススタには、車がいっぱいで動けないほどだった。

译文：听说汽油要提价，今天赶紧去看了看。没想到加油站车

多得都动不了。

例句 12：なにかあったらご連絡致しますので、メアドを教えてくださいませんか。

译文：有情况时我会与您联系,能告诉我您的伊妹儿地址吗?

例句 13：今年の世界禁煙デー(5月31日)をきっかけに、全社に禁煙の呼びかけを始めた。まず会議での禁煙、ついで応接室からの灰皿の追放、たばこ自販機の撤去と続いた。従業員の半数が喫煙者とみられるが、全体として反発はないという。

译文：这家公司以今年的世界戒烟日(5月31日)为契机,向全公司发出了禁烟的号召。首先在会议室禁烟,接着撤掉了接待室的烟灰缸,又撤掉了自动售烟机。虽然吸烟者大约占职工的半数左右,但是在整体上没有出现抵触情绪。

例句 14：スタッフは平均62歳、上は70歳という神戸の「100円コンビニ」。客も半分はお年寄りだ。常連客は「やさしさを感じる」。

译文：神户"百元便利店"营业员平均年龄62岁,最大的70岁。顾客中有一半也是上了岁数的。老主顾称赞说:"这家店很待人很亲切。"

例句 15：京都市では一昨年、茨城県から来た受験生が会場をまちがえ、涙ながらに交番へ駆け込んだ。見かねた警官がパトカーに乗せ、サイレンを鳴らして約20キロ先まで急送する。700件を超す反響が京都府警に届いた。やはり8対2で賛成が多かった。

译文：前年在京都市,有一名来自茨城县的考生跑错了考场,哭哭啼啼地找到了派出所。警察看了于心不忍,就让他坐上警车,鸣着警笛将他紧急护送到20公里外的考场。为此,京都府警察署接到了700多条群众意见。褒贬的比例也是8比2,赞成者居多。

例句 16：大正初め、日本へ亡命したインドの独立運動家ラス・ビハリ・ボースは、東京で食べたカレーの味にひどく落胆した。「インド貴族が食べるのはこんな味じゃない」と。当時一般に食べられていたのは、英国風のカレー粉を使った即席料理だった。

本場ベンガル育ちのボースには和食にしか見えなかったことだろう。日印を結ぶ政治工作のかたわら、本式のカレーを広めようと決意する。

译文：大正初年，亡命日本的印度独立运动家赖斯·比哈利·波斯，对他在东京吃到的咖喱饭味道大为惊讶。他说："印度贵族吃的可不是这个味儿啊。"当时人们吃的咖喱饭一般用英国风味的咖喱粉现做的快餐。在孟加拉土生土长的波斯看来，大概只能算是日本料理吧。于是，他决心在从事联合日本和印度的政治活动之余，推广正宗地道的咖喱饭。

**例句17**：イラク戦争が始まって、20日で3年になる。ブッシュ米大統領は、開戦の1カ月半後に、主要な戦闘作戦が終結したと宣言した。しかしイラクでの戦闘は今も続き、テロもやまない。今週も、イラク駐留の米軍が「テロ容疑者の拘束」のためとして民家を攻撃し、子どもや女性を含む市民が死亡したと伝えられた。ほかにも、米軍は中部地区で「イラク戦後最大規模となる掃討作戦を始めた」と発表した。イラクの現実は、「戦後」という言葉からは懸け離れている。

译文：伊拉克战争爆发，到20号就要三年了。布什总统在开战一个半月后，就宣布停止了主要作战。但是在伊拉克，战争至今还在继续，恐怖活动也未曾偃旗息鼓。据说本周驻伊美军还以"拘捕恐怖事件嫌疑分子"为由袭击了民居，造成了包括妇孺在内的市民的伤亡。另外，美军又宣布在中部地区"开始了伊拉克战争开始后最大规模的扫荡"。伊拉克的现状离"战后"这一说法还是相去甚远。

**例句18**：来年2月、知的発達障害者のスポーツの祭典・スペシャルオリンピックス冬季世界大会が長野で開かれる。オリーブの枝の下、アテネの夏で見てきた様々な可能性の追求というバトンを、日本でも引き継いでゆきたい。

译文：明年2月，智障者的体育盛典——冬季特奥会将在长野举行。我们希望在夏日里雅典的橄榄树枝下展现的那种追求各种可能性的接力棒在日本继续传递下去。

第七章

例句 19：戒名（かいみょう）には院、居士、信士など号がつくことが多い。その違いを「院は浄土へのグリーン席、居士は指定席、信士は自由席」と新幹線の座席料金にたとえて講釈する寺がある。「せっかくならグリーン車で」。戒名料を奮発させようという魂胆のようだ。「何ともあざとい商法。仏の教えからほど遠い」と文化人類学者で東工大助教授の上田紀行さんが嘆く。

译文：人取的法名多带"院""居士""信士"等号，可是有的寺庙却借用新干线的座位等级来解释其中的差别："院是驰往净土列车上的软座，居士是对号座位，信士是不对号座位。"于是人们就想："好容易取个法名，就坐软座吧。"这无非是哄抬取法名费用的鬼把戏。对此，文化人类学学者、东京工业大学副教授上田纪行先生哀叹道："多么奸诈的生意经啊！简直与佛的教诲毫不沾边。"

例句 20：ネット直販は、モノだけでなく、航空券のサービス分野でも見られるようになった。

译文：网上直销不仅运用在物品上，还扩展到机票的服务领域。

例句 21：韓国ならこんな論争は起きない。入試の日には受験生を遅刻させまいという熱気に包まれるからだ。韓国事情に詳しい静岡県立大助教授の小針進さんによると、日本以上の学歴社会で、出身大学が一生を左右してしまう。「だから試験日には、官民挙げて生徒を助けようと張り切ります」なかでも「修能」と呼ばれる統一試験が大変な騒ぎだという。遅刻者に備えてパトカーや救急車が駅前に待機する。離島の生徒を運ぶのは軍用ヘリだ。通勤ラッシュに巻き込まないよう、大人たちは出勤時間をずらす。

译文：若在韩国是不会产生这样的争论的。因为高考这一天处在一种杜绝考生迟到的热烈氛围之中。据精通韩国情况的静冈县立大学副教授小针进先生介绍，韩国比日本更看重学历，毕业于什么大学将会影响终身。"所以，到了高考这天，官民齐心协力帮助考生。"特别是一种被称为"修能"的统一考试人们更是大动干戈。为防备考生迟到，警车、救护车就守候在车站前面。运送离岛的学生，竟然动用军用直升机。为了不让考生受到上班高峰的影响，大人们都错开

了上班的时间。

例句22：「今太閤」などと言われて、首相にまで上り詰めてから4年後の逮捕だった。この後も様々な事件を現場で取材したり、周辺で見たりしてきたが、これほど深刻な権力犯罪には出合っていない。戦後の約60年を顧みると、ロッキード事件はその真ん中あたりで起きている。事件を挟んで前と後が30年ずつある。「ロ事件後」の30年で日本の腐敗や癒着の構造はどう変わってきたのか。表向きはともかく、闇の構造そのものが消えたとはとても言えないだろう。ロ事件が繰り返されないという保証はない。

译文：田中角荣曾被誉为"当代的丰臣秀吉"，在他登上首相的宝座4年后被捕了。打那以后，笔者也曾采访现场或旁观过各种各样的事件，不曾再次遇到如此严重的权力犯罪。回顾战后这60年左右的岁月，洛克希德事件正发生在其中间，前后相隔30年。洛克希德事件30年后的今天，日本的腐败、官商勾结的结构又发生了什么变化呢？表面上的姑且不论，暗地里的结构并没有土崩瓦解，无法保证洛克希德事件不再重演。

例句23：両親と弟の4人暮らしだった。8年前、母が入院して初めて血液型が判明した。B型という。父はO型だから自分がA型なのはおかしい。「若いときに浮気したのか」。問いつめて母を泣かせた。親子で数年間悩んだ末、一緒にDNA鑑定を受けたのは昨春のこと。血のつながりはないと言われた。男性は産院を運営した都を提訴した。先日の判決で、東京地裁は取り違えがあったと認めたが、賠償請求は退けた。

译文：该男子和父母及弟弟4人一起生活。8年前，母亲住院时才知道母亲血型是B型。而父亲是O型，自己却是A型，对此他感到大惑不解。于是逼问："妈妈年轻时是不是有过外遇？"为此母亲憋屈得流过泪。母子因此烦恼了好几年，最终去年一起做了DNA鉴定，结果表明母子间没有血缘关系。于是该男子把经营该产科医院的东京都告上了法庭。东京地方法院日前作出判决如下：承认医院换错了人，但对赔偿要求不予支持。

例句 24：**加盟する各国が、同じ一人の大統領をもつ。そんな「欧州大統領」**の誕生を盛り込んだ欧州連合（EU）憲法条約についてのオランダの国民投票で、反対票が約 6 割に達した。フランスでの国民投票に続く「ノーの連鎖」となった。

译文：各加盟成员国拥有同一位总统。关于包括设立这个"欧洲总统"有关内容在内的欧盟宪法条约，在荷兰举行了公民民意测验，结果反对票高达 60% 左右。这是继法国民意测验后欧盟宪法遭遇的"不(no)的连锁反应"。

例句 25：**「マスクまでして出勤しない。この国ではせきやくしゃみが止まらない日は休む」**。ドイツ在住の日本人男性も言う。ロンドンやパリでもマスク姿を大勢見かけることはないそうだ。そのぶん欧米では、日本のマスクの季節が格好のニュースになる。歩道を行くマスクの群れを描写して米紙は「手術室に向かう外科医の集団かと思った」と伝えた。豪紙は数年前、「政府に抗議する有権者の一斉行動みたい」と報じた。大げさな書きぶりだが、よほど珍しいのだろう。

译文：居住在德国的日本男性也说："到了戴口罩的地步就不上班了。在这个国家感冒喷嚏好不了的日子就请假。"据说伦敦、巴黎等城市也很少见到戴着口罩的人。正因为如此，在欧美，日本的戴口罩季节就成了不可多得的新闻。美国的报纸把走在人行道上的口罩人群描写成"还以为是正走向手术室的外科医生团队"。澳洲报纸几年前曾报道说："活像是公民抗议政府的共同行动。"看似有点夸张，可在他们的眼里实在是稀奇古怪。

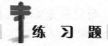
练 习 题

翻译下列句子

1. A：外面的鞭炮声真够热闹的。

    B：是啊，中国人喜欢在鞭炮声中辞旧迎新。

2. 电话拜年的好处是"四省"。第一，省时。过去要花上大半天

的工夫,现在三五分钟就解决问题;第二,省事。电波传友情,免去了长途或短途旅行的劳顿;第三,省钱。由于双方见不到面,自然也就不需要置办什么礼品;第四,省话。在三五分钟之内要把年拜完,话必须少而精。

3. 很古的时候就流传一个故事,叫做"华封三祝",说是华山地区的封人给当时的领袖人物尧的祝词里包含了三件事:多福、多寿、多男子。这"三多"总结了几千年来传统社会美满生活的纲领。

4. 近頃、仕事が忙しくて、食事をする時間もないので、よくビニ弁を買って食べていた。

5. 昨日、友達とディスニランドへ遊びに行った。お昼はマクドで取った。

6. A：先輩、面接には何が大切ですか、教えていただきませんか。

B：そうですね。まずアポの時間に遅れないでください。それから面接のときには、オーソドックスな服で出るのが基本的なマナーです。

7. 七五三は子供の成長過程で、三歳、五歳、七歳という年齢が、心身ともに 節目の時間に当たりますので、一種の厄介払いの役割を果している武家社会の行事です。

8. 千利休の孫の千宗旦は、千家の再興に力をそそぎました。その孫たちから、宗守(武者小路千家)、宗左(表千家)、宗室(裏千家)の三つに分れ、三千家として、侘び茶の伝統を守っています。

9. 今はどこでもアフターサービスを大事にしているのだ。販売された商品はもし何か問題があったら「三つの保証」(修理、交換、返品)の決まりに応じて対処される。

10. 日本のテレビや映画のアニメーションを指して、「ジャパニメーション」と呼ばれるのだ。

11. 歴史ある町で古い橋を渡る時、これまでに行き交った人々の足音を聞くような思いがする。イタリアの古都フィレンツェで、「古い」橋を意味するベッキオ橋に立ち、ざっと500年前のルネサン

ス期を代表する3人の姿を想像したことがあった。

　1504年秋、21歳のラファエッロが青雲の志を抱いてフィレンツェを訪れたとき、52歳のレオナルドは『モナ・リザ』に霊筆をふるい、30歳になんなんとするミケランジェロは巨像『ダヴィデ』を仕上げたところであった。ラファエロは2人の巨匠の作品に学び、優美で流麗な独自の作風をつくり上げてゆく。

　12. ユネスコ（国連教育科学文化機関）を設立するための会議は、第二次大戦が終結した60年前の秋に、ロンドンで開かれた。アトリー英首相は、演説の中で「戦争は人の心の中で生まれるもの」と述べた。

　これが、ユネスコ憲章の前文の有名な一節となった。「戦争は人の心の中で生まれるものであるから、人の心の中に平和の砦（とりで）を築かなければならない」。戦争を繰り返さないため、世界の各国は互いをよく知る必要がある、との反省が込められている。知床の自然もまた、心の砦の礎になるようにと願う。

# 第八章 流行语的翻译

任何一个社会都处在不断的变化之中,随着社会状况的变化会不断产生一些新的词汇,这些单词就叫做新词。在一定时期内使用面特别广泛、使用频率特别高的词汇叫做流行语。随着我国改革开放的不断深化、社会主义市场经济体制的确立和与世界接轨的进程的不断推进,在社会各个领域出现了大量的新词、流行语。新词和流行语怎样准确地翻译成归宿语也自然成了不可忽略的重要内容之一。

另一方面,日语中新词、流行语也层出不穷。翻译时也要引起必要的重视。如在校园里会听到这样的对话:

A:まだそこでジベタリアンやってるの。どこかへ行こうよ。
B:そうね。何か食べに行こう。イタメシ屋なんかどう。
A:そのへんでマクるつもりだったけど。
B:うーん、ほかに選択肢ある?
A:うん、日本ソバでもいいけど。

这段对话中的「ジベタリアン」意思为「地べた(地面)に座り込む人」,「イタメシ屋」意思为「イタリア料理の店」,「マクる」意思为「マクドナルドで食事する」,「日本ソバ」意思为「普通のそば」。据《日语新干线》第五期介绍,在日本的高中女学生中经常使用「きもい」,意为「気持ちが悪い」,如「あの変な虫、見てよ、超きもいよ。」这些以简约为特征的流行语在年轻人中间大有愈演愈烈的趋势。

流行语和新语还如实地反映出时代的潮流和变化。如在日本近年来为了节约能源,政界的领袖们炎热的夏季里摒弃了传统的西装

领带的标准装束，率先穿着一种叫「クールビズ」的俭约型服装。希望这种服装能上行下效，在日本流行开来。这个词并非源自英语，而是日本人发明创造的"和制英语"。「クール」(Cool)，还有「かっこいい」的含义。「ビズ」是"business"的省略，其实在英语中应该说成"cool businesswear"。十几年前这种服装还叫做「省エネルック」。同时据说环境省为了减少电耗，还提倡冬季穿厚衣服，这种衣服叫做「ウォームビズ」。

下面采集了一些流行语，配以对译词，供读者参考。

| | |
|---|---|
| 千禧年 | ミレニアム |
| 上网 | インターネットに接続する、アクセスする |
| 吉祥物 | マスコット |
| 二噁英 | ダイオキシン |
| 按揭 | ローン |
| 电子商务 | Eコマース、電子商取り引き |
| 办公自动化 | 事務のオートメ化 |
| 一国两制 | 一国二制度 |
| 比萨饼 | ピザ |
| 部优 | 政府が認定した優秀商品 |
| 炒股 | 株式投資する |
| 炒鱿鱼 | くびにする、解雇する |
| 成人商店 | 大人のおもちゃ商店 |
| 酬宾 | 謝恩セール、バーゲンセール |
| 传媒 | メディア |
| 大款 | 金持ち、お大尽 |
| 大腕儿 | 人気タレント、売れっ子、トップスター |
| 度假村 | リゾートセンター、リゾートホテル |
| 发烧友 | マニア（パソコンマニア、ゲームマニア） |
| 反馈 | フィードバック |
| 个体户 | 個人経営者 |
| 公关 | PR(PR嬢) |

| | |
|---|---|
| 管道煤气 | 都市ガス |
| 好处费 | コミッション、手数料 |
| 回扣 | パックマージン、コミッション、リベート |
| IC电话卡 | テレホンカード |
| 奸商 | 悪徳商人 |
| 减肥 | ダイエット |
| 健美操 | エアロビクス |
| 健美赛 | ボディビル・コンテスト |
| 彩票 | 宝くじ |
| KTV包厢 | カラオケ・ボックス |
| 空调车 | エアコン付きバス、エアコン付き列車 |
| 快餐 | ファーストフード |
| 连锁店 | チェーン店 |
| 猫眼 | 窺き穴 |
| 媒体 | メディア |
| 多媒体 | マルチメディア |
| 模糊（技术） | ファジー |
| 模特儿 | モデル（ファッションモデル） |
| 排行榜 | ベスト・チャート、順位表 |
| 拍卖 | 競売にかける |
| 疲软 | 軟調 |
| 瓶颈 | ボトルネック、ネック |
| 千年虫 | 2000年問題 |
| 情人节 | バレンタインデー |
| 热线 | ホットライン |
| 入世 | WTOに加盟する |
| 骚扰电话 | いたずら電話 |
| 商品房 | 分譲住宅 |
| 社区 | コミュニティ |
| 收银机 | レジスター |

|  |  |
|---|---|
| 首席执行官 | 最高経営責任者、CEO |
| 套餐 | セットメニュー |
| 条形码 | バーコード |
| 跳槽 | 転職する |
| 同性恋 | 同性愛 |
| 投币(式) | コイン式 |
| 外企 | 外資系企業 |
| 网吧 | インターネット・バー、インターネット・カフェー |
| 下岗 | レイオフされる、一時帰休する、内部失業 |
| 乡镇企业 | 町村経営企業 |
| 小康生活 | まあまあの生活 |
| 小品 | コント |
| 效益工资 | 付加給 |
| 新城区 | ニュータウン |
| 信用卡 | クレジットカード |
| 性骚扰 | セクハラ、性的な嫌がらせ |
| 性用品 | 大人のおもちゃ |
| 休闲 | レジャー |
| 虚拟 | バーチャル |
| 选美 | ミス・コンテスト |
| 穴头 | プロモーター |
| 液化气 | プロパンガス、LPガス |
| 易拉罐 | プルトップ式の缶 |
| 义演 | チャリティショー |
| 隐私 | プライバシー |
| 有奖贺年卡 | 年玉つき年賀状 |
| 宇航员 | 宇宙飛行士 |
| 知识产权 | 知的財産権 |
| 钟点工 | パート、時給勤務者 |

| | |
|---|---|
| 主持人 | キャスター、司会者 |
| 自动取款机 | 現金自動引出機、ATM |
| 自助餐 | バイキング |
| 租赁 | リースする |
| 毒品 | 麻薬、ドラッグ |
| 打假 | 偽物・劣悪商品の取り締り |
| 黑社会 | マフィア、暴力団 |
| 举报 | 通報する |
| 皮条客 | ポン引き |
| 扫黄 | ポルノを取り締まる |
| 重组 | リストラ、再編 |
| 创汇 | 外貨獲得 |
| 反弹 | 反発する、上昇に転じる |
| 股民 | 株投資家 |
| 股市 | 株式市場 |
| 宏观调控 | マクロコントロール |
| 微观调控 | ミクロコントロール |
| 经纪人 | ブローカー |
| 跨国公司 | 多国籍企業 |
| 内向型 | 国内志向型 |
| 欧元 | ユーロ |
| 泡沫经济 | バブル経済 |
| 桥梁银行 | ブリッジバンク |
| 倾销 | ダンピング |
| 软着陆 | ソフトランディング |
| 通货紧缩 | デフレ |
| 通货膨胀 | インフレ |
| 豆腐渣工程 | 手抜き工事 |

**例句 1：** 记得有一次上课时，让同学们练习解答听力问题。练习

方法是听完男女二人的会话录音后,根据会话内容选择正确答案。

会话内容如下：

女：今天一起去卡拉OK吧。

男：呀,最近总出去玩,手头不宽裕。

根据这段会话,请回答"为什么男方不去卡拉OK呢?"在四个供选择的答案中,正确答案为"因为他没有钱"。

译文：授業中ある聴解問題を解いているときのこと。男女2人の会話を聞いて、答えを選ぶタイプの問題だった。問題は、「男の人はどうしてカラオケに行かないのですか。」会話は次の通り。

「女：ねえねえ、今日カラオケに行かない?／男：うーん、こないだ遊びすぎちゃって、実は余裕ないんだ。」

答えは4つの選択肢中の「お金がないからです」だ。

例句2：画鸭的也有,却未见专家,而且只见在其翎毛上下工夫,能传鸭之神者少见。漫画家和美术家,倒是下顾到它的,但不是画"丑小鸭",便是"唐老鸭",就未见画过"鸭美人"。其实,鸭子也是美的,可惜我们画家虽然也大都下放过农村,偏偏他们都未当过鸭倌。

译文：アヒルを描く人もいるのだが、その専門家にお目にかかったことがない。そのうえ、アヒルの羽などには工夫されていても、アヒルの真の姿をよく描き出した者は少ない。漫画やアニメ作家はアヒルにも目を向けてくれているが、描くものといったら「みにくいアヒルの子」か「ドナルドダック」ばかりであって、「うるわしきアヒル」というのがない。本当はアヒルも美しいのだ。残念ながら、われらの画家たちは大部分農村に下放したことがあるにもかかわらず、あいにくアヒル飼いの仕事をした者がいない。

例句3："爸爸你呢,好容易评了个副教授,一个月一百一十六块工资! 开门七件事什么都要钱,不向钱看行吗? 您不要再'清高'了,'清高'当不了饭吃,'清高'当不了衣穿,'清高'医不了妈妈的病!"

译文：「お父さんと言えば、やっと助教授になったって、一ヶ月に116元の給料じゃないか。米、味噌、醬油、何だってお金が要るん

だよ。お金のことを考えないで済むと思う？お父さん、もうこれ以上『清廉高潔』はやめてください。『清廉高潔』では食べられもしないし、着ることもできないし、お母さんの病気を治すこともできないんだ。」

例句4：有趣的是，现在很多电视台都开通了与观众互动的热线，可以点歌，也可以聊天。而且打进这种热线有时还能获奖，奖品五花八门，奖什么的都有。

译文：おもしろいことに、今、多くのテレビ局で視聴者番組参加のホットラインを開設している。歌のリクエストもできるし、おしゃべりもできる。しかもホットラインに電話をかけると、賞が当たることがある。商品がさまざまでなんでもある。

例句5：女の子は最近なんでも「超」をつけて言うのだ。「超ベリバ」とか、「超ベリグ」など、自分で作った言葉はいっぱい。

译文：现在的女孩子什么都加上"超"字讲。如"超坏""超好"等，自己创造的词语非常多。

例句6：総務省は7月6日、2004年の「情報通信に関する現状報告」（平成16年版情報通信白書）を公表した。情報通信白書では、国内のブロードバンド加入者数は3月末で1 495万に到達した上、月額料金は海外各国より大幅に安いと説明。日本のブロードバンドは、「世界最高水準に達した」と評価した。

译文：日本总务省7月6日公布了2004年《关于信息通信现状的报告》（平成16年版信息通信白皮书）。信息通信白皮书称，3月底日本的宽带用户数达到1 495万，并说明与其他各国相比，日本的每月收费便宜很多，还评价道：日本的宽带"达到全球最高水平"。

例句7：ある友人は、日本語版の創刊以来、ずっと訳文に対する批評をインターネットを通じて寄せてくださり、私どもの影の先生になっている。さらに、日本サイトがオフィスの改装工事のため、居場所がなくなった時も、一人の友達がうまい具合に、東京近郊にある自分の建物を提供してくれたので、われわれは支障なく仕事を続けることができたのである。

译文：一位朋友，从日文版创刊开始，通过因特网坚持不懈地对译文进行点评，她成了我们不见面的老师。在日本站因为办公地点改建而无处安身时，又是一位朋友，及时腾出了他在东京近郊的房屋，使我们得以不间断地工作。

例句 8：**现在很多年轻人都是"手机控"，每天手机片刻不离身，吃饭时也会刷手机。其实，长时间看手机会给人体健康带来很多隐患，不仅伤害眼睛，还会损害肠胃，甚至导致肥胖。**

译文：今、多くの若者はスマホ依存症になっており、毎日「スマホを片時も手離せず、食事中もスマホいじり」という状況だ。しかし、長時間のスマホ利用はさまざまな健康リスクをもたらす。目だけではなく、胃腸を損ね、さらには肥満を誘発する恐れがある。

例句 9：**亭主は家でごろごろしている。これを女たちが「粗大ごみ」と呼んだのは、もうずいぶん前のこと。その次に「産業廃棄物」という過激な形容が現れた。やがて「ぬれ落ち葉」。たしかに掃き出したいのだろうが、へばりついてなかなか離れぬ。この夏は「ホタル族」だった。妻や娘に喫煙をたしなめられ、男たちはひところ台所の換気扇の前でたばこをのんだ。最近はそれも許されず、やむなくベランダに出て煙を吐く。**

译文：丈夫闲呆在家里无所事事，妻子们很早以前就给他们起了个绰号叫"大件垃圾"。接着又冒出了一个过激的比喻叫"产业废弃物"，不久又有了"湿漉漉的落叶"这个词。想把它清扫出去，可是却粘在地面上总也挥之不去。今夏又出现了个新名叫"萤火虫族"。男主人们在家里吸烟遭妻子及女儿的责备，曾一度躲到厨房的排气扇下去抽，而今连这也得不到允许，只得退至阳台去过口烟瘾。

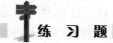
练 习 题

翻译下列句子

1. 个别演员不参加所在文艺团体的正常演出，专门"走穴"，挣

大钱。

2. 电话打进办公室,先用花言巧语捧你一番,最后抖出真家伙——贵宾卡等着你！也有用闪闪烁烁的好意引你上钩:"不用花多大力气的第二职业,保你发财！"被我一再追问,才知是那路货——直销！

3. "小款"们若天天打夏利,不免囊中羞涩;若人前打夏利,人后打面的,还略有富余。

4. "爸爸不如买台电脑,坐在家里上网得啦。能学习,又能陪我玩。反正我上大学就在家里上网,不离开爸爸,也不离开妈妈。"

5. 外国人看到独生子女,是他们幼年时骄横的一面,然而在中国大陆,经过"小皇帝"的童年时期以后,这一代的年轻人逐渐认识到自己的肩头,负担的是父母、祖父母、外祖父母等六人的老后生活。

6. このデジカメで撮った写真って、はっきり見られないわよ。

7. どのデパートのデパカも背が高くて、顔もきれいだから、ファッションな服を着ていたら、モデルのようだ。

# 第九章 歇后语、俏皮话的翻译

　　歇后语是一种非常特别的表达形式,并带有俏皮话的特点,在这一节单列出来讲。众所周知,汉语的歇后语脍炙人口,具有强大的实用性和生命力。如果在讲话和写作中恰如其分地使用歇后语,可以加强语言的形象性和生动性,给人以风趣幽默的感觉,并引起人们的想象和联想。所谓歇后语是由两个部分组成的一句话,前一部分像谜面,后一部分像谜底,是真意所在,或者说前一部分为"引子",后一部分为"注释",两个部分之间有间歇。通常的情况下,只说前一部分,而蕴涵本意的后一部分隐而不说,让听话者自己去体会猜测。例如:

　　泥菩萨过河——自身难保。
　　泥で作られた菩薩が川を渡る——自分すら救えない、ましてや他人のことなど顧みる余裕がない。
　　擀面杖吹火——一窍不通。
　　面を伸す棒で火を吹く——めん棒には穴があいていないから——まったく空気を通さない→てんで分からない。何も知らない。
　　猪八戒照镜子,里外不是人(两面不讨好)。
　　猪八戒が鏡を見れば、鏡の中も外も人間じゃない——二つの側の間に立って、双方の機嫌を損ねる。
　　狗拿耗子——多管闲事。
　　犬がねずみを捕まえる——余計なことに手を出す。
　　猫哭耗子——假慈悲。
　　猫がねずみに同情して泣く——にせの慈悲心。
　　歇后语当中还有相当一部分运用了谐音双关的修辞手法,显得

更加诙谐、生动。例如：

外甥打灯笼——照舅。

甥が提灯をかかげる——おじを照らす→相変らず、もとのまま。

"照舅"和"照旧"的谐音双关构成表里两层意思，由表及里。

电线杆上绑鸡毛——好大的掸子。

電信柱に鶏の毛をしばりつける——なんとも大きなはたきだ→大した度胸だ。

孔夫子搬家——尽是书。

孔子さまのお引越し——本ばかり→負けばかり（"书"shuに同音の"输"（負ける）shūをかける）。

日语中的有些称作「洒落」、「洒落ことば」的俏皮话与歇后语极其相似。例如：

厠（雪隐）の火事——焼け糞だ。

意思为厕所起火，把粪便烧了，「焼け糞」隐射「自暴自棄」。

薩摩守忠度をきめこむ——車、船などにただで乗ること。

这也是现代日本人古为今用的一句"歇后语"。距今八百多年前，有一位叫平清盛的武将，他有个弟弟叫「忠度（ただのり）」，官位升为萨摩守（さつまのかみ）。因此，后世的人就利用「忠度」和「只乗り」的谐音创造了这句俏皮话。

砂地の小便——たまらぬ

「溜まらぬ」和「堪らぬ」同音，隐射"受不了""不能忍受"。

丸の字の点落ち——苦になる

汉字"丸"字少写一点，自然就成了"九"。"九"与"苦"同音，意为"勉为其难做某事"。

坊主の丁髷——結うに結われぬ

和尚光头，自然无法梳发髻。梳发髻，日语叫「髪を結う」。「結う」与「言う」谐音，「結うに結われぬ」言外之意为「言うに言われぬ」（难以言状）。

乞食のお粥——湯ばかり

乞丐碗里的粥，稀得如米汤，光有汤没有米，即「湯ばかり」。言

外之意为「言うばかり」(光说不做)。

汉语的歇后语和日语的「洒落ことば」有一部分在形式上和含义上是相同的,翻译时可以直接互换。例如:

兔子的尾巴——长不了

兎の糞——長続きしない(这是由兔子粪的断断续续状而联想起的俏皮话。)

剃头挑子——一头热

甘酒屋の荷——片方だけが熱を上げている、片思い(磯のあわびの片思い)。

江户时代,卖江米酒的商人挑担子,一头放锅,一头放碗。比喻两者间的关系一方积极主动,而另一方消极冷淡。原文与译文完全对应。

但是日语的歇后语数量上远不及汉语,不具有普遍性。所以翻译歇后语时,要适当地加一点注释。由于歇后语很多是家喻户晓的,通常不说后句。特别是对谐音双关的歇后语,如上所示,要注明与什么字同音,让日本人懂得歇后语的实际内涵所在。

**例句1:故事必须有情节,不能像小胡同赶猪,直来直去。**

译文:話には必ず筋立がなければならない。狭い路地で豚を追いかける時のように、まっすぐに行ったり来たりするようなものではない。

**例句2:时隔两年,学会上认识的一位青年给我寄来了贺年片,里面夹着一片岳麓山上的红叶,这真是千里送鹅毛——礼轻情意重。**

译文:二年振りに、学会で知り合った青年は岳麓山の紅葉を一枚年賀状に同封して届けてくれた。千里の遠くから送る鵞鳥の羽根、贈り物は僅かでも、志は厚い。

**例句3:秀吉の軍勢が小田原城に迫る。当主の北条氏直は重臣を城に集め、対策を練る。講和か合戦か、籠城(ろうじょう)か出撃か。氏直が優柔不断なのだろう、いずれとも結論が出ないまま時が流れる。3カ月余り攻囲された末、あえなく秀吉軍に屈した。今から400余年前、夏の盛りのことだ。**

この史話から生まれた言葉が、おなじみ小田原評定である。後には、一向にまとまらないダメな会議の代名詞となった。

译文：秀吉兵临小田原城下。城主北条氏直在城中召集手下重臣，商讨对策。是讲和？还是开战？是死守？还是出击？氏直一直犹豫不决，任凭时间流逝，始终无法得出结论。经过3个月的围攻，北条军终于屈服于秀吉。那是距今400多年前的盛夏发生的事情。

这段历史所产生的词语，就是大家熟悉的"小田原评定"。后来成为无济于事的马拉松会议的代名词。

例句4：「君ッ、さっき君に頼んだ仕事、まだ片付いていないじゃないか。 それなのに、デレデレと椅子なんかに座って何してるんだ！ 」と課長が部下を怒鳴りつけた。

「疲れたんで、ちょっと休養しているんです。」

「君、わしが頼んだ仕事は急用なんだよ！」

译文："喂，小子。刚才交给你的工作还没有搞定吗？你还懒了吧唧地坐在椅子上干什么？"课长对部下大发雷霆。

"我累了，稍微歇一会儿嘛。"

"小子，我刚才交给你的活儿可是急茬儿啊！"

注：日语中「休養」和「急用」发音相同，都读作「きゅうよう」。

例句5：老师刚念这个题目，底下就乱成了一团，连平时最老实的学生也闹上了。有的敲桌子；有的出怪声；有的出鬼脸；有的弄得铅笔盒噼里啪啦乱响。还有的就骂起来了"你这灰孙子！""我们家的电话1452(你是吾儿)""我们家电话54188(我是你爸爸)！"

译文：先生がこの題を読んだら、教室中が騒ぎ出した、いつもは大人しい子もね。机を叩いたり、変な声で叫んだり、あかんべエしたり。筆箱をガタガタ鳴らす子もいた。「馬鹿野郎」「家の電話番号は1452(你是吾儿　注——お前は俺の息子だ)」「家の電話は54188(吾是你爸爸　注——俺はお前の親父だ)なんて叫ぶ子もいた。

如果是按照字面意思翻译对方也能听懂的俏皮话，可以直译过去，并适当地加些译注，这样可以保留原文的趣味性。反之，则只能

采取意译的方法。

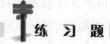
## 练 习 题

翻译下列句子

1. "那叫光脚的不怕穿鞋的。""什么意思?""就是没有什么可失去之物的人,耍起无赖来,更厉害呀。"

2. 那不是卖木梳给和尚吗?白费劲呀。

3. 别看他俩现在亲亲热热,其实呢,兔子的尾巴——长不了。这种流言飞语,从理智上说,我也是不相信的,但是,它毕竟像猛烈的冲击波一样,冲击着我理智的闸门。

4. 论文的事找他商量,你可是找错人了,学问上他是擀面杖吹火——一窍不通。

5. 求他有什么用,现在他也是泥菩萨过河——自身难保。

# 第十章 拟声拟态词的翻译

　　拟声拟态词在日语中占据的地位极其特殊，它们不仅数量多，而且使用频率高，作为一种奇特的语言现象，在世界各国体系中独树一帜。

　　拟声词是直接摹拟人、动物或东西发出的声音、诉诸听觉的词，大多用片假名书写。而拟态词则是诉诸听觉以外的感觉，如视觉、味觉、嗅觉、触觉、心情或心理状态的词，大多用平假名书写。

　　与拟态词相比，拟声词具有很强的口语性和鄙俗性。因此，在正儿八经的会话、庄重的演讲或严肃的文章里很少使用拟声词，但使用拟态词无妨。

　　拟声拟态词一般作为副词使用，后续用言作「連用修飾語」的时候，拟声词如「ガチャンと音がした」、「ガタガタ」所示，单独使用或加上「と」。而拟态词除此之外，有时还加上「に」。「…用言」「…と用言」的形式用于修饰限定动作本身的状态或过程，而「…に」的形式则用于修饰限定事物实现后的结果。

　　日语的动词虽然比较粗略，但动词前面可以加上富于变化的拟态词来详细表达各种各样细腻的动作，可以说拟态词的发达，弥补了日语动词数量的不足。

　　如表示生气的状态是就有：「かんかん」（頭に血がのぼり、真っ赤になって怒っている様子）、「ぷんぷん」（一人で口をきかずに怒っている様子）、「ぷりぷり」（機嫌を悪くして怒っている様子）、「いらいら」（思いどおりにいかないので、怒りっぽい様子）等。

　　再如表示「言う」的样态就有：「ぶつぶつ」（小声で呟く様子、不平を言う様子）、「がみがみ」（口うるさく言う）、「くどくど」（繰り返

し何度も言う、しつこくいつまでも言う)、「ずけずけ」(遠慮なく思ったことを言う)、「べらべら」(言わなくてもいいけど秘密までいってしまう)等。

# 一、拟声词的翻译

鉴于以上的原因,汉语的象声词要译成日语时,应尽量地翻译成拟声词。多可译成拟声词,这样做不仅是应该的,而且由于是以多对少,日语里有大量的拟声词可供选择,所以还是可行的。如"焦急""大怒""笑不露齿"一般可译为「焦る」「大いに怒る」「口許を押さえて笑う」,但是,有时根据实际语境分别选用拟态词「いらいらする」「かんかんになる」「くすくす笑う」表达,会起到更加形象生动的效果。

例句1:

A:狗不理?名字真奇怪啊!狗也不理,就是说不好吃的意思咯。译成日语就是"猫不理",是不是啊?

B:哈哈哈……你说得倒挺妙的!

译文:

A:「狗不理」?名前がほんとうに変ね!犬も見向きもしない、つまり美味しくないっていうことね。日本語に直せば猫も見向きもしない「猫不理」っていうことだわ。そうでしょう?

B:ハハハ、…あなた、なかなかうまいことを言うわね。

例句2:"俺妈说丸子是卖钱的,不叫我吃。叫我这样摆手。"爱爱故意逗她说:"你妈叫你用这个手摆手,你用那只手接住就不说你了。"小响果然用另一只手接住碗吃起来,逗得两个姑娘咯咯咯地笑起来。

译文:「団子は売るもんだから、食べちゃだめだって。こういうふうに手を振りなさいって母さんに言われたの。」と答えた。そこで愛愛はわざとからかってこう言った。「お母ちゃんはこっちの手を振りなさいって言ったんだから、もう片方の手でお碗をもらえ

ば叱られないよ。」するとはたして小響はもう一方の手で碗を受け取って食べ始めたので、二人の娘はケラケラと笑い出した。

　例句3：半夜时，西南方向一道耀眼的光柱射过来，并且传来了"咣当咣当"的巨响。火车又来了。

　译文：真夜中になると、西南方向から一筋のまぶしい光が射し込み、同時に「ガタンゴトン」という大音声が聞こえてきた。汽車がまた来たのだ。

　例句4：持って来た防犯ブザーを鳴らしてみた。ビーンビーンと人工的な音が響く。説明書によれば音量は90デシベルだが、ここでは無力だ。人家は遠く、だれの耳にも届くまい。頭上で鳥がけたたましく鳴いた。

　译文：我试着鸣了鸣带来的防身用蜂鸣器，发出了"哔哔"的电子声。尽管说明书上讲，音量可以达到90分贝，但是在这里却是苍白无力的。距离有人家的地方很远，根本传不到任何人的耳朵里，只听到鸟儿们在头顶上惊慌地鸣叫。

　例句5：私に「心からの笑顔」を、身をもって教えてくれた人がいた。その親友の名前は"なっちゃん"。出会いは高校の入学式の日。クラスに誰も知り合いがいなくて不安だった私の隣の席に偶然座っていたのがなっちゃんだった。初対面だろうがお構いなしに、笑顔で話しかけてきた。第一印象は高一にしては幼く見え、声が高くてヘラヘラ笑っていたので、正直言うと「えっ、何、ちょっとヤバイ!?」って思った。だけど、毎日笑顔で、いつも隣にいる私に話しかけてくれる。そんな笑顔に私はだんだんひかれていった。休み時間におしゃべりをしたり、家に遊びにいって勉強（ほとんどしていないけど）したり、映画を見に行ったり。仲良くなっていくうちに、私も自然と笑えるようになっていった。

　译文：有一个人以身作则地教我什么是"发自内心的笑"，这个好朋友的名字叫小夏。我们是在高中的入学典礼上相识的。当我因班里都是陌生人而感到不安时，小夏偶然地坐到了我的旁边。尽管是初次见面她也毫不在乎，笑呵呵地和我打招呼。她给我的第一印

象是：虽然是高一，可看起来年龄很小，声音尖尖的，还一副嬉皮笑脸的样子。说真的，当时我想："咋的啦？这个人是不是有毛病啊？"可是，她每天都是笑着，总是坐在我的旁边和我说话，渐渐地我被她的笑脸吸引住了。我们在课间聊天，到家里一起学习（其实真正学习的时候很少），一起去看电影。和她的关系渐渐地密切了，自然而然地我也开始笑了。

## 二、拟态词的翻译

日语里有大量的拟态词，拟态词的使用有很大优势。这是因为与说明性的陈述相比，它显得简洁明快、生动活泼，容易激发起读者的共鸣。

在汉语里没有"拟态词"这种叫法，因此在词类的划分上两国语间无法相对应。虽然能找到具有拟态性质的动词和形容词，如：遛哒／ぶらつく、忐忑／びくびくする、尴尬／どうにか具合が悪い、褴褛／衣類がぼろぼろ、彷徨、徘徊／ふらふらさまよう，但为数甚少，成不了气候。日语的表达比较直截了当，形象生动，而汉语的表达重概念性。这可能是造成两国语拟态词在数量上多寡的原因之一。

由于汉语中没有与日语拟态词相对应的特定词类，从语法功能来看，它是由汉语的动词短语、副词、形容词中的某一种来充当的。

日语的拟态词在句子中的语法作用之一是「連用修飾語」，相当于汉语的状语和补语。所谓状语是指谓语性偏正短语里的修饰、限制成分，即动词性或形容词性中心语的修饰限制成分。所谓补语是在述语后面对述语作补充说明的成分。状语和补语可以是副词、形容词，也可以是名词或各种短语。日语中的一部分「連用修飾語」是由拟态词充当的。所以汉语中一部分充当状语或补语的副词、形容词和短语可以用日语的拟态词翻译，如："一针见血地指出、直截了当地说／ずばりと言う""打得落花流水、屁滚尿流／こてんこてんにやっつける""长得亭亭玉立／すらりとしている"。

日语的拟态词还能作为名词后续「の」「な」作「連体修飾語」，后

续断定助动词「だ」作谓语,或后续「する(した)」构成サ行变格动词作谓语或「連体修飾語」。

○ くしゃくしゃの服にアイロンをかける。
○ 若いが、しっかりした考えの男だ。
○ 大雨で、市内に通じる国道も、県道などもずたずただ。
○ まだ起きたばかりで、頭がぼうっとしていた。
○ 牛は口をもぐもぐさせている。

例句1：夜,已经很深了,可是我毫无倦意。车窗外边儿,广漠的、黑黝黝的天空中,那皎洁的月亮急急忙忙地追赶着火车,伴随着火车,久久不愿离去……这真是一次难忘的、令人百感交集的旅行。

译文：夜はシンシンと更けていったが、私は少しも疲れを感じなかった。車窓の外に広がる黒い夜空に浮かんだ月は急ぎ足で列車の後を追い、いつまでも離れようとしない。今度の旅は、万感こもる忘れがたい旅。

例句2：苏州,这个古老的城市,现在熟睡了。她安静地躺在运河的怀抱里,像银色河床中的一朵睡莲。

译文：蘇州、この古い町は今ぐっすり眠っています。町は静かに運河の懐にその身を横たえ、銀色の川底に咲く一輪の睡蓮のようです。

例句3：那个女人不冷不热,忽冷忽热的。跟那种人打交道,我那老实巴交的哥哥准吃亏。

译文：あの女ときたら、煮え切らない態度をとったり、コロコロ態度を変えたり…。あんな人と付き合うと、うちのくそ真面目な兄はきっと損をするね。

"不冷不热,忽冷忽热"直译成"冷たくもなく、熱くもなく、急に冷たくなったり熱くなったりする",语义就不确切,其实"不冷不热"是表示态度不明朗(はっきりしない態度、どっちつかずの態度)，"忽冷忽热"是指态度变化无常(気まぐれである、コロコロ態度を変える)。

例句4：牛肉做好了，端进屋来。我嗖地一下把碗从锅中端出来，吹吹手指，说："准备胃液吧。"

译文：牛肉の煮込みが出来上がって、部屋の中へ運ばれてきた。私はさっとすばやくお碗を鍋から取り出し、指を吹いて冷ましながら言った。「胃液を準備しろよ。」

例句5：许久，在青年湖边的一株梧桐树下，我找到了妻子，她正趴在树干上嘤嘤小泣。

译文：だいぶ経ってから、青年湖畔のアオギリの木の下にいる妻を見つけた。彼女は木の幹に伏せてめそめそ泣いていた。

例句6：记得一天晚上，我被妈妈的啜泣声惊醒。虽然那时我已11岁，可却不知该怎么办，我没敢去劝妈妈，而是用被子蒙住脑袋，自己也躲在被窝里哭了起来。

译文：ある日の晩、私は母のしくしくというすすり泣きに目を醒ましてしまった。当時私は11であったが、どうしたらいいか分からず、母をなだめに行く勇気もなく、掛け蒲団で頭を覆い、蒲団の中に潜り込んで自分も泣き出してしまった。

例句7：在古老传说中，"年"是一只会吃人的怪兽。每到冬天就跑到村庄里猎食，人们莫不惊恐。但后来人们发现，年兽最怕三样东西——红色、火光和声响。于是百姓为了驱赶年兽，年根将近的时候会在家门口贴上红色的春联，点上灯笼，燃放鞭炮来发出噼噼啪啪的巨大声响。

译文：古い中国の言い伝えによると、「年（ニエン）」とは人を食う怪物のことでした。冬になると食べ物を探しに里に下りて来る「年」を人々はとても恐れていました。やがて人々は、「年」が赤い色と火花、そして大きな音を怖がることに気がつきました。それからというもの、年越しが近づくと、人々は家の門に真っ赤な紙に新年を祝うめでたい文句を書いた春聯を貼ったり、提灯を灯したり、爆竹をパチパチと鳴らして、怪物「年」を追い払うようになりました。

**例句8：我が家の家系はどうもだまされやすいようだ。小学**

生の息子は当時、足が速くなりたくて仕方なかった。同席した日本人の友人に「ボク、これを食べると足が速くなるよ」と言われてコロリだった。パクパクとたくさん口にした。その甲斐があったのか、運動会では堂々2位だった。

译文：我们家好像有那么一种容易上当受骗的遗传,儿子当时还是小学生,特别希望自己能跑得快些,同席的日本朋友就对他说："你吃了这个,会跑得快的。"儿子信以为真,大吃一通。也许是因为这一吃的缘故,学校开运动会,他居然响当当地拿了个亚军。

例句9：東京の朝の電車はすさまじい。ぎちぎちの車内に、さらにぎゅうぎゅう押し込まれて、真冬でさえも中はじわじわと暑くなり、汗をかくほどになる。それだけではない。途中の駅に止まったら、気をつけなくてはいけない。ぼうっとしていると、降りようとする人に押されて、けがをするかもしれない。とびらの近くに立っていたら、一度ホームに出て、人が降りるのを待ったほうがいい。しかし、ここでぼやぼやしていると、乗っていた電車に乗りそこなってしまうことになる。まったく、朝の電車の乗り降りは、ふつうではないのだ。こうして会社に着いたときには、くたくたになっている。そこで、まずは、たばこを一服、コーヒーを一杯。だらだらと書類の整理をしながら、通勤の疲れを取る。田舎の若者は東京の生活にあこがれるという話だが、そんなに東京はいいところだろうか。少なくとも、東京ではゆうゆうと時を過ごし、のびのびと日を送ることはむずがしいと思うのだが。

译文：东京早上的电车很吓人的。水泄不通的车厢,还不断地有人挤进来。即便是隆冬的季节也会热得要冒汗。不仅如此,沿途每到一站都得小心。迷迷瞪瞪的话,搞不好就会被下车的人挤伤。站在车门附近的话,最好先下去,等乘客下完后再上来。但是,这时一不留神,就会被乘坐的电车搁在月台上。上下早晨的电车根本就不是件容易的事。于是,一到公司,就感到筋疲力尽了。因此,人们会先吸上一支烟,喝上一杯咖啡,慢吞吞地整理资料,借机消除路上

的疲劳。都说乡下的年轻人向往东京的生活，可是东京这地方真的那么好吗？至少在东京哪怕想享受片刻的悠闲，过几天舒坦的日子也是很难的。

**例句 10**：子供の頃、多くの釣り師に混じって私が寒バエを釣っていると、横の人が急になにやら右往左往し始めた。大物がかかったようである。私は自分のことのようにはらはらしながら見守った。

译文：孩提时代，我夹杂在众多的钓鱼人中钓桃花鱼时，突然感觉身边的人在来回走动，好像是有大家伙上钩了。我也跟着捏了一把汗，目不转睛地看着，像是自己钓上鱼了。

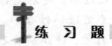

## 练习题

翻译下列句子

1. 栅栏外的街道上来来回回地走动着一些外乡口音的民工，一个个蓬头垢面，无精打采。

2. 妻子悠然地斜倚于沙发上，正在织一件米黄色的毛线衣。纤细的手指轻盈地抖动着。

3. 用手掌一拍，西瓜就会发出"嘭嘭"的轻快爽人的响声。这是厚厚的外皮所包裹着的充盈饱满的生命在应答。

4. 她的鼻梁高高的，额骨稍稍向前耸起，耸得并不过分，和她的鼻梁正显得那么匀称。她的眼睛乌泽而闪光，睫毛长而稀疏，映着灯光似乎可以数得出来。

5. 末班电车乘过头乘到终点的人们举止各异：有的在探头看着时刻表；有的对车站工作人员嘟嘟囔囔地说着什么；有的在敲打自己的头，还有的人怕被人察觉自己坐过了站，而灰溜溜地走向出租汽车站……

6. 店を行きすぎた坂道の脇に立つ掲示板に、今日の知らせが出ている。「節分祭　三日午後三時　豆まき」。森鴎外の短編『追儺（ついな）』には、明治期の節分の日が記されている。料亭の座敷

で、約束までの時間をもてあましていると、突然、赤いちゃんちゃんこを着たおばあさんがひとり、ずんずんと入って来る。

　7．ちょこんとあいさつして、豆をまき始めた。「福は内、鬼は外」。女性が数人ばらばらと出てきて、こぼれた豆を拾う。「お婆さんの態度は極めて活々（いきいき）としていて気味が好い」。

　8．強い秋の雨が一晩ざあざあと降っていた。次の日には空はいささかの微粒物も止めないといったようにすごいほど晴れて、山もめっきり近くなっていた。

　9．朝まだ眠っていた間に静かな雨が降っていた。久しぶりの雨だった。日ごと吹き続けていた激しい風が止んで、しっとりと濡れた梢を見れば、いかにも山の湯らしい気分をしみじみ感じさせられるのであった。

句子翻译篇

# 概 述

　　句子包括单句和复句。考虑到单句的翻译相对简单,考生容易掌握,因此本单元主要讨论复句的翻译。

　　所谓复句是包括两个或两个以上分句的句子。分句和分句之间有一定联系,这种联系通过一定的语法手段——语序和关联词语表示。

　　在汉语中,按照分句之间的关系,可以把复句分为联合复句和偏正复句两大类型。

　　联合复句是由两个或两个以上的分句平等地连接起来的,分句之间的关系是并列的,分不出主次。分句之间的联系有的不用关联词语,有的用专门的关联词语如"又……又……""或者……或者……""不但……而且……""不是……而是……"等。

　　汉语联合复句中分句之间有各种不同的关系,常见的有四种:并列关系、连贯关系、递进关系、选择关系。

　　所谓偏正复句,也叫主从复句,就是几个分句之间的关系不是平等并列的,而是有偏有正,有主有次,正句是全句的主要意思所在,偏句从种种关系上去说明、限制正句。分句之间也有专用的关联词语,如"因为……所以……""虽然……但是……""如果……就……""即使……也……"等。其结构形式大都是偏句在前,正句在后,有时也会位置倒置,正句在前,偏句在后。

　　汉语偏正复句的种类根据正句和偏句间的逻辑关系可分为五种:因果关系、转折关系、条件关系、让步关系、目的关系。

# 第十一章 并列关系复句的翻译

并列复句是表示平列、对照、解注等关系的复句。

并列关系复句分句之间常用"既……又……""既……也……""又……又……""也……也……""一边……一边……""一方面……另一方面……"等成对的标志性关联词语,也可以单用"也"或"又",或不使用关联词语。

并列复句的翻译灵活多变,不一而足,"既……又……""既……也……""又……又……""也……也……"可与下列日语句式对应:

① 「…て…」
② 「…もあ(い)れば、…もあ(い)る」
③ 「…と同時に、…」
④ 「…し、…」
⑤ 「…であり、…でもある」
⑥ 「…また…」
⑦ 「用言連用形+用言」

**例句1**:这位王七,家里头很有两个钱,就是夫妻俩,够吃够喝,也用不着他出去干什么。从小念了会子书,也没念出头绪来;既没有学过什么,也没有干过什么,却瞧着什么都不顺眼。

**译文**:この王七さん、家にはそうとうお金があり、夫婦二人きり、生活するには充分で、外に働きに出るには及ばない。子どものころからしばらく学校に通っていたんだが、さっぱり分からずじまい。何も習ったことがなければ、働いたこともない。それなのに、何を見ても気に入らない。

**例句2**:三年后他成为一个做包子的能手。不久高贵有和他的

朋友开了个包子铺,这个包子店没有店名,人们就用他的外号"狗不理"相称。因为高贵有做的包子味道鲜美,既好吃,又便宜,所以包子店的生意非常好。

译文:三年後、彼は肉饅頭作りの名人になりました。やがて、高貴有と彼の友人は肉饅頭店を開きましたが、この店には屋号がなかったので、人々は彼のあだ名「狗不理」でその店を呼びました。高貴有の肉饅頭店は味がとてもよく、おいしいうえに値段が安かったので、商売はとても繁盛しました。

**例句 3:杜甫の「飲中八仙の歌」には李白のほか、いろいろなタイプの酒飲みが登場する。朝、三斗の酒を飲んで出仕するが、途中で酒のこうじを積んだ車に出合うとよだれを流す人、ふだんは寡黙だが、五斗を飲んで初めてしゃきっとし、談論風発でまわりを驚かす人もいる。**

译文:在杜甫的"饮中八仙歌"中,除了李白,还有各种类型的酒徒登场。有人一大早饮酒三斗去上朝,路上一遇到装酒曲的车子就垂涎三尺;也有人平时沉默寡言,饮酒五斗后神气勃发,谈笑风生,语惊四座。

**例句 4:请问,我想给西安老家打电报,请他们到车站来接我,不知今天能不能收到?**

译文:ちょっとお尋ねします。西安の実家に電報を打って駅まで迎えに来てくれるように頼みたいのですが、今日中に着きますか。

例句 4 原文中没有使用并列关系词,翻译时也可以不使用,有时可以使用顺接接续词「が」来表达。

**例句 5:時として、己を見失いそうになる世界で生きていた私。 華やかさと人々の甘い言葉で自分自身を勘違いしてしまいそうな中で、自然、いろいろな物に対する価値観も変わってくる。 周りの人が何かしてくれて当たり前、「あなたのファンです」、「応援しています」――そう言われて当たり前、こんなふうなだけは、絶対に思わない自分でいよう。 心に誓ったはずなのに、**

やはりそちらへ流されてしまいそうな自分が怖かった。

译文：有时我生活在容易迷失自己的世界里，在五光十色的景象和人们的甜言蜜语中产生了错觉，自然而然地改变了对各种事物的价值判断。我绝不能成为这样一个麻木的人：周围的人为我做了些什么，那都是理所当然的；听到"我们是你的粉丝，我们支持你"这样的声音却无动于衷。尽管我默默发誓告诫自己，但是却无意识地滑向浑然不觉的边缘。这样的自己实在太可怕了。

例句6：私は、この互いの交流と理解を象徴する桜と牡丹に祝福を捧げたい。その花が、根を下ろし、芽を吹き、花を咲かせることを願ってやまない。実は、中国の各地にも桜林があって、桜の花見はずいぶん前から中国人の春先の一大行事として定着しており、日本人も同じく牡丹の花が好きなようだ。今後、中国に桜の木がますます多くなり、日本で牡丹の花がますますきれいに咲くことと信じている。このような桜と牡丹の交流は、中日両国人民の交流の歴史に、輝かしい一ページとして残るだろう。そして、知らず知らずのうちに、両国人民の「国民性」にも影響を及ぼすだろう。

译文：我很愿意为这象征交流和理解的樱花、牡丹祝福，希望她们能够生根，发芽，开花。实际上，中国各地已有很多樱花树林，欣赏樱花早已成为中国人春天的一大盛事，而日本人也同样喜爱牡丹。相信今后，中国的樱树会越栽越多，日本的牡丹也越开越旺，这种樱花和牡丹的交流，将在中日人民相互交往的历史上留下光辉的一页，甚而潜移默化地影响两国人民的"国民性"吧。

例句7：私はいま、仕事の関係で、9世紀中葉に唐に渡った円仁という仏教僧のことを調べている。遣唐使の一行から脱走する形で中国にとどまり、武宗が行った中国史上最大の宗教弾圧で追放されるまで、9年にわたって、各地を転々とした。宮島大八と同じく、「師を求めて」の中国行きだった。その学問を志す情熱には、すさまじいものがあり、苦労の末、長安にたどりついて、何人かの師に巡り会うことになる。

译文：我因为工作关系，现在正在研究圆仁，他是一位9世纪中叶来到大唐的佛教僧。他以逃离遣唐使队伍的方式滞留中国，直到遭遇武宗的中国历史上最大的宗教镇压而遭到驱逐为止，九年中辗转中国各地。同宫岛大八一样，圆仁去中国也是为了"拜师"，他那追求学问的热情让人敬佩。他历经千辛万苦，最后到了长安，与几位师长邂逅相遇。

例句8：円仁の日記で印象的なのは、行く先々で出会う市井の中国人のこまやかな友情である。ある人は、遠路の道案内を買って出る。ある人は、友人や宿舎を紹介する。またある人は、路用の衣類や食糧を準備してくれる。

译文：阅读圆仁的日记，给我留下了深刻印象的是，他所到之处，与当地的平民百姓结下了深厚友情。有的人主动给他当远路的向导；有的人向他介绍自己的朋友和住宿；还有的人为他准备路途上用的食粮与衣物。

例句9：花見客たちは桜の下に座って酒を飲んだり、食事をしたりして春の一日を楽しむ。歌ったり、踊ったりする人もいる。会社などでは、職場の同僚たちが桜の下で宴会を開く。宴会の幹事はいい場所を確保しなければならず、夜の宴会のために、昼から「先鋒隊」を公園へ派遣することもある。

译文：赏花的人们在樱花树下饮酒用餐，享受一日的春光，还有人载歌载舞。公司的同事们在樱花树下举行宴会。为了晚上的宴会，组织者们有时白天就要派"先遣队"去公园，以确保能占一个好位置。

例句10：食卓の上に小鉢があり、ホウレン草がこんもりと盛りつけてある。そこに朝の日が差し込んでくる。深緑の葉のへりが白く光る。紅色の根元も輝いて、のせたカツオ節が身をくねらせる。小さいながらも躍動感のある一景だ。ホウレン草を育てる人が居て、街まで運ぶ人が居る。カツオを釣る人が居て、ゆでたり乾かしたりする人が居る。陸と海から来た物の朝日の下の出合いはささやかだが、その後ろには、多くの人の働きが連なって

いる。

译文：饭桌上放着一只小钵子，钵子里盛满了菠菜。清晨的阳光从外面照射进来，碧绿的叶边泛起白光，红红的菜根也是耀眼夺目，干鲣鱼刨花卷曲着身子躺在菠菜上。虽然不太起眼，却是一道极富动感的风景。有人种菠菜，有人把它运送到城里来。鲣鱼也得有人钓，有人煮，有人晾干。来自海陆的这两者在晨曦中相聚了，这看似微不足道，然而在其背后，却汇集了很多人的劳作。

同样用于表达并列关系的关联词语"一边……一边……""一方面……另一方面……"可与「…ながら、…」「…一方（では）、…」「…たり、…たりする」等句式对应。

**例句 11**：贾岛反复比较，甚至出门骑在驴背上，也一边用手势作"推门"和"敲门"的动作，一边细心体味。

译文：賈島は何度も比べていたが、外出し、ろばに乗ってまで、手まねで「門を推し」たり、「門を敲い」たりの動作を繰り返しながら、細かく吟味した。

这段文章是描写唐朝诗人贾岛在斟词酌句，再现一个老和尚夜晚回庙的情景。其中的"一边……一边……"与日语表示同时进行的接续助词「…ながら」对应，下个例句亦然。

**例句 12**：驴一边吃一边想："别人看见我驮着这么好吃的食物却吃着这种苦蓟草，一定会觉得奇怪。可对我来说，这种草比其他任何东西都味美。"

译文：「こんなにおいしい食べ物を背負っていながら、私がこんな苦い薊を食べるのを、みんなは不思議に思うかも知れないな。でも、私にはこの薊がほかの何よりもおいしいのだ」と驢馬は食べながら、考えていた。

还有一类分句间常用"不是……而是……"表示对照关系的并列复句。这类并列复句把甲乙两事加以对照，用肯定和否定进行取舍。

**例句 13**：我一个普通农民告村长，不是要告倒他，而是要讨个说法。

译文：普通の百姓の私が村長を訴えたのは別に彼を有罪にし

たいのではなく、ただ納得のいく説明がほしいのだ。

**例句 14**：现在很多家长不是要求孩子全面发展，而是只重视学习成绩。有的家长为了不浪费时间，甚至不让孩子参加体育运动。

译文：今の親達は、子供の全面的な発展を望むのではなく、勉強の成績にだけ気を使うのだ。時間を無駄にしないため、スポーツさえさせたくない親までいるものだ。

**例句 15**：アンコールワットを見たいと思って、去年の夏、家族でカンボジアに行った。見るものがすべて珍しく、何も考えずに撮りまくった。できあがった写真について、みんな「いいね」と言ってくれたけど、それはカンボジアがいいだけであって、私の写真がいいわけではなかった。その時、本当に自分が無力であることを知った。

译文：为了看吴哥窟，去年夏天我们全家去了柬埔寨。在那里无论看到什么都让人感到稀奇，以至于我不加思索地拼命按下快门。大家看了我拍的照片后都夸"好"，但我知道那是因为柬埔寨的景色好，而不是我摄影技术好。此时此刻我才真正明白自己的苍白无力。

表示对照关系的并列复句中，有些不是用关系词语来表示肯定和否定进行取舍，而通过反义词语的运用形成对照关系。这类句子可用用言的中顿来表达。

**例句 16**：虚心使人进步，骄傲使人落后。

译文：謙虚は人を進歩させ、傲慢は人を落伍させる。

有些并列复句是表明事物和事物之间的解注关系，叫解注关系并列句，分句间有时候用"这就是说"、"换句话说"之类关联性插入性词语，有时则不用关系词语。与之相应的句式是「これはつまり、…ということになる」「言い換えると、…ということになる」。

**例句 17**："冰冻三尺，非一日之寒。"也就是说，要想做好一件事，必须下苦工夫。

译文：「三尺の氷は一日だけの寒さによるものではない」。つまり何かのことを立派にやるには、かなりの工夫をしないとだめ

ということになる。

例句 18：我校在校生人数由最初的 2 000 多人，增加到现在的 6 000 多人。这充分证明我校得到了社会，家长以及学生的认可。

译文：わが学校で勉強している学生の数が、最初の 2 000 人あまりから、今の 6 000 人あまりまで増えた。これはつまり、わが学校は社会や親達及び学生達に認められるようになったことを示している。

例句 19：还有一种现象，以为凡是谈恋爱，不论是否正当，都是不光彩的，甚至意味是见不得人的，因而躲躲闪闪，偷偷摸摸，不敢光明正大。

译文：さらに一つの現象がある。およそ恋愛をする人は、それが正当かどうかにはかかわらず、すべて肩身のせまいもの、甚だしくは、人に合わせる顔がないとまで思い込むものだ。それで逃げ隠れしたり、こそこそしたりして、正々堂々とはやらないのだ。

例句 20：在我家乡有这样一种风俗，嫁出去的女儿年三十不可以在父母家住。

译文：私の故郷には、嫁に行った娘が大晦日の夜、実家にいてはいけないという風習がある。

例 21：在大城市里生活久了就会养成这样的习惯，一有时间就想约朋友去茶馆或咖啡厅消遣一番。

译文：大都市での生活が長くなるにつれて、暇でもあったら、友達を喫茶店か、コーヒーショップに誘って、何か飲みながらおしゃべりをするという習慣を身につけてしまう。

一般情况下，从修辞上来说，汉语句子不宜使用过长的定语，而多用长定语则是日语的一大特点；从句子的结构特征上来说，汉语属于句末展开型，日语则是句末归纳型。所以，根据汉日语间这种表达习惯的差异和各自修辞上的需要，日译汉时有时采取拆句的手法，相反，汉译日时有时则要采取并句的手法，把注解性并列复句并成一句单句来翻译，这两个例句就是把"嫁出去的女儿年三十不可以在父母家住"和"一有时间就想约朋友去茶馆或咖啡厅消遣一番"这个注解

性分句移植到前分句中的"风俗"和"习惯"的前面作定语,这样就符合日语的表达习惯了。

## 练 习 题

翻译下列句子

1. 一个人能否乐于助人,是要看他为别人做了些什么,而不是看他说了些什么。

2. 公司里有这样的规定,需到外地工作两年以上的职员,可以带家属一起去。

3. 世界的城市人口,在过去30年间增加了一倍,已达18亿。这就是说,十个人当中四个人是城市人。据联合国人口统计学专家的推测,20年后世界人口的半数以上将居住在城市里。

4. 劝酒的方式大约有两种：敬酒和罚酒。对贵宾、长者一般都恭恭敬敬地"好言相劝",不可勉强。而罚酒大抵都是在同辈的亲友、同事之间进行。

5. 一个年轻人刚在对面坐下,就把头伸出窗外大声叫喊着,一面将手中的牡丹牌香烟散发给送行的伙伴们。

6. 她急切而轻捷地旋开了门,只见他一边整理论文卡片,一边用脚有节奏地颠着小摇床。

7. 他还是不了解这些高级知识分子,谢琳的微笑既是亲切,更是骄矜,既是装饰,也是盔胄。

8. ロンドンのイスラム人権委員会のアンケートで「英国社会の一員だ」と答えたイスラム教徒は約4割にとどまった。一方で「差別を受けた」と答えた人は8割もいた。母なる国も、安らげる居場所も無いという悲痛な思いで日々を過ごす青年も多いのか。

9. 1月、再び保定古蓮池を訪れた時は、ちょうど降雪後の初晴れで、園内には観光客もなく、亭や楼閣、小橋や遊歩道、うまく作られた山や枯れきった柳の木は、みな静まり返っていた。去年来た時、咲き散った蓮がそこら一面に広がっていた池は、氷と雪に覆わ

れ、静かに眠っている。小さな石を散りばめた遊歩道に沿って、私は奥ゆかしい西の庭に辿りついた。黒玉石で造られた「張裕釗宮島大八師弟記念碑」はここに立っている。正面は日本の著名の書法家で、張氏書法の第三代継承者である上条信山の書で、横の額面「誼深学海」という大きな四文字は、中国の有名な書法家──啓功の題字である。そして、碑の後ろの銘文には、遠い昔の物語がつづられていた。

　　10. 明治時代の女性記者磯村春子は、かつて『報知新聞』でめざましい活躍をした。彼女は産休などのない過酷な労働条件のもとで出産し、8人もの子供を育てたのだ。彼女は多くの子供を育て、円満な家庭を築くと同時に、自分のライフスタイルを貫いたスーパーウーマンの先駆者と言っていいだろう。

　　11. 「生」という言葉には「新鮮で、未加工である」という意味が含まれている。食べ物以外で「生」が使われる場合も多くある。「生番組」はその例である。通常、テレビ番組は撮影された後編集されて放映するものだが、「生番組」は撮影されると同時に放映もされる。「生脚」、これはストッキングや靴下などを履いていない状態あるいはその脚を指す。若い女性の間で作られた俗語で、主に女性の場合に使われる。

　　12. 幼いころ、親に連れられて花見に行くとき、桃や梨の花など花林の中を散歩しながら、花見をしていました。しかし、日本ではみんな桜の下に座って、弁当を食べたり、お酒を飲んだり、話をしたりして、ときには歌ったり、踊ったりもしています。特に不思議なのは普段まじめな中高年の男たちが桜の下で子供のように有頂天になって踊ったり歌ったりすることです。

　　13. ランダムハウス英和大辞典（小学館）の2版には、「日本語から借用された英語」が載っている。英米の主要辞書や新語辞典などに見られる英語化した日本語で、約900語にのぼる。ツナミ、キモノ、ハラキリといった19世紀以来の古いものから、1990年代のものまでがアルファベット順に並んでいる。それらは、日本に投

げかけられてきたまなざしの変遷のようであり、日本が外に対して見せてきた姿のようでもある。

14. 買いもしないで、つい3億円の使い道を考えて笑った覚えがある人もいるだろう。かと思えば、当たりに気づかぬ人も多い。昨年の年末ジャンボの1等70枚のうち5枚、10億円分がまだ換金されていない。随分と値の張る「うっかり」だ。

15. 日本には「生」の食べ物として広く知られている刺身以外にも、「生肉」「生野菜」「生水」などがある。「なまで」、つまり、煮たり焼いたりしないで食べる物がかなりある。

16. 働く女性が急増すると男社会と同じ現象が起こるといわれてきた。昔、トレンチコートにマフラー姿は、メンズ・サラリーマンスタイルの典型だった。今は、女性がその伝統を継承しているように思える。いや、バージョンアップしてもっとお洒落に、スタイリッシュになったと思う。通勤スタイルもめっきりカジュアル化し、制服も激減している昨今、きっちりした着こなしをみると新鮮さが増す。

# 第十二章 连贯关系复句的翻译

连贯复句是分句间有先后相继关系的复句,也叫承接复句。连贯复句的几个分句一个接一个地说出连续的动作或连续的事件。连贯关系常常靠分句的排列秩序来表示。有时候也在后面的分句中使"接着""然后"等词,"就""又""才""于是"等具有同样的作用。翻译时,与之相对应的是,前一个(或几个)分句中的用言以连用形(中顿法)或者以「連用形+て(てから)」「連用形+た上で」的形式,如:

**例句1:** 结婚是件大事,之前如果不充分了解对方的话,过后也许会后悔。

译文:結婚は大事なことだから、相手のことをよく知ってからじゃないと、後で後悔するかもしれませんよ。

**例句2:** 于是它把麻雀搁在地上,用爪子洗起脸来。这时麻雀却乘机飞走了。猫受了骗,很生气,发誓以后不管吃什么东西都要先吃了再洗脸,一直到现在都是这样。

译文:そこで雀を地上に置いて手で顔を洗い始めた。この時雀はすきを見て飛んでいってしまった。猫は騙されて怒り、これからは何を食べる時でも、先に食べてしまってから顔を洗おうと心に誓った。そして今でもずっとそうしているのである。

**例句3:** 我们要客观地分析人家成功的原因,作为我们自己改革的借鉴,再拟具可行的方案,来帮助我们自己解决问题,才有真正的价值。

译文:他国の成功の原因を客観的に分析し、我々自身が改革を行う手本とし、それから実行できる方法を推量し、我々自身が問

題を解決する助けにしてこそ真の価値があるのだ。

　例句4：宮島大八は張裕釗に付いて、まずは蓮池書院に、後は一緒に武昌と襄陽書院にいた。その間、大八は結婚のため一時帰国するが、彼が再び襄陽に戻った時、先生の姿が見えなかった。あちこち訪ね、先生がすでに長安に行っていることを知った彼は、漢水を遡って荊紫関を通り、厳冬に秦嶺を超えて、やっと先生との合流を果した。

　译文：宫岛大八随张裕钊先到莲池书院,后又一起到武昌和襄阳书院。其间,大八因婚事回国,当他再返回襄阳时,却不见了老师踪影。他四处打听,得知老师已去长安,于是溯汉水,过荆紫关,严冬时节翻越秦岭,终于得以和老师会合。

　例句5：携帯用の防犯ブザーが商品化されたのは1959年である。業界団体によると、もとは痴漢やひったくり犯から女性を守るのが主な用途だった。次いで外回りの銀行員らに広まる。子どもが襲われる事件が続いた数年前から需要が増え、今や全国の低学年児に行き渡りつつある。

　译文：便携式的防身用蜂鸣器是从1959年开始走向商品化的。根据行业团体介绍,它原本主要用于保护女性不受流氓和飞车抢劫者的侵犯,继而扩大到跑外勤的银行员工中。从几年前开始不断有袭击儿童的案件发生,需求量就增加了,现在正在普及到全国的低学年儿童。

　例句6：宮島大八は張家の一員となり、張に随って経学、訓詁、書法と、日夜、筆と墨の世界に浸っていた。1894年1月14日、張裕釗はこの世を去るが、宮島大八は、先生のお体を清め、喪に服し、最後まで見送ったのである。

　译文：宫岛大八成了张家一员,随张学经学、训诂、书法,日夜埋头于笔墨之间。1894年1月14日,张裕钊辞世,宫岛大八为老师净身,送终服丧。

　例句7：「日中飛鴻」は、ただでさえ多忙な孫さんに一層の負担を強いることになった。私もまた、その後、がんを患い、入

院、手術を経験する。しかし、お互い、インターネットというメディアの未来に揺るぎない確信を持っていたことが、この小さなコラムを続けさせたのだと思う。この間、『人民日報』インターネット版日本サイトは、飛躍的に読者を増やしたそうだし、asahi.comもまた、急成長した。

　　译文："日中飞鸿"给本来就忙得不可开交的孙先生增加了新的负担,而我在那之后,也经历了患癌症、住院和手术的变故。是彼此对因特网媒介未来的坚定信念,才使这个小小的栏目得以持续。在这期间,《人民日报》网络版日本站读者人数飞速增长,朝日新闻网络版也迅速成长了起来。

　　**例句8：昨日の夜明け前、神戸には冷たい雨が降っていた。大震災が起きた午前5時46分、人々は傘を広げ、あるいはぬれたまま追悼のろうそくを持ち、目をつむった。あの日、被災地には、隣に寝ていた子や、階下にいた母、父を失い、きょうだいや友を火に焼かれた数多くの人々がいた。それから、10年が過ぎた。**

　　译文：昨日黎明时分,神户下了场冷雨。在发生大地震后凌晨5点46分,人们撑着伞或淋着雨拿着寄托哀思的蜡烛,默默闭上了眼睛。那天地震灾区有很多人失去了睡在旁边的子女或睡在楼下的父母,兄弟姐妹和朋友葬身火海。那场灾难距今已经10年了。

　　除上述形式外,汉语中表示时间顺序上前后相继发生的还有"一……就……"。"一……就……"的句式连接前后两个动作相同,共一主语,表示动作一经发生就达到某种程度,或有某种结果。后一动词常为动结式、动趋式、或带数量短语。它比"然后""就""于是""接着"等时间上更为紧凑,强调两个动作之间几乎没有停顿。日语中意义上正好与此相对应的句式是「…と…」「…たかと思うと(思えば)、…」,如：

　　**例句9：哎,你怎么一见面就发脾气呢？好了,那边有个咖啡馆很安静,有脾气的话,坐下来慢慢儿发,好吗？**

　　译文：あれ、どうして会ったとたんに怒っているの？よし、あ

そこに静かな喫茶店があるから、怒るんだったら、座ってゆっくり怒ってくれないか？

例句 10：谈恋爱的时候，彼此都比较注意自己的言行。一结了婚可就原形毕露了。

译文：恋愛するとき、お互いに自分の行為にわりと気をつけるが、いったん結婚したら、あらゆる欠点が現れてくるのだ。

例句 11：慢慢地一班同学都愿意到老师的房间玩去。一去就在他的书架上、抽屉里乱翻，有什么书就借什么书看，有时就天南地北地吹了起来。

译文：そのうちクラスメートは誰でも先生の部屋へ遊びに行きたがるようになった。そして行くたびに、先生の本棚や引き出しをひっくり返して、どんな本であろうと借りては読み、時にはあれこれと話し合った。

例句 12：インフルエンザウィルスは温度 20 度前後、湿度 20％程度の環境を好むという。冬の室内などは、ウィルスにとってまことに都合がいい。閉めきった部屋で患者がせきやくしゃみをすれば、ウィルスが撒き散らされ、付近を長時間漂う。これが気道の粘膜に取り付くと、20 分ほどで細胞の中に取り込まれてしまう。用心していても、うつりやすい。

译文：据说，流感病毒最喜好温度为 20 度左右、湿度为 20％左右的环境。冬季的室内对流感病毒来说是最佳的温床。患者在门窗紧闭的房间里打一个喷嚏或者咳嗽一下，病毒就会扩散开来，并且长时间地飘荡在周围。病毒一旦黏附在人的呼吸道粘膜上，20 分钟后就会侵入细胞内。再当心也难保不被传染。

例句 13：「東京に赴任したら、社内の会議がどれも 1 時間刻みで設定されていることに驚いた」。米国の保険大手幹部にそう言われたことがある。せっかく早めに案件が片づいたのに「あと 14 分あるのでしばし御懇談を」と司会が言う。まるで理解できなかったという。たとえば米社インテルの場合、会議は原則 30 分刻みで、1 時間たつと、照明が自動的に消える会議室もある。

译文:"一到东京上班,就发现公司内的会议都论小时计算,这使我非常吃惊。"美国大型保险公司的干部曾这样对我说。好不容易提前讨论完了议题,主持人竟然说:"还有 14 分钟,大家座谈座谈。"他说这种做法简直匪夷所思。比如美国的英特尔公司,会议按照半小时计算,有的会议室到了 1 小时灯就会自动熄灭。

例句 14:古都京都は桜の名所が多い。秋の紅葉の美しさが名高い嵐山は、桜でも有名だ。ここには、桜のある景色を描写した故周恩来首相の詩碑もある。日本に留学した周氏は1919 年 4 月 5 日に嵐山を訪れた。ピンクの桜と、緑の松は霧雨の中にけぶっていた。しかし、しばらくすると、雲間から太陽の光が差し始めた。そんな光景と、自らの思いを込めながら、周氏は詩を詠んだ。碑に刻まれた詩は、この時のもので、60 年後の1979 年 4 月、鄧穎超夫人を迎えて詩碑の除幕式が行われた。

译文:古都京都有很多樱花的名胜地。以秋天里红叶的美景而闻名遐迩的岚山,樱花同样负有盛名。这里有已故周恩来总理描写樱花景色的诗碑。1919 年 4 月 5 日,当时在日本留学的周恩来来到岚山,粉红色的樱花和绿色的松树在烟雨迷茫中若隐若现。但过了片刻,阳光从云层间照射下来。面对此景,周恩来赋诗抒怀,碑上刻的就是这一首。60 年后的 1979 年 4 月,邓颖超夫人访日时,举行了诗碑的揭幕仪式。

## 练 习 题

翻译下列句子

1. 昨晚实在太累了,躺在床上,一睡就睡到了现在。

2. 在我工作之余,总要到院子去看看,浇浇这棵,搬搬那盆,然后回到屋中再写点东西,然后再出去。如此循环,把脑力劳动与体力劳动结合到一起,有益身心,胜于吃药。

3. 这使店主有些为难,这是因为顾客们买面包时总先要用手按一按,贴在鼻子上闻一闻,然后才考虑到底买哪种。店主担心经大量

顾客之手以后，便不值钱了。

4. 是在写字楼里呆久了，他说话办事表情夸张，不时摊开双手，耸动肩膀，作无可奈何状。

5. 11月にはリサイクルプロジェクトを行っています。ボランティアを募集し、協力家庭を回り、古新聞、古雑誌、ダンボール等を回収し、業者に引き取ってもらいます。このプロジェクトの収益金を積み立てておき、創立十周年の時には、入間市へ車椅子を寄付しました。現在もこの活動は継続されています。

6. 被災地へのお見舞いとしては異色かもしれない。新潟県出身の作家新井満さんが地震に襲われた故郷の人たちに、義援金とは別にカーネーション千本を贈った。阪神大震災のときの見聞から思いついた。知人が、買えるだけのペットボトルの水とともにチューリップを携えて現地入りした。水を受け取る被災者はどちらかといえば無表情だった。チューリップを見ると表情が変わった。ほほえむ人、涙を流す人、いろいろだったという。

7. ——何度も死にそうな目に遭っておられますが、間一髪で危険をすり抜ける「秘訣」は何ですか。問われたアラファト氏は、秘訣などないと答えつつ、「なぜか危険に対する勘がある」とも言い、実例をあげたという。「ベイルートでパレスチナとレバノンの指導部の合同会議がありました。私は会場に入ったとたん、『すぐに出ろ』と言いました…五分と経たないうちにイスラエルの戦闘機がこの場所を爆撃していました。」

8. 中国の官吏登用試験・科挙の伝統を受け継いだ韓国では、大学入試は国を挙げての一大行事だ。昔からの合格祈願の必需品はアメである。くっつくと、合格するとが同じ動詞だという。入試の日には、受験会場の校門に、母親たちがアメの塊をくっつけて祈る。

# 第十三章 递进关系复句的翻译

递进关系复句是分句间有更进一层关系的复句。所谓更进一层,可以表现在范围方面、数量方面、程度方面、时间方面,以及其他方面。在递进关系里,"不但……而且……"用得最多,我们不妨把它作为递进关系的典型格式。"不但"和作用相同的"不仅""不只""不单""非但"等称为预递词,"而且"和作用相同的"并且""甚至""就连""更"等是承递词。预递词和承递词可以成对出现,也可以只出现一个。

日语中表示递进关系的格式有如下几种:
① …だけでなく、…も…
② …ばかりでなく、…も…
③ …のみでなく(のみならず)、…も…
④ …のみか、…も…
⑤ …うえ(に)、…も…
⑥ …ばかりか、…も…
⑦ …、また…も…
⑧ …、さえ(すら)…

例句1:亲友之间也有很多值得注意的礼节。比如,在亲友家过夜最好不要超过三天,并且随身携带自用睡衣。

译文:親戚や友人間にも多くの注意すべきエチケットがあります。例えば親戚や友人の家に泊まるのは、三日を越えないほうがよく、また自分で使う寝巻は自分で持っていきます。

例句2:我国以前是单位办社会。衣食住行哪一样都离不开自己所在的单位。从托儿所、幼儿园到小学中学,从食堂到澡堂,单位

里样样俱全。生病了有公费医疗，不但自己，连家属都跟着沾光。

译文：わが国では、以前、職場が社会的な役割を担っていた。衣食住のどれを取っても職場を離れては成り立たなかった。託児所や幼稚園から小中学校まで、または食堂から浴場まで、全てが職場に備えられていた。病気になれば、「公費医療」というものによって、自分だけでなく、家族までその恩恵を受けたものだ。

**例句 3**：円仁は帰国後、有力な宗派の長となり、彼が中国で学んだ当時の最先端思想が日本に広まることになるが、長安の師だけが、それに貢献したわけではない。円仁の仕事の完成には、市井の中国人の親切な友情が不可欠だった。

译文：圆仁回日本后，成为大宗派之长，他在中国学到的当时最先进的思想在日本得以传播光大，这其中不仅是他的长安师长的贡献。圆仁事业能有所成，更与那些普通中国人温暖人心的友情分不开。

**例句 4**：近年、酒酔い運転での事故に対する罰は厳しくなっている。しかし、事故を予防する、より強い手だてが要るのではないか。例えば「酒酔い運転」の場合だけではなく、「酒気帯び運転」だけでも免許を取り消すのはどうか。運転者の酒気を感知したら、エンジンが掛からなくなる車すら夢想する。

译文：近年来，对醉酒驾车肇事的处罚严厉起来了。然而，为了预防事故的发生，难道没有必要采取更为强有力的措施吗？比如不仅是"醉酒驾车"。即便是"带酒气驾车"，能否就吊销其驾照呢？而我甚至想象能有一种只要探测出司机有酒气就发动不起来的汽车才好呢。

**例句 5**：私は、旅とは、さまざまな国で自分を発現すること、後悔の向こうに希望を見出すこと、そして人間の世界は、かくも広く、かくも多様で、かくも豊かなのだということを実感することだと思う。

译文：我觉得，所谓旅行就是要在不同的国度发现自我，从懊悔的极端寻找希望。并且，去真实地感受人世间是多么地辽阔、多么地多种多样、多么地富饶。

**例句6：她说："我跟我们那口子结婚的时候，哪有这么个排场。瞧今儿个，请你们饭馆里的大师傅来帮忙不说，还非得倒腾出什么四四十六盘，不许重了样……"**

译文：彼女は言った。「あたしがうちの人と結婚したころは、こんな派手な騒ぎなんてしなかった。それがいまどきときたら、おたくのレストランの偉いコックに来てもらうだけじゃなくて、どうしても十六皿の料理を出さなきゃならないとか、似た料理が重なっちゃいけないとか…」

例句6原文中的预递词"不说"位置非常特殊，出现在前分句的句末，与后分句的承递词"还"呼应，构成递进关系。预递词"不说"有时可以是"别说""不用说""自然不必说"，承递词可以是"就连""就是"。与其相应的句式除了「…だけでなく、…も…」以外还有下面几种译法：

「…はおろか、…も…」

「…はもちろん、…も…」

「…は言うまでもなく（言うに及ばず）、…も…」

这几种译法中，「…はおろか、…も…」含有不服气或轻蔑的语气，并且既可以用于肯定，也可以用于否定。「…は言うまでもなく（言うに及ばず）、…も…」含有理所当然的语感，一般只用于肯定。

**例句7：如果不是碰上了花店的一场争执，知道了它的生产规律，这一盆万年青，不但不会变成两盆、三盆，恐怕是弃置在一边，不再过问，久而久之，也就枯死了。**

译文：もし、花屋でのあの口論に出くわし、その成長の法則を知ることがなかったら、この一鉢の万年青（おもと）は、二鉢、三鉢にならなかったばかりか、おそらく片隅に捨て置かれて、目をかけられることもなく、そのうちに枯れてしまっただろう。

**例句8：偽札を使う事件が続いている。初もうでの頃に目立ったが、それだけではなく、コンビニや有料道路、ガソリンスタンド、タクシーなどでも使われ、被害は全国に及んでいる。**

译文：近来，使用伪钞的事件层出不穷。新年初次参拜神社、寺

庙时尤其明显。不仅如此,在便利店、收费道路、加油站以及出租车等处都发现了伪钞,其危害已波及到了全国。

「…のみでなく(のみならず)、…も…」是文语形式,适合翻译文言体的句子。

**例句 9：不仅要关心本国的环境问题,也要关注世界的环境问题,考虑对策。**

译文：自国の環境問題に関心を持つのみならず、世界の環境問題にも目を向けて対策を考えるべきである。

汉语中含有反问语气递进关系,可以用关系词语"连……,……就更……"和"连(尚且)……,何况……"来表示,与之相对应的日语句式为：预递词用「…でさえ(も)…まして…」「…すら…、まして…」,承递词用「なおさら」或「なおのこと」「おまけに」等,例如：

**例句 10：这样的爱情,不免让人感到可怜！况且我们这个地方的一些人们,对于正当的恋爱,也喜欢七扯八扯,传得古怪离奇。**

译文：こんな愛情を哀れに感ぜずにいられようか。しかも私たちのところの一部の者は、正当な恋愛に対しても、あれこれうわさしたがるので、おかしな具合に伝わってしまう。

**例句 11：在大城市里,就不容易体验"远亲不如近邻"这句话。就拿北京来说吧。同一条胡同的人家,你忙你的,我干我的,今天张家搬走,明天李家搬来。谁也不容易认识谁,更不用说彼此互相帮助了。**

译文：大都会では「遠い親戚より近い他人」という言葉をなかなか味わうことができない。北京について言えば、同じ町内の人々も隣は隣、うちはうちで、今日は誰かが引越していくかと思うと、明日は誰かが引っ越してくるし、顔見知りになるのもたいへんなのだから、お互いに助け合うなどなおさらのことである。

如果句子是从否定方面讲的,那么预递部分说的是"不怎样"或"没有怎样",承递部分就成了"反倒怎样"。这样的递进复句常用"不但……反而(反倒)……",或只在承递分句前用"反而"来表示。这类句子除了上述的译法外,可以译为：「…どころか、…さえ(まで)…」

「…どころでなく、…さえ(まで)」或「…ばかりか(どころか)、かえって(逆に)…」。其中,「どころか」与「どころでなく」相比,前者语气较重,含有明显的不满情绪。

**例句 12**：上星期我们一起去了她家。可她不要说出来打招呼了,甚至连人都没有露面。

译文：先週、彼女の家に行ったが、声をかけてくれなかったどころか、姿も見せてくれなかった。

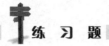

练习题

翻译下列句子

1. 本来,这类参观不仅是该城旅游业的传统节目,而且还是活广告,把汽车城的繁荣景象带往世界各地。

2. 这么冷的天气,大人尚且受不住,何况是孩子?

3. 说过好多次不要去河里游泳,他不但不听,连弟弟都带着去了。

4. 中国有女部长、女校长、女记者、女厂长、女教授……,差不多男人能干的工作女人都能干。而纺织工人、护士、托儿所保姆等职业几乎被妇女"垄断"了。

5. 这是一个人人都想成为贵族的时代,渴望住豪宅、坐名车,还要美酒加咖啡。然而我却想拥有一座围了篱笆院子的平房。院子里,我种瓜种豆,顺带着种种牡丹与海棠。院外,要有一口池塘,我养鹅养鸭,还顺带养两对鸳鸯……

6. 写真を始めたのは高校 1 年の頃、でもあまり真面目にやらなかった。高校 2 年の終わり頃から、「写真でいこう」と意識を変えて、積極的に撮るようになった。その頃、自分で撮った写真について、いろいろ言われると腹が立ったり、反発したりした。特に若い頃写真をやっていたことのある父の言うことが厳しかった。自分の技術が未熟なことが分かって、泣きながらそれを認めるのってつらかった。

7. 上海では僕は高校の音楽の授業に出てみたが、中国の子達が持つパワーには驚かされた。はじめの「老师好!!」から鳥肌が立ってしまった程。僕が今まで持っていた中国の学校のイメージといえば、薄暗い教室の中で無表情な生徒達がロボットのように黙々とやっているといった感じだったが、それは大きな間違いで、実際はほとんど日本と変わりなく、生徒のみんなは逆に日本の高校生よりも元気で生き生きと授業に参加しているように思えた。

# 第十四章 选择关系复句的翻译

选择复句是分句间具有选择关系的复句，通过两个或两个以上的分句列举出两个或两个以上的选择项以资选择，或者表示选择其中的一项。选择关系复句可以分为两类：一类是选择未定；一类是选择已定的。

选择未定复句是指两个或两个以上的分句举出几件事物以供选择。其典型句式是"或者……或者……""是……还是……""不是……就是……""要么……要么……"日语中大致有如下几种句式与这类选择句对应：

① あるいは…、あるいは…
② …か、(それとも)…か
③ …か、(もしくは、あるいは)…かである
④ …でなければ…である
⑤ …または…

**例句1**：一到周末，他不是和朋友去打网球，就是在家里不停地看电视，一点都不帮着干家务。

译文：週末ともなると、彼は友達とテニスに行くか、家でテレビばかり見ているのだ。家事なんか全然手伝ってくれないのよ。

**例句2**：最近总是很健忘。做菜时不是忘了加盐，就是忘了加味精。

译文：近ごろ、どうも忘れがちで、料理を作るにしても、塩を入れ忘れるか、味の素を入れ忘れるかになるのです。

用"不是……就是……"口气比较坚决，表示要在两种选项中选择一种，排除第三种可能性，关联词语也要成对地使用，不能只用

一个。

例句3：为了减轻家里的经济负担，一到假期，他或是出去打工，或是做家教挣学费。

译文：家庭の経済的な負担を減らすため、冬休みや夏休みともなると、彼はあるいはアルバイトをして、あるいは家庭教師をして、学費を作るのだ。

例句4：话写完了，自己要念几遍，念到不清楚、不通顺，或者发现遗漏和重复的地方，就要仔细修改。

译文：書き終わったら、何回か読み直してみて、はっきりしなかったり、筋が通らなかったり、書き漏らしたり重複したりしたところがあったりしたら、丁寧に手直すこと。

例句5：碰到不会写的字，为了节约时间，避免打断思路，可以先空在那里，或画上个圆圈。等到写完了，再查字典，或问别人，把它补进去。

译文：書けない字があったときには、時間を節約し、考えることを中断せずにすむように、空けておいたり、マルを付けたりしておいて、書き終わってから、字典を調べるなり他の人に聞くなりして、そこを埋めていけばよい。

例句6：地下鉄のホームに満員電車が入ってきた。つえを突いた初老の女性が乗り込む。すぐ中年の男性が立ちあがり、女性は会釈して座った。「日本も、そう捨てたものではない」と思いつつ、この「日本」は「ニホン」かそれとも「ニッポン」かと少し思案した。

「日本」がどう発音されているかという調査結果を国立国語研究所がまとめた。1400人余の700万語以上の話し言葉を調べると「ニホン」が圧倒的に多かった。「日本一」や「日本代表」でも「ニッポン率」は約2割で、「日本」では「ニホン」が96％を占めた。

译文：一辆满员电车驶入地铁站台。一位拄着拐杖的五十岁上下的妇女走进车厢。有一位中年男人见状马上站起来给她让座，女人点头示意后坐了下来。"日本可也真不赖"我一边这样想，一边思

索"日本"到底应该读"nihon"还是"nippon"呢？

国立国语研究所公布了对"日本"一词的读法的调查结果。他们对1 400多人的700多万句以上的口头语进行了调查，结果表明读"nihon"的占绝大多数。即便是"日本第一""日本代表"这样的词组中读"nippon"的比率也只是约占20％左右，而把"日本"读作"nihon"的则占96％。

例句7：开始给小琴摄影的时候，我自己正陷入苦恼之中。说实话，根本没心思拍什么照片。可是不知为什么，拍着拍着我却渐渐忘却了烦恼，可以面对她了。总之小琴很有意思。当我把镜头对准她，她总是作鬼脸，或摆个怪姿势。大概她想掩盖她的羞涩吧，可对我来说，她的表现就是鲜活的她。

译文：私が琴ちゃんを撮り始めたころ、私は自分自身について悩んでいました。正直に言うと写真を撮るどころではありませんでした。それでも、なぜか写真を撮っていると頭がカラッポになって、彼女と向き合うことができました。琴ちゃんはとにかく面白い。カメラを向けると必ず「変な顔」をし、または「変なポーズ」をとる。彼女にしてみれば照れ隠しなのでしょうが、私にはものすごくそれが彼女らしかったです。

例句8：「やはり」なのか、「ついに」なのか、その両方とも言うべきか。イラクの大量破壊兵器についての、パウエル米国務長官の証言である。「いかなる発見されておらず、我々が発見することはないだろう」。ブッシュ大統領の掲げた先制攻撃の根拠が崩れたことを、政権の中枢が認めた。

译文：是"果然不出所料"呢？还是"终于……了"呢？或许两种说法应该兼而有之呢？这说的是美国国务卿鲍威尔有关于伊拉克拥有大量杀伤性武器的证实。"现在没有发现任何证据，以后也不会有任何发现吧。"政府的中枢终于承认布什总统鼓吹的先发制人的根据是子虚乌有的。

例句9：
A：マンガ喫茶と喫茶店の区別は何でしょうか。

B：喫茶店は単にお茶などを飲んだり話したりする場所ですが、マンガ喫茶は入場料プラス時間制、フリードリンクで1万—2万冊による蔵書を自由に読むことができるところです。

A：喫茶店というより、飲食可能な図書館ないしマンガをそろえたレストルームといったほうが近いかもしれませんね。

B：そうですね。

A：人々の評価はどうでしょうか。

B：書店では、どの作品が面白いか分からない。本を買っても置くスペースがないなどの読者ニーズをとらえ、急成長しました。

A：そうですか。マンガ喫茶の雰囲気が明るいそうですね。

B：そうです。だから、女性やビジネスマンにも定着してきています。

译文：

A：漫画茶室和茶室有什么区别？

B：茶室只是单纯喝茶、聊天的场所，而漫画茶室是按入场费加单位时间收费的。在这里有饮料供人畅饮，从1万—2万的藏书中自由选读喜欢的书籍。

A：与其说是喝茶，倒不如说是可以吃喝的图书馆或是漫画种类齐全的休息室更贴切。

B：是啊！

A：人们的评价怎么样啊？

B：在书店的话，不知哪种书有意思，买了的话，又没处放。正是抓住了人们的这一心理，因此这种店发展得很快。

A：是吗？听说漫画茶室的气氛很轻松。

B：是的，正因如此，在女士和商务人士中也很有市场。

选择已定的复句表示说话者在两个或两个以上的分句所表示的选项中已经选择停当。这一类的选择复句常用"与其……不如……"等关联词语，选定的内容在后分句，舍弃的内容在前分句。日语中与之相对应的格式有：

① …より（も、は）、むしろ…ほうがいい（まし）

②…より（も、は）むしろ…である
③…（ぐらい）なら、むしろ…ほうがいい（まし）

**例句10**：与其让他学不喜欢的专业，还不如让他学一些实用的技能，将来也好找工作。

译文：彼に好きじゃない科目を勉強させるよりも、むしろ実用的な技能を勉強させたほうがいいと思うよ。そうしたら、将来、仕事にもつきやすい。

**例句11**：说了也解决不了任何问题。与其让大家都为难，还不如一个人忍着。

译文：言っても何の問題も解決できないから。皆を困らせるよりも、自分ひとりで我慢したほうがいい。

「…より、むしろ…」和「…ぐらいなら、むしろ…」在表示选择已定的意义上基本相同，所以前面两例中的译词可以互替。但是「…ぐらいなら」里的「ぐらい」含有贬义，有不值一提的语气，因此「…ぐらいなら」前面所连接的动词表示的行为、动作一般是消极的，几乎是不可以接受的。而「…より、むしろ…」表示在前后两项中放弃前项而选定后项，前项虽然不是令人满意的内容，但是也并非完全不可接受。

另外前分句不是某种行为、动作，而是某种状态，则只能使用「…ぐらいなら、むしろ…」，而不能使用「…より、むしろ…」。

**例句12**：有时间看那么无聊的电视，还不如好好学习。

译文：あんなつまらないテレビを見る時間があるぐらいなら、むしろ勉強したほうがいい。

「…より…ほうがましだ」和「…より…ほうがいい」同样表示"与其……不如……更好"，但是，「まし」通常用于两样或两样以上的事物都不理想的情况下作比较取舍，如果要进一步强调两者间差距之大，则可加入「よほど」，即以「…より…よほどましだ」的方式表达。

**例句13**：女朋友过生日与其送那么无聊的礼物，还不如带她和同学去滑雪更有意思。

译文：ガールフレンドの誕生日に、そんなつまらないものを

贈るよりも、むしろ彼女やクラスメートを連れてスキーに行ったほうがましだ。

"宁可……决不(也不)……"也可以用来表示选择已定的关系，只不过这种情况下，选定的内容在前分句，舍弃的内容在后分句，如"宁死不屈"(死んでも屈服しない)；宁缺毋滥(量より質)；"宁可吃鲜桃一口，不吃烂杏一筐"(腐ったアンズをいっぱい食べるより、新鮮なモモを一口食べるほうがいい)。还有一种使用关联词语"宁可……也……"的复句，句子中出现的都是说话者所要选择的内容，舍弃的方面隐含在句子之外，如"宁可少睡点觉，也要把文章写完"(睡眠時間を削っても、この文章を書き終えなければならない)。这类复句意义上表示选择取舍，然而在复句的类别上属于忍让性让步复句，对此，我们将在下面的章节中作进一步探讨。

**例句 14：我想起了这次随行的访华团团长的一番话："做过的事情无法挽回，与其去懊悔过去，不如为了不再发生战争而努力，这才是今天我们力所能及的。"我很赞同团长的想法。哪怕是微不足道的小事，只要是自己现在力所能及的，就从它做起。例如，想和中国朋友加深友谊。另外，还想说服那些对中国人带有歧视态度的日本人，使得他们的人数越来越少。**

译文：私たちと旅を共にした団長の言葉を思い出す。その言葉とは「してしまったことはしょうがない。そのことを悔やむよりも戦争を二度と起こさないようにしていくことが今の私たちにできることだ」。私はその考えに納得した。そして小さなことでも、今の私にできることを始めようと思った。例えば、中国人の友達と仲を深めていきたい。また、中国人に対する差別的な気持ちを持っている人を説得して、一人でも減らしたいと思う。

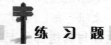

翻译下列句子

1. 从前，有几个人为喝一壶酒争了起来。一个老头儿说："每个

人只尝一口,不过瘾,不如让一个人喝个痛快。"

  2. 这与其说是连上三节课,来回挤两个小时公共汽车而引起的疲乏,还不如说是怕听到令人心烦的怨尤。

  3. 让他去还是不让他去,我真吃不准。不让他去嘛,他又有意见;让他去嘛,他又不去了。

  4. 江戸っ子らしくソバ好き、というより「ソバ屋好き」だった。『もっとソバ屋で憩う』では、ソバ屋でのいっときの安らぎを勧めている。「今日できることは、明日でもできる。どうせ死ぬまで生きる身だ。」その先の一行が、目にしみる。「ソンナニイソイデドコヘユク。」

  5.「いまのお客さんは、生活費というよりも、小遣いがちょっと足りないという人が多いようです」と三武さんは話す。むかし、シャンデリアを質草として持ってきた人がいたのには驚いた。現在、質草の主流は、衣服や電気製品から貴金属やブランド品のバッグに変わってきた。

# 第十五章 因果关系复句的翻译

因果复句是表示分句间具有某种实际联系的因果关系的复句。因果复句包括两种，一种是就既定的事实说明其中的因果关系，可以称为"说明性因果句"；另一种就一定的根据来推论其因果关系，可以称为"推断性因果句"。

说明性因果句用来说明两事物之间的因果关系。典型的标志是"因为……所以……"。与"因为"作用相同的是"由于"，与"所以"作用相同或相近的是"因此""因而""故""以至"等。运用中，原因标志和结果标志可以成对出现，也可只出现其中之一。

说明性因果复句在因与果的安排顺序上又有"由因到果"和"由果溯因"之分，一般说来，结果总是产生于原因之后，因此说明性因果复句一般是前分句表示原因，后分句表示结果，即"由因到果"。

日语中表示说明性因果复句的关联词语繁多，大致有如下几类。彼此间语气上、意义上存在着各种差异，翻译时必须充分把握这种差异，找到恰如其分的译词。

① 用言终止形＋から（ので）
② …により（よって）
③ 用言连体形＋ところから
④ 用言连体形＋ため（に）
⑤ 用言连体形（或体言＋の）＋おかげ
⑥ 用言连体形（或体言＋の）＋せい
⑦ 用言连体形＋故（或所以）に
⑧ 用言连体形＋もの（もん）で

⑨ …、したがって…
⑩ 用言連用形＋て、…

「から」是从主观上来讲前后两项的因果关系，即前后两项是两个截然不同的事物，本身并不一定具备内在的因果关系，是说话者主观地将其置于因果关系之中。因此后项多是表示推量、意志、主张、命令、劝诱、希望、疑问等意志表现。

「ので」是从客观上来讲前后两项的因果关系的，多用来叙述有了前项的原因，一般必然会产生后项的结果，很少包括说话者的主观成分。因此它多用于描写自然现象、物理现象、社会现象、生理现象、心理现象，揭示其中的因果关系。

例句1：戒烟后，再也不会有那种因不小心半夜里断了烟而坐卧不宁难以入睡的焦躁感，所以感到轻松。

译文：夜中でもうっかりタバコを切らすと、いらいらして寝つき難かったような焦燥感がなくなったので、気楽なものである。

例句2：因为在晚上您的眼神再好，也不如白天。所以晚上买东西要格外小心，千万别见好吃的就吃，见需要的就买。

译文：夜にはあなたの目がどんなによくても、昼間のようにはいきませんから、夜間の買い物は特に用心が必要となり、おいしそうな物を見たらすぐ食べたり、必要な物をすぐ買ったりといったことは絶対にしてはいけません。

例句3：因为正是上班时间，汽车根本动不了，今天上班又迟到了半小时。看来还是坐地铁准时。

译文：ラッシュアワーで車が全然動けないので、今日も三十分も会社に遅れた。やっぱり地下鉄の方が確実だなあ。

例句4：1895年、宮島大八は帰国し、自宅で私塾を開いて中国語を教えはじめ、後に善隣書院と名付ける。当時、日本には正規的な中国語教育がなかったため、私塾は日本での中国語教育の中心となっていた。その後、宮島大八は東京外国語大学中国語学科の主任に任命される。ところが、張裕釗が湖北省の出身であったため、宮島大八にも湖北なまりがついてしまい、その影響を受

けて、当時東京外国語大学を出た学生はみな多少湖北調になっていた。

译文：1895 年宫岛大八回国，在家中开设私塾教中文，后称善邻书院。当时日本没有正规的中文教育，因此私塾成了日本中文教育的中心。后来，宫岛大八出任东京外国语大学中国语科主任。由于张裕钊是湖北人，结果宫岛大八也有了湖北口音。受其影响，当时东京外语大出来的学生多少都带湖北腔。

由于表达的需要，有时也采用"由果溯因"的句法。这时，前分句表示结果，后分句表示原因。这种情况下，日语中有「なぜなら、…からである」「それは…ため（から）である」等句式与其对应。

例句 5：我觉得猴子比其他的动物更聪明。就拿吃东西来说，猴子懂得在吃之前洗一下而其他的动物似乎不懂。

译文：猿は他の動物よりかしこいと思う。なぜなら、物を食べることにしても、猿は食べる前に洗うことを知っているのだが、他の動物は知らないようだから。

例句 6：家里存款那么多为什么父母不舍得花呢？还不是因为想让你大学毕业后去美国留学嘛。

译文：家に貯金がたくさんあるのに、なぜ親が全然使わないのか？ それはやっぱり君に、大学を出てから、アメリカへ留学に行かせたいためなんだよ。

例句 7："我认为蚂蚁的气力比象大。因为象拖动的大树，还没有它的身躯那么重，而蚂蚁呢，它衔着的小草却已经等于它体重的二十五倍了。"

译文：「象より蟻の力が強いと思う。なぜなら、象が引き動かした大きな木は、象の体重ほど重くなかったからだ。それに対して、蟻が口に銜えていた草は自分の体重の二十五倍にもなるんだよ。」

例句 8：英花はすごく変なやつ。高校 2 年の時、突然、髪の毛を切って坊主になったり、考えることも一味違う。ボケーとしているかと思えば、誰よりも深く考えている。考えすぎてたまにマ

イナス思考に陥ったりするのが欠点。でも、そんな莢花にひかれるのは、きっと莢花自身、自分のことをいちばん理解していて、自分の「個性」を持っているからだと思う。

译文：莢花是一个大怪人,高二时突然剃了光头,所想的事情也与众不同。她看上去傻乎乎的,其实有时候她比谁都考虑得深远。她的缺点是有时因想得太多而不能自拔。我之所以喜欢莢花,是因为她最有自知之明,有自己的个性。

"以致"也是因果关系的关联词,表示由于上述原因而造成的结果,大多用于不好的或说话人所不希望的结果,而日语中没有与之相呼应的表示消极意义的关系词,只能译成「そのために、(あげく、せいで)…する(なる)」。"闹得(害得)"亦然,可译成「おかげで…という結果になる」。「おかげで…」用于表达不符合心愿的结果时,往往带有一种讽刺、挖苦或自嘲的口吻。

例句9：

A：约好六点吃饭的。怎么这时候才回来呢？

B：这可是全托了小张的福啊！他带错了路,害得我们连汽车站都找不到,只好打的回来。

译文：

A：六時に夕食をすると約束したのに、どうしてこんな時間になって帰ってきたの？

B：これは全く張さんのおかげだよ。彼が道を間違えたせいで、バス停も見つからなくて、タクシーで帰ってくるより仕方がなかった。

有时为了强调因果关系中的原因部分,往往把"因为"说成"正因为",日语中与"正因为"相对应的句式有如下几种：

① 用言仮定形＋ば＋こそ

② 用言終止形＋から＋こそ

③ 用言終止形＋だけあって、だけに

④ 用言終止形＋ばかりに

关联词语"正因为"在因果复句中,根据前后分句的关系或说话

人的立场,有两种含义:一种是强调客观既成的结果(事实),这时候前分句要译成「用言仮定形＋ば＋こそ」,另一种是强调主观认定的理由,这时候,前分句要译成「用言終止形＋から＋こそ」。

"正因为"在汉语句中意义上没有消极和积极之分,而日语则不同:一般说来,表示积极意义结果的原因多用「用言終止形＋だけあって、だけに」,相反,表示消极意义结果的原因则多用「用言終止形＋ばかりに」。

例句 10:就因为想出人头地而抛弃了恋人,和老板的女儿结了婚。真是男人中的败类。

译文:出世したいばかりに、恋人を裏切り、社長令嬢と結婚するなんて、男の風上にも置けない奴だ。

例句 11:**40 年で速度は上がり、本数は増えた。現代には欠かせないものになったからこそ、「過速」や過密には、これまで以上に考慮が要る。周辺住民の被害も忘れてはなるまい。世界一の速度競うより、世界一の安全を追い続けることである。**

译文:40 年中速度提高了,车次数也增加了。正因为它已成为了现代生活中必不可少的东西,所以要比以前更加顾及"过快""过密"的问题。同时也不能忘记给周边的居民带去的负面影响。与其去追求世界第一的速度,不如追求世界第一的安全性。

例句 12:**戦争は国と国との関係、友情は人と人との関係だと、つくづく思う。友情の記憶が戦争のそれより伝わりにくいのは、スケールの差と関係があるのだろう。それだけに、こまめな友情の積み重ねが大切になる。この「日中飛鴻」というコラムも、新聞社と新聞社という関係より、記者と記者、人と人という繋がりが強いように見える。**

译文:我深切地感到,战争是国与国的关系,友情是人与人的关系。友情之所以比战争难以流传,大概是出于规模上悬殊太大。也正因为如此,点点滴滴的友情积累就更为重要。这个"中日飞鸿"栏目也是一样,与报社之间的关系相比,记者与记者、人与人的纽带更加紧密。

推断性因果复句用来推论事物间的因果关系,偏句在前,提出前提(原因),正句在后,加以推论。典型的标志是"既然……就……"。"既然"有时简化成"既","就"和"那么"有时配合使用。日语中与推论性相对应的形式主要有两种：一种是「用言終止形＋からには…」「用言終止形＋以上(は)…」。

这两种形式意思略有不同,「…からには」含有说话者主观上有意识地强调某种理由或原因的语气,表示结论的正句含有说话者的主观意识(判断、意志、要求等),因此「…からには」引导的句子多用于阐明自己的主张、要求、意见或观点。「…以上」则不同,它用于说话者客观地表述原因或理由,不含有任何主观成分,因此,正句所推论出来的结果,虽然含有说话者的主观意识,但却是必然的,不以谁的意志所转移的,因此「…以上」引导的句子多用于说话人说明一个事实、常识、或某种自然现象等。

**例句 13**：想不要那两分,可名次要下降,要,又怕同学知道了,面子不好看。最后,我狠了狠心：要！既然老师给了,我就要,反正别人也不知道。

译文：その二点はもらわないでおきたいが、そうすれば席次がさがるだろう。もらって、もしクラスメートに知られたら、面子が立たない。最後に私はきっぱり決めた。もらおう、先生が下さるからには私はもらおう。どうせ他の人は知らないのだから。

"可以看出……""可见……"也可作为推论性因果复句的关联词语,这类句子正句往往是偏句所导致的必然结果,不含说话者的主观意识,而只是一般事实、常理的客观叙述。这类句子可以译为「以上のことから、用言連体形＋ところを見ると(見れば、見て)、…が分かる」。

**例句 14**：女人是时尚忠实的追逐者,在五彩缤纷又迅速变化的時尚中,女性有时会坠入盲目追逐的陷阱中,有时为了追逐一种虚假的不真实的美丽和可爱,付出了痛苦和健康的代价,因此可见,時尚的女人不一定是智者。

译文：女の人は流行の忠実な追随者である。くるくる変わる

流行を追いかけて、時には自分が見えなくなってくる。うわべだけの「キレイ」や「カワイイ」を手に入れるために、イタイのも我慢して、健康も犠牲にして…、こうしたことから、流行を追いかける女性はあまり利口じゃないかもしれない、って思わない？

## 练习题

翻译下列句子

1. 就因为是好朋友才借钱给他的。可十多年过去了，根本不还。真让人讨厌！

2. 学校附近有一家大超市，因为我常到那儿去买东西，跟店里的女收款员混熟了。

3. 正因为想你一定很担心才打电话给你，可你怎么能开口就朝我发火呢。

4. 就因为曾说过会讲英语而被拉去做翻译，结果当众出了丑。

5. 正如日本过年少不了海带和豆类一样，中国春节的菜肴里不能没有鱼。这是因为汉语的"鱼"和"余"是同音词，人们在新年伊始食鱼是为了祈祷在新的一年里生活富裕。另外，有意识地将年夜饭的菜吃剩也是为了表明这一年的生活是充裕的。

6. 春节对于小朋友来说，是一个特别期待的日子，因为可以拿到压岁钱。春节期间长辈都会包上红包，发给未成年的晚辈，这个红包有讨吉利、镇邪压魅的寓意。

7. 为什么会出现这种局面？完全是因为他没把事情的原委跟大家讲明白。

8. 正因为是好朋友我才提醒你。

9. 他办事粗心，缺乏认真的态度，以致常常出错，俗语称这种人为"马大哈"。

10. たくさん子供を産む女性が賞賛を受けるのは古来の習いだが、これは当時、死産、早産が多かったためであろう。

11. 蓮池書院が日本の留学生を受け入れ始めたのは、張裕釗

からであり、宮島大八はその第一人者であった。宮島大八が蓮池書院に来た時、定員はすでに決まっていた。そこで彼は、自分はご高名を慕ってきたので、張の下以外には入らないと表明した。その実直な意志を見た張裕釗は、特別、李鴻章に事情を説明し、許可を得た後に、この海を渡ってきた学生を受け入れたのである。中国の習慣に基づいて、ひざまずいての師弟の儀式が行なわれた。宮島大八は、中国の学生達とより多く交流すると共に学問に対する自分の心を表すため、辮髪を長し、中国の服装を身にまとった。

12. 迄今为止，由于申请领取护照的手续十分繁琐，所以能自由出入国门的人数长期处于极低的水平。对普通中国人来说，护照是既珍贵又神秘的身份象征。但是从9月1日起，上海改变了护照的申领办法，实行应需申请。

第十五章

# 第十六章 转折关系复句的翻译

转折关系复句是分句之间具有转折关系的复句。即前一分句叙述一个事实，后一分句不是顺着前分句的意思讲下去，而是转向了另外方面，使前后分句的意思相反或相对，形成转折关系。

转折关系复句由于语意、语感上的差异，可分为轻转句和重转句两类。轻转句中前分句没有转折的预示，不着重强调两者的不一致性，因此转折的程度较轻。这种转折关系句的典型标志是后分句使用关系词"但是""然而""可是""却"等关系词。如使用"不过""只是"等关系词，前后分句对立对比的意思则更不明显，表示后分句对前分句的补充修正，语气委婉。

日语中表示轻转关系的关联词语繁多，大致有如下几类。它们彼此间语气上、意义上存在着各种差异，翻译时必须充分把握这种差异，找到恰如其分的译词。

① 用言終止形（過去形）＋が…
② 用言終止形（過去形）＋けれども（けれど・けど）…
③ 用言連体形（過去形）＋ところが、…
④ …、しかし（しかしながら）…
⑤ …、もっとも、ただし…
⑥ …、それなのに（それだのに）
⑦ …、でも…
⑧ 用言連体形＋もの（もん）で…ただ、ただし、もっとも

例句1：这部分遗产，有不少是值得我们继承的，但是也有一些我们习以为常的东西，用现代科学的眼光一审视，就发现不那么文明，需要改一改。

译文：この遺産には我々が受け継ぐに値するものが少なくないが、我々が慣れて当たり前と思っているものでも、現代科学の目を通してつぶさに見ると、それほど文化的でなく改める必要があることに気が付くものも確かにあるのだ。

**例句2：底特律被视为汽车界的"巨人"，但是今天，"巨人"衰老了，汽车用钢材成本过高，不得不改用日本进口货，而且时常停工减产。**

译文：デトロイトは自動車業界の「巨人」と見なされていた。しかし、今日、「巨人」は老い衰えた。自動車用鋼材のコストが高くなったので、やむなく日本からの輸入品に変更し、さらにしばしば操業を停止し生産を減らしている。

**例句3：身代金を要求した脅迫文は漢字カタカナ交じりで、手書きだったという。「何ニシロ　警察ノ臭イガスレバ　スベテ中止」「赤チャンヲドンドン返セナクナッテ行ク」と冷酷に書く。一方で、「本当ニイイ赤チャンダト思イマス」などと揺さぶる。計画は周到に立てたつもりだろうが、やはり逃げ切れるものではなかった。**

译文：据说勒索赎金的恐吓信是汉字夹杂着片假名手写成的。信的内容写得让人不寒而栗："若发现有警方介入的迹象，将停止一切交易""别想再要回婴儿"。同时又开展攻心战："真是个可爱的宝宝。"犯人自以为计划得十分周密了，可终究还是难逃法网。

「けれども」可以简化成「けれど」或「けど」、两者意思基本相同，都可以接在活用语终止形后面构成转折，广泛地运用于口头语和书面语里。两者比较起来、「が」语气郑重一些，更多地作为书面语来使用，而「けれども」比较随便一些，多用于口语中。另外在会话体中男性多使用「が」，而女性更多地使用「けれども」。日语中的「それが」也可作为接续词表示转折关系。

**例句4：牡丹は妖艶であるわりには、辺びなところに育つ。それが、楊貴妃のちょう愛と文人たちの文筆のおかげで、ますます華やかさが膨らみ、早々と花王の栄冠を手にすることができた**

のである。

译文：牡丹娇艳却生于僻乡，但承杨贵妃的宠爱，加之文人墨客的鼓吹，富贵有加，早早赢得花王的桂冠。

例句5：日中間の争いは、太平洋戦争や日清戦争、さらに歴史をうんとさかのぼった古い戦争まで、日本史の授業で教えられる。また、一般向けの本もたくさん刊行されているので、みんな初歩的な知識は持っている。しかし、日中間の友情、それに尽くした人々の話となると、情報は極端に少ない。

译文：对日中间的纠纷，比如太平洋战争、甲午战争以及历史上可以追溯的远古的战争在日本史的课程中都有所涉及，还出版了不少面向一般读者的书籍，因此大家都有些基础知识。但是说到日中间的友谊，说到为增进日中友情不遗余力的人们的事迹时，信息资料却少得出奇。

例句6：数日前、ぼくは友だちとバスケットをしていた時に、足首を捻挫してしまいました。冷や汗が出るくらい痛くて歩けません。でもぼくはもう18歳の男児、笑って友だちとタクシーで病院に行きました。医者の診察を受けてから、ケガの重さがわかりました。靭帯が切れていて、石膏で固定しなければなりません。全治するには三ヶ月もかかるということでした。

译文：前两天，我和朋友们一起打篮球的时候，我不小心扭伤了脚脖子。疼得冷汗直外冒，不能行走。可是我是十八岁的男子汉，所以我强装笑脸在朋友的陪伴下坐出租汽车到了医院。医生检查了后我才知道，脚伤得很重，韧带断了，必须打石膏固定，而且要三个多月才能痊愈。

"不过""只是""就是"也常用于转折句，表示轻微的转折，有修补的意思。

例句7：于是聪明的太监就想出这么个办法，用三个指头在桌边轻轻地点几下，象征着三叩九跪。后来慢慢流传到民间，一直延续至今，只不过没有点那么多下罢了。

译文：そこで頭のよい太監は次のような方法を考え出した。それは、三本の指で机の端を九回叩くことで「三叩九跪」を表すと

いうものである。後にこれが民間に次第に伝えられ、現在まで受け継がれているのだが、今ではそんなに何度も叩かなくなっただけのことだ。

有时偏句使用"虽然""尽管"这类关系词与正句转折关系词呼应,表示后分句并不以前分句而改变,分句间语意明显对立,使句意转折程度加深,称重转,又可称之为让步转折。

"尽管……,但是……"含有置某种事实于不顾之意,体现出说话者较强的主观意识,用它连接的重转句一般可用「…にもかかわらず」等句式翻译,如:

**例句 8：有个美国人认为,尽管日本的企业家和美国的企业家同样忙碌,但因心脏病而猝死的比例却很低,这肯定是因为他们有时间在酒席上说傻话。**

译文：あるアメリカ人は、日本の実業家がアメリカの実業家同様忙しいにもかかわらず、ハート・アタックで亡くなる率がずっと少ないのは、馬鹿話の出きる酒席の時間というものをもっている故に違いないと考えている。

**例句 9：コンテストの写真を撮りながら、お互い言いたいことを言い合って、思っている気持ちも素直に出して、相手のことを理解することができた。けれども、変に知りすぎてうまくいかなくなって対立することもある。でも莢花とは大の仲良しだ。**

译文：在拍摄参赛作品的过程中,我们俩彼此畅所欲言,坦诚相待,相互间知根知底。但也有因太了解而发生冲突的时候。尽管如此,我和莢花还是非常要好的朋友。

关于用"虽然(虽说)……,但是……"连接起来的重转句,日语还有如下几种表达方式与其对应。

① 用言連体形または終止形＋のに、…

② 用言連体形(または体言＋の)＋くせに、…

③ 用言連体形＋ものを、…

④ 用言終止形＋ものの、…

⑤ 用言連体形＋かわりに…

⑥ 用言終止形＋からといって（からとて）
⑦ 体言＋格助詞＋こそ＋用言終止形＋が、…
⑧ 用言連体形、終止形＋とはいえ、体言＋といえども、…
⑨ 用言連体形（体言＋の）＋わりに（は）
⑩ 用言連用形＋ても…

**例句10**：虽然表面上一副不在乎的样子，但最受打击的还是本人。您就鼓励鼓励他吧。

译文：平気そうな顔はしているものの、一番応えているのはやっぱり本人ですから、暖かく励ましてあげてください。

**例句11**：その晩、ぼくは包帯を巻き松葉杖をついて家に帰りました。母はびっくり仰天してしまいました。ぼくが「もう大丈夫だから」と何度説明しても、母は「ほんとうに大丈夫なの?」「痛くない?」としつこく聞きました。その時ぼくは傷の痛みと煩わしさで「もうほっといてくれ」と叫びたくなりました。

译文：当天晚上，我缠着绷带，拄着双拐回了家。妈妈吓坏了。虽然我一再解释已经没事了，可是"真没事了吗？""疼不疼？"妈妈仍然没完没了地问。当时，伤痛再加上心情烦躁，我真想对她大叫："我的事不用你管！"

「用言連体形」＋「のに」一般用于前后两项完全处于对立的状态，并且具有不满、责难或出乎意料之外的语气，意思近似于「それなのに」，具有更强烈的不快、蔑视、惊奇。「くせに」与「のに」意思基本相同，但「くせに」的不满、责难的语气比「のに」更为强烈。同时用法上两者间不同，用「くせに」连接起来的前后句两个分句必须是同一个主语（多是人），并且是第二、三人称。而「のに」则没有这种限制。

**例句12**：
A：刚吃过午饭肚子就又饿了？
B：好奇怪，最近总是肚子饿。昨天也是，六点多吃的晚饭，到九点左右肚子就饿得咕咕响。

译文：
A：昼食をしたばかりなのに、またお腹がすいたの?

B：おかしいねえ。近頃よくお腹がすくのよ。昨日も六時ごろに夕食をとったのに、九時ごろになったら、お腹がぐうぐうないていたのよ。

**例句 13**：他都快七十的人了，还不肯退居二线。

译文：彼はもう七十にも手が届くのに、まだ第一線から引退したがらない。

**例句 14**：一个女人却又是抽烟、又是喝酒。没有一点女人的样子。

译文：女のくせに、よくタバコも吸い、お酒も飲むなんて、ちっとも女らしくない。

**例句 15**：我现在十八岁了，马上就要上大学了。正处于自己觉得是个大人，而父母还仍旧认为我是个孩子的矛盾时期。有时候，面对母亲的过分关照，我真的很烦。

译文：ぼくはもう18歳になりました。もうすぐ大学に進学します。自分を大人だと思っているのに、まだ両親から子ども扱いされている矛盾の時期です。ときどき母の世話やきにはうんざりすることがあります。

**例句 16**：东京外国语大学的老师们1997年在上海和北京进行过问卷调查，其结果也表明："同志"这个称呼虽然使用频度降低了，但是还没有退出历史舞台。

译文：東京外語大の先生たちが1997年に北京と上海で行ったアンケート調査でも、「同志」という呼称は使用頻度こそ減っているとはいえ、まだ歴史の舞台から消えていないことが明らかになった。

「…からといって、…」和「…からとて」表示说话者否定根据某个原因推论出某个结论，也相当于汉语的"虽说……，但是……"，这两者意思、用法相同，大多后续动词的否定式或具有消极意义的谓语，如「とはかぎらない」「わけではない」「わけにはいかない」「てはいけない」等呼应使用。

**例句 17**：戦争を常に思い出し、反省を重ねることは、同じ悲

惨な事態を繰り返さないために、重要な営みである。だからといって、友情の足跡に無知でよいという意味にはならない。だが、あまり友情面に言及すると、戦争から目をそらそうとしているのではないかと受け取られたり、相手国におもねっているのではないかと思われたりすることが、日中間に限らず、ままある。

译文：为了不使悲剧重演,回忆战争、不断反省是很重要的工作。但这并不意味对友情的踪迹浑然不知也无所谓。然而,友情的话题涉及太多,难免有转移人们对战争的视线,或者取悦对方等嫌疑。这种情况带有普遍性,不仅仅局限于中日两国之间。

例句18：この戦争は、国際社会の総意ではなく、ブッシュ政権に他国が追随する形で始まった。先制攻撃の理由に掲げた大量破壊兵器は、結局無かった。この「大義なき戦争」を小泉政権は支持し続けた。ブッシュ氏は、フセイン政権の圧制からイラク国民を解放したという。だからといって、世界を巻き込み、おびただしい犠牲者が出たこの戦争を正当化できるはずもない。

译文：此次战争,并不是源自国际社会的一致呼声,而是以其他国家追随布什政权的形式开始的。声称先发制人的理由是伊拉克具有大量的杀伤性武器,最终这些武器也是子虚乌有的。小泉政府自始至终支持着这场"无情无义的战争"。布什宣称将伊拉克人民从萨达姆政权中解放出来。但是,这场战争将世界各国卷入其中,掠夺了大量的生命,没有理由说这是一场正当的战争。

「ながら」多接在状态动词,如「ある」「いる」「できる」「読める」等无意志动词后面,或接在形容词性助动词「ない」的连体形后面,表示前后两个动作的不相应或相反,「ながらも」是「ながら」的强调形。

例句19：7世紀から9世紀にかけ、日本は隋、唐へさかんに公式使節を送り出した。遣隋使、遣唐使といい、船の難破で多くの死者、行方不明者を出しながらも、送り続けた。

译文：从7世纪到9世纪,日本不断向隋、唐派遣正式使节,史称遣隋使、遣唐使。虽然船只罹难,许多人丧命和失踪,但是日本政府

仍然一如既往地派遣。

**例句20**：如果有什么想说的事，不妨说说看，可就是不说！

译文：言いたいことがあれば、言えばよさようだものを、どうしても言わないのだ。

「ものを」与「くせに」、「くせに」的意思相同，因此它不是单纯的转折，而含有不平、不满、埋怨、遗憾、反诘的语气，但是就语气的轻重而言，「ものを」比「のに」重，比「くせに」轻。另外，从形式上分析，「もの」是形式体言，「を」是宾格助词，因此「ものを」可以当作宾语，而后续动词多为他动词。

「わりに」表示获得的结果跟依照某种条件所预想的状态之间有差距，结果高出或低于预想的水准或程度，从而构成转折，并带有意外、没有料到的语气。

**例句21**：由于这样的原因，末端消费价格虽高，但是作为生产者的渔夫赚得却不多。

译文：そんなわけで、生産者としての漁師も、末端消費価格が高いわりには、儲けていないのである。

**例句22**：日本中古車輸出業協会によると、日本で用済みとなった車は年式のわりに走行距離が短く、故障も少ない。アフガンに限らず、中東やロシア、最近では南米やアフリカでも好評だという。

译文：据日本二手车出口协会介绍，日本二手车虽然款式较老，但是行驶的路程短，故障也少，不仅在阿富汗，在中东、俄罗斯，最近在南美和非洲也很畅销。

「かわり」为名词，有取代的意思，后续「に」做接续词使用，表示前项的长处（或短处）与后项的短处（长处）大致可以中和、抵消掉，也可表示转折。

「…とはいえ」是文语表现形式，「…いえども」，汉字写「雖も」（一般不写），在现代口语里多接在名词后面。两者跟「…といっても」「けれども」「しかし」意思相同，首先肯定前项，表示前项为既成事实，而后项却出现了与前项（或预料）相反的情况，相当于汉语的

"虽说……可是……""尽管……但是……"。

**例句 23**：孫盛林さんと初めて会った2年前にも、孔子のこの言葉が頭をよぎった。彼自身のそのときの説明によれば、「生後の9年を山東省で過ごし、その後の9年を黒龍江省で、次の9年を北京で、そしてまた9年あまりを東京に過ごし、今に至っている」という話だった。日中間の交通が容易、かつ迅速になったとはいえ、私は「遠方より来る」という思いを持った。

译文：两年前与孙盛林第一次相见,孔子这句话再度在脑海中闪现。他自己介绍说:"小时候在山东呆过九年,其后在黑龙江九年,在北京九年,来东京至今也有九年了。"尽管中日之间交通已经变得便捷而迅速了,我还是感到他是"自远方来"。

## 练 习 题

翻译下列句子

1. 我把所有的口袋都翻出来,仔仔细细地找了一遍,但是还是没找到。

2. 听说在日本去探望病人时不可以送盆栽的花卉,在中国在这方面倒不忌讳。不过听说在上海一带探望病人时不可以送苹果。据说这是因为在那一带的方言里,"苹果"和"病故"是谐音的关系。

3. 那封信看是看了,可是写得拐弯抹角的,到底想说什么,根本摸不着头绪。

4. 在"皇后"周围的年轻人当中,有一个叫刘宇的。他在那些小伙子当中最老实、最纯朴,但聪明人不敢做的事情,恰恰老实人敢做。

5. 还有——亲爱的,瞧瞧窗子外边,瞧瞧墙上那最后一片藤叶。难道你没想过,为什么风刮得那么厉害,它却从来不摇一摇,动一动呢?

6. 关于各种争议我会关注,好的也会听一听,只是很多说法并没有说到点子上,我也就学着不理那么多了。

7. 我是学日语出身,跟日语打交道已经十多年了,但我的体会是学习外语要靠一个一个单词记,这样很费时间,但却很有效果,如

果不持之以恒的話，是学不好外语的。

8．为他着想，才特地对他提出忠告，而他却怀恨在心了。

9．戦争については、ある程度理解していたつもりでいた。しかし、南京の虐殺資料館に行った時、私の心はひどく痛み出した。事前に日本でその虐殺についての本を読んでみた。その本の内容は残虐な日本人のある一部でしかなかったのだ。想像も出来ないほどひどい殺し方をした日本人を私は許せない。そして今日、日中友好をはかりたい私はどのようにして中国人に接していいのか分からなくなった。

10．都内の私大で第二外国語のスペイン語を教えている知り合いによると、年々辞書を持たない学生が増えているという。毎年、最初の授業で何冊かの辞書を推薦するのだが、今年3回目の授業で尋ねたところ、クラス30人のうち購入したのは3人だった。かなり前なら、外国語を学ぶのに辞書を買うのは常識だった。いまの学生が辞書を買わない理由は「高い」「重い」「引くのが面倒くさい」の三つだという。

11．この根拠が崩れていることは、半ば公然ではあった。米国民の関心も、次の大統領選のほうに向いているかもしれない。しかし、先制攻撃に始まる惨害の大きさを、ここで改めて思わないわけにはいかない。万を超えるイラク人が死んだとの推定がある。傷ついた人たちの数は計り知れない。攻め込んだ側の死者も増え続け、米国だけで千人以上になった。

12．恥ずかしい話だが、宮島大八という名も、張裕釗という名も、私は初めて聞いた。いいわけをすると、このコラムの日本人執筆者の中で、中国の専門家でないのは私ひとりである。ほかの執筆者にとっては、当然知っておくべき有名な人物なのかも知れない。しかし、多くの日本人は私同様、この2人に関して、なにも知らないと思う。

13．明治4年の初夏、岩倉具視ら高官が集まり、開国日本の服装はどうあるべきか激しく論じた。和服派は「衣服まで外国をま

ねるのは愚か」と訴えたが、洋服派が「外国との交際に欠かせない」と説き伏せた。世にいう「洋服大評定」である。

　あの時もし洋服派が敗れていたら、と夢想してみる。よもや衣冠束帯や羽織はかまが現代まで続くようなことはあるまい。だが亜熱帯に近いこの国で、真夏にネクタイを締める人口は今よりはるかに少なかったはずだ。

# 第十七章 让步关系复句的翻译

让步关系复句是先让步后转折的复句,前分句用让步词,预示后面将有转折。常见的句式有"虽然……但是……"(容忍性让步)、"即使……也……"(虚拟性让步)、"宁可……也……"(忍让性让步)、"无论……也……"(无条件性让步)。有的语法书把容忍性让步归为转折复句的一种——重转句,本教程遵循这种分类,在上一章节中已经对其翻译方法作了探讨,本章节中着重分析其他几类让步复句的翻译方法。

所谓虚拟让步复句是指先姑且承认某种虚拟的情况,然后转过来指出某事的成立不受虚拟情况的限制。其典型形式是"即使……也……",前分句用让步词"即使""即便""哪怕""就算""纵然"等,后分句常用"也"。翻译成日语时,可根据情况从下列几种句式中找到对应的一种形式。

① 体言+であっても(でも)…
② たとえ用言連用形+ても(でも)…
③ たとえ…としても(にしても)…

**例句1:法律不能因人而异。即便违法的是自己的亲人,也不能改变它。**

译文:法律は、人によって変わるものではない。たとえ法律を違反したのは自分の肉親であっても、それを変えるわけにはいかない。

**例句2:那么胖,现在即使每天跑步两小时,恐怕一时也瘦不下来。**

译文:そんなに太っているのだから、たとえ今から毎日二時間

ぐらい走っても、近いうちは痩せられないだろう。

例句3：ところが、この不況。仕送りもままならず、アルバイトなしではやっていけない学生が増えている。しかし情報誌の担当者から返った答えは「父親の給料が減っても、子どもにはしわ寄せしない。父親の小遣いを減らし、母親も働いて補っている」。増えているのはむしろ、苦労する親、それに甘える子だというのである。

译文：可是，现在经济不景气。于是家里不能随心所欲地寄钱了，不打工就难以维持生活的学生也就增多了。但是从信息杂志社负责人那里反馈的消息是："即使父亲的工资减少了，也不能殃及孩子。靠减少父亲的零花钱，母亲出来工作来弥补这一不足。"由此可见，增加的不如说是受苦受累的父母和娇惯的孩子。

忍让性让步复句先表示有所选择并有所忍让，然后转过来表明决心达到目的。既表明了有所选择，又强调了所作的选择不是乐而为之，而是迫不得已。前分句用"宁可""宁肯""宁愿""宁"等，后分句常用"也""也要"。

例句4：没有公车的话，我宁肯走着回去也决不准备坐他的车。

译文：バスがなかったら、歩いて帰るとしても、絶対彼の車には乗らないつもりだ。

让步复句中还有一种是表示无条件让步的，这类让步句先无条件地对各种情况统统认可，然后转过来指出在任何情况下都会产生的某种结果，典型的形式为"无论……都……"，前分句用让步词"无论""不论""不管"等，后分句常用"都""总"之类的副词。

由于使用场合的不同或语感的差异，日语中有以下几种相应的形式：

① …用言推量形＋う（よう）と、う（よう）と…
② …用言推量形＋う（よう）と、用言＋まいが…
③ …用言推量形＋う（よう）とも…
④ …体言＋であれ、…であれ…（…でも、…でも…）
⑤ どんなに（いくら、いかに、どのように）…ても（でも、だっ

⑥ …を問わず(を言わず)…
　　⑦ …によらず…
　　⑧ …にせよ、…にせよ(…にしろ、…にしろ)

**例句5**：不管心里怎么想，那件事也绝对不能对她讲。她现在还没有度过危险期呢。

　　译文：心の中でどう思っているかにせよ、彼女には例のことを絶対言ってはいけない。今のところ、病気の峠をも越えてないから。

**例句6**：日本以小学生和中学生为分界线，小学生是半票，中学以上的要买全票。中国则不同。不论是车票还是娱乐场所的门票，都按身高来判定。所以，公共汽车上，电影院或游乐场的入口都有可以测量身高的标志线。如果觉得孩子的身高有可能超过规定，就要量一量。

　　译文：日本では小学生と中学生の間に境界線を引いて、小学生は子供用の切符、中学生以上は大人用の切符としています。ところが中国では違います。乗車券であれ、娯楽施設の入場券であれ、どこでも身長によって判定するのです。ですから、バスにも、映画館や遊園地の入口にもみな、身長を測る目印となる線が引いてあります。もし子供の身長が規定を超えそうに思ったら、ちょっと測ってみます。

**例句7**：人は上司であろうと、部下であろうと、自分の言ったこと、したことが誤っていたと気づいたとき、これほどこだわりなく、その非を認め、これほどすなおにその非を改めることができたら、どんなにいいでしょうか。

　　译文：人无论是上级还是下级，当意识到自己说的话，做的事错了的时候，能够如此毫无拘束地承认错误，如此老实地改正错误，该多么好啊。

**例句8**：寄ると触ると、インフルエンザの話題である。周囲にそれほど患者が多い。町でも職場でも、マスク姿を見る。高熱

で寝込んだという人があちこちにいる。残念なことに、亡くなる人も増えてきた。

译文：人们动辄就谈论流感的话题。我们身边患流感的人如此之多。无论在街上还是在工作单位都有人戴着口罩,高烧卧床不起的人比比皆是。令人痛惜的是死亡的人数也在增加。

例句9：私個人の気持ちとしては、「学習に予想以上の時間がかかる」ことに困る時があります。予習をするにしても復習をするにしても結構時間がかかり、ほかの教科の勉強が追いつかなくなることもしばしばです。でも、どんなに大変でも、中国語の勉強はとても楽しいので、やめたいと思ったことはありません。

译文：对于我个人来讲,有时苦于学习汉语"比想像的还费时间"。不管是预习还是复习都要花很多时间,经常无暇顾及其他科目的学习。但是,不管多么困难,因为学习汉语是一种乐趣,所以从来没想过要放弃。

例句10：ところが、学生たちは皆、容器の飲み口から数センチ離し、口が容器に触れないようにして飲み物を口に流し込んでいたのです。その光景がどこか不思議だったので、ある韓国人学生に質問してみると、韓国では友達同士でも、日本人がするような「回し飲み」はしないのだというのです。私の驚いた顔を見て、不思議に思ったらしい韓国人学生は、「じゃ、先生、日本人はどうやってみんなで飲むの?」と質問してきました。

译文：然而,学生们喝饮料时,嘴离开瓶口几公分将饮料倒入口中,以免接触到瓶口。看到这种情景,我觉得有点儿不可思议,于是询问一位来自韩国的学生。据他说,在韩国,轮流喝同一瓶饮料时,即使是朋友之间也不会像日本人那样嘴对着瓶口喝。听了这番话,我有点儿意外。看到我脸上显出惊异的神色,那位韩国学生似乎觉得不可理解,反问我："老师,那么日本人是如何轮流喝一瓶饮料的呢?"

例句11：日本では普通、同性の友人同士なら、時には相手が異性であっても、同じ飲み口から「回し飲み」をすることに抵抗はありません。逆に友達に飲み物をすすめられた時に「数センチ離

して」飲んだりしたら、少し失礼な印象を与えてしまうでしょう。「回し飲み」をしようという時点で、それは、ある程度、親しい人だと思われていると考えたほうがいいかもしれません。逆にいうと、たいていの場合、「回し飲み」をしたくない人には同じ容器をすすめることがありません。日本人は、「回し飲み」をする際にもさりげなく相手との「心理的な距離」を見極めているのです。

译文：在日本，同性朋友之间，有时即使对方是异性，一般并不忌讳对着同一个容器口轮流喝饮料。相反，接过朋友让你喝的同一瓶饮料时，如果嘴离开瓶口几公分喝，会给对方留下不礼貌的印象吧。也许应该认为当对方要自己轮流喝同一杯饮料时，在某种程度上已经把自己当作要好朋友了。反过来说，一般情况下，如果不愿意与对方同饮一瓶饮料，就不会主动将饮料让给对方。日本人在轮流喝同一瓶饮料的时候，也在不经意地在衡量着与对方之间的"心理上的距离"。

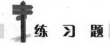
## 练 习 题

翻译下列句子

1. 我有恐高症，从电梯里俯视渐渐远去的地面，觉得头有些晕眩。即使扭过脸去不看风景，也还是吓出了冷汗。

2. 酒后不可开车。即使自己认为很清醒，但是刹车动作迟缓，而且容易开着车睡觉。

3. 不管阻隔着的是江河，还是大海，想到彼岸定会有些什么，所以人们无论如何也非去看看不可。

4. 我从小就是个爱听闲话的孩子，大人在说话，无论谈天说地，说人说鬼，我都要凑在一边听。

5. 人为了自始至终坚持自己的意志，就是做一百件傻事也没有什么不好嘛。因为对你的人生来说至关重要的事并不是那么多的。

6. 不管刮风还是下雨，他从没缺过勤，几乎每年都获得全勤奖。

7. 中国では普通、子供の多い家庭が繁栄し幸福だとされてい

る。だから人々は、社会的地位や身分の上下に関係なく、子供を多く生む女性に対しては、一種、感謝の気持ちを抱いている。

　8. 誰でも、どうせ別れるなら美しく別れたい。お互いに恨まず、恨まれず別れたいと思う。

# 第十八章 条件关系复句的翻译

条件复句是分句间具有条件和结果关系的复句,条件句包括必备条件句和足够条件句。前者对于实现某种结果来说,它所提的条件是必不可少的,典型句式有"只有……才……""除非……才……""必须……才……"等。后者表明足够条件,对于实现某种结果来说,只要满足它所提的条件即可。典型句式有"只要……就……""一……就……""越……越……"等。

两者的区别在于"只有……才……"强调唯一的条件,除了这种条件以外,其他条件都不行;"只要……就……"表示除了一种条件以外,还可以有其他条件。日语中有以下几种相应的形式:

① …用言連用形＋て(こそ)はじめて…
② …用言連用形＋て＋のみ…
③ …用言連用形＋さえ＋すれば…
④ …用言連体形＋かぎり…
⑤ …用言連体形＋ほかはない

**例句1:** 随着科技的发展,各家公司对人才的要求越来越严格。只有具备了一定的文化知识,同时又有多种技能的人,才能找得到理想的工作。

译文:科学技術の進歩につれて、会社などが人材に対する要求がますます厳しくなってきた。一定の学歴を持つと同時に、いろいろな技能をも身につけてはじめて、いい仕事に就ける。

这是一句唯一条件复句,把"具备了一定的文化知识,同时又有多种技能"看作是"找得到理想的工作"的唯一条件,也可以用「…てこそ、はじめて…」的句式翻译。

例句2：这钱你快拿着！只要你不说，不会有人知道的。我绝对不告诉任何人。

译文：このお金、早くお取りください。あなたさえ言わなければ、分かる人がいないと思うわよ。私はぜったい誰にも言わないから。

例句3：只有把别的职员正在执行的业务内容及所犯的错误当作自己的，并与周围同事携手合作，才称得上是能干的职员。

译文：他の社員さんの進行中業務内容やミスも自分のことだと思って周囲と連携を図っていくことができてこそ、有能な社員と言える。

「…て（こそ）はじめて…」的「て」为接续词，含有动作完成或表示过去时的助动词「た」的意思，「こそ」为提示助词，后接「て」就是对将来完成的动作——偏句所表示的唯一条件做特别提示。

「…さえすれば…」中的「さえ」也是提示助词，起特指或强调的作用，后续用言假定形＋「ば」，整个偏句就表示说话者为主句所做的足够条件。

例句4：ホームページで選んでインターネットで直接注文さえすれば、あっという間に商品が家まで届く。これは流通の仕組みの大変革である。

译文：只要在主页上挑选商品，通过因特网直接订购，不一会的功夫，商品就会送到家里来。这就是流通结构的大变革。

例句5：垂れ下がった灰色の空の一隅がちょっぴり切れて、さわやかな水色がのぞきさえすれば初夏がくるのに、それでもどうしても雲がひらかないという、あの抑制されたおもくるしい梅雨の季節のひと日であった。

译文：那深垂的灰色天空只要能绽开一个缺口，露出一小块蔚蓝色，初夏就可来临。可阴云却怎么也不肯散去，令人觉得抑郁，心情沉重。

综上所述，「…て（こそ）、はじめて…」和「…さえすれば…」的区别在于，前者表示已然的假设条件，即将来完成时，而后者则表示

未然的假设条件,即将来时;前者主句表示的结果含有客观的成分,即在上述条件下,情况会怎样变化,而后者主句所表示的结果含有说话人主观的意志,即在这个前提下要做什么,或做出什么判断。因此汉语"只有……才……"符合前者,"只要……就……"符合后者。

例句6:帰国の時、「なぜ日本人は桜の下でしかリラックスできないのですか。」と何回か友達に聞かれたことがあります。私もこのような質問をまわりの日本人の友達に聞きました。みんなはほぼ異口同音に答えてくれました。「桜は一輪では目立たないのですが、一面になると本当に感動を与えてくれます。桜は日本という国だけでなく、日本人の心も表しています。桜の下に座ってはじめて安心感を覚え、本当の自分が見つかり、一年間溜まったストレスが解消できます。」

译文:回国时朋友屡次三番地问起:"为什么只有在樱花树下,日本人才能放松自己?"我也曾请教我周围的日本朋友们同样的问题,大家几乎是异口同声地回答我:"樱花,孤零零的一朵看上去并不起眼,但连成一片,会让人看着激动。樱花代表日本,更代表着日本人的心,只有坐在樱花的树下,人们才能感受到心灵的安宁,找到真正的自我,才能消除郁积了一年的精神压力。"

「かぎり」接在用言连体形后,表示限定范围,主句说明在这一条件下说话者的主观判断或意志。一般说来,它常接在动词否定式后面,相当于汉语的"除非……否则……""只要不……"。

例句7:住院十多天了,病情丝毫不见好转。像现在这样的情况,除非出现奇迹,否则恐怕是没救了。

译文:入院してもう十日間ぐらいにもなったが、容態がちっともよくならないようだ。今の状態では、奇跡が出ない限り、よくなる見込みがないようだ。

例句8:一枚の絵は、ただひとつの画像であるが、それは動き続ける現実の世界を切り取り紙面上に静止状態で凝固させたのであろう。人間は、生きている限り、思惟という活動を止めること

が容易にできない。だから静止画像も一種の流動する感性に変わりながら、われわれの感覚を刺激することがあるように思われる。

译文：一幅画虽然只是一个图像，却把动态的现实世界的横切面静态地定格在纸面上。人只要生活在这个世界上一天，就不能轻而易举地停止思维活动。所以，静止的图像却也会变成一种流动的感性，同时刺激着我们的感觉。

**例句9：** 400年たって、企業が禁煙令を出す時代になってきた。これは効き目がありそうだ。例えば大正製薬。新春五日の仕事始めから本社、支店、工場、研究所など全国16ヶ所すべての敷地内を完全禁煙とする。4 700人の従業員だけでなく、取引先など外部の人も対象だ。戸外であろうと、敷地内なら吸えない。

译文：400年过去了，到了企业发出禁烟令的时代了。这种禁烟令似乎起了作用。比如大正制药公司规定从新年1月5日上班开始，在总公司、分公司、工厂、研究所等在全国的16个地方的所有区域内全面禁止吸烟。这项规定不仅适用于4 700名公司职工，也适用于来公司的客户等外部人员。只要在这个区域内，即使是室外也不许吸烟。

**例句10：** 72時間。それが、地震で崩れた建物の下敷きになった人を救助できるタイムリミットだという。人が水と食料なしで生き延びられる限界だからで、ここを過ぎると、生存救出率は急激に下がる。92時間。これは、新潟県中越地震が起きてから、信濃川沿いの土砂崩れ現場で皆川優太ちゃんが助け出されるまでの時間だ。いわば、限界を超えた、奇跡的と言いたくなるような生還である。

译文：72小时，据说这是被压在地震震坍的房屋下的人所能够被救活的时间极限。由于这是人在没有水和食物的情况下所能够存活的极限，一旦超越此极限，抢救的生还率就会激剧下降。92小时，这是自新泻县中越地震发生以后，直到在信浓河沿岸的山体滑坡现场将2岁的皆川优太救出的时间。可谓超越了极限的生还

奇迹。

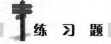
练 习 题

翻译下列句子

1. 伦敦的出租汽车车身很大,有点儿不雅观,但是结实安全。只要告诉他住址,就一定会把你送到目的地去。

2. 只要打两针青霉素,你的病就会好,没什么大不了。

3. 以前在广西有一个新春佳节忌讳进书店的风俗。因为中文里的"书"与"输"同音,人们都厌输,所以都不愿意花钱买"输"。近几年来,人们逐渐认识到只有买"书",增加了知识,才能摆脱"输"。

4. "活得潇洒些!"这句话说起来简单。但是并不说只要把表面装饰好就行了,我想说的是你自己一定要有坚强的意志,只有这种生活方式才能让周围的人理解你。

5. 美国人买东西就像是抢购一般,只要是所需要的,拿着就往车上一扔,往往看也不看。

6. 那家餐馆可以提供外卖服务,只要打个电话,他们就会把饭菜送上门来。

7. この事件で病院の管理面でのボロを露にし、厳しい教訓を残した。無防備な多くの命を守る手だてが十分ではなかった。人の出入りを、より厳しくチェックする必要があるが、監視カメラだけでも、万一の時に犯人を速やかに追う手がかりになる。

8. 東京で質屋の常連客となったのは、「地縁血縁のない上京者だった」。そう書いたのは、ドイツ文学者の故種村季弘さんだ。最近、三武さんの店には、アジアの国々からの「上京者」が目立つ。病気の母に仕送りしなければならない、などと聞かされると、つい多めに貸してしまうそうだ。

9. 日々、大勢の人の命をあずかっている航空会社が、内紛などにかまけていていいはずはない。日航には、しっかり立て直してもらいたいと思っていたら、今度は、低価格の運賃が売り物だとい

う航空会社で、問題が発覚した。新興のスカイマークエアラインズで、旅客機の機体に付いた傷を抜本的に修理せずに、期限を9ヶ月も超過して飛ばし続けていたという。いったん事故が起きてしまった時の惨状を考えれば、いくら小さな傷でも放置できないはずだ。

# 第十九章 假设关系复句的翻译

假设复句是分句间具有假设和结果关系的复句,即前分句表示假设,后分句表示由这一假设推导出来的结果。假设复句的典型句式是"如果……就……",前分句的形式标志"如果"可以换用"要是""假使""假如""倘若""若"等等,还可以说成"(如果)……的话"。假设复句在日语里,一般有如下几种形式可以对应:

① …用言仮定形＋ば…
② …用言終止形＋と…
③ …用言連用形＋たら…
④ …用言終止形＋なら…
⑤ …用言連用形＋ては…
⑥ …用言終止形＋には…

在叙述超越人的意志的逻辑和事实或真理时,使用「ば」「と」。如:「春が来れば、花が咲く」「冷蔵庫に入れておけば腐らない」,严格地说,只是客观地揭示某种条件和结果的关系,而不是设定某种具体的场面,表明在偏句的条件成立的情况下,主句毫无例外地随之成立。这种情况下两者是可以互通互替的。

**例句1**:如果妻子下班晚,丈夫先下班回家,不做饭就只好挨饿了。天长日久,丈夫就练出了好手艺。

译文:もし妻の仕事が終わるのが遅く、夫が先に仕事から帰宅するなら、食事を作らなければ空腹を我慢するしかないことになる。長い間のうちには、夫は繰り返し行うことによってかなりの腕を身につけるのである。

**例句2**:桜の開花日が等しい地点を結んだ線を、「桜前線」と

呼んでいる。前線が東京を通過するのは3月末ごろ。東北地方の大部分は4月。5月になると、やっと北海道の各地に至る。

　　译文：把樱花同时开放的地点连接成一条线，这条线叫"樱花前线"。前线通过东京大概是在3月末，东北大部分地区是4月份，到了5月份，才能到达北海道各地。

　　例句3：イギリスの経済学者マルサスは、18世紀末に出した『人口の原理』で述べた。「人口は、制限せられなければ、幾何級数的に増加する。生活資料は算術級数的にしか増加しない」。徐々にしか増えない食糧に対する、人口の爆発的な増加の勢いを印象づける表現だった。

　　译文：英国的经济学家马尔萨斯在18世纪末写了一本书叫《人口论》，在书中他这样说道："如不加以限制的话，人口将会以几何级的数量增加，而生活资料却只会以算术级的数量增加。"这句话给人们留下了这样一种印象：粮食的增加呈缓慢的趋势，而人口却急剧膨胀，势不可当。

　　上述几例都是表示一般的情理，前项的条件成立，后项的结果也就自然而然地成立。同时由于是一般情理，前项与后项都用现在时。

　　另外，如果正句要表示说话者的主观意识（希望、决心、命令、意志、判断），那么只能使用「…用言仮定形＋ば…」，与之呼应的词语有「…だろう」「…動詞未然形＋う（よう）」「…てもよい」「…かまわない」「…てください」。

　　例句4：干什么事如果事先有准备，临阵就不会手忙脚乱。

　　译文：何をやるにも、あらかじめ準備しておけば、その場になって慌てなくてもよい。

　　例句5：我的爸爸因这事十分愤怒，有一次竟说若再逃学、说谎，便要砍去我一根手指。

　　译文：私の父はこのことにたいへん立腹していた。ある時父は私がもしまた学校をサボり、うそをついたら、私の指を一本切り落とすなどと言ったものである。

　　例句6：私たちは今、おそらくは太古の時代からほぼ増え続

けてきた人口のグラフの頂点に立っている。これからあとは、右下がりに減ってゆく。現在の1億2 800万の人口が、このままだと、2100年には6 400万になるという。人口がそのくらいだったころを過去にさがせば、あの大恐慌が始まった昭和4年、1929年から翌年あたりになる。

译文：我们现在恐怕是正站在自太古以来几乎是持续增加的人口曲线图表的顶峰上，而从现在开始，这条曲线就会向右下角的方向递减下去。现在的人口是一亿二千八百万，照这样发展下去，据说2100年将减少为6 400万人。回顾与这个人口数大体相当的年代，竟然是那个开始出现大恐慌的从昭和4年（1929年）到翌年的那段年月。

例句7：桜を「輸入」花とすれば、牡丹は中国の原産だと言えよう。牡丹は山東省荷澤と河南省の洛陽に多い。西園寺先生が訪れた済南から西に3時間ぐらい行ったところに荷澤がある。花咲く季節になると、果てしない花の大海原が広がり、東西南北から観光客が次々に押し寄せる。満開の牡丹は人々に我を忘れるほどの喜びを与えてくれるのだ。

译文：如果说樱花是"进口"花，那牡丹就是中国原产了。牡丹以山东菏泽和河南的洛阳为多。从西园寺先生到访的济南，西去三个小时就是菏泽。花开时节，一望无际，天南海北的游客摩肩接踵，盛开的牡丹给人们带来了忘情的欢乐。

例句8：要不是听到那么绝情的话，他绝不会喝得烂醉如泥的。
译文：あんな薄情な話を聞かなかったら、こんなに酔っ払うまで飲んだりしなかったに違いないよ。

这一例表示的是与事实相违背的假设条件和结果，或者说是超现实、超事实的条件和结果。就是说在偏句中提出一个与实际发生或存在的事实截然相反的假设条件，正句陈述在这一特定条件所必然引起的结果，这种超现实、超事实的假设可以用「…たら」「…たなら…」来翻译。

例句9：有个朋友曾对我说："假如人的记忆是一个抽屉，我劝你

把你的抽屉好好地理一下。"话里的意思是那抽屉太杂乱,太满了。

译文:ある友人がかつて私にこう言った。「もし人の記憶が一つの引き出しだとしたら、私は君が引き出しをきれいに片付けることを勧めるよ。」その話の言わんとするところは、引き出しの中が乱雑にすぎ、溢れてしまっているということであった。

"人的记忆"和"抽屉"原本是两种风马牛不相及的东西,原文中运用比喻的修辞手段把它们联系起来,实际上是一种超现实的假设,而这层意思正好可以用「もし…だとしたら」译出。

「ては」在表示假定的意义上与「ば」或「と」基本相同,但是与之相比,「ては」只限于用在表示消极或不良结果的场合,而不能用于表示积极或良好结果的场合,因此,汉语句子若是带有消极含义的结果,就可以用「ては」译出。

**例句 10:在社会日益进步的今天,做好一个女人是件十分困难的事。学历过低的话,不要说找工作,将来教育孩子也是个问题;而学历过高,又难以找到合适的爱人。**

译文:社会がどんどん進歩してきた今日では、立派な女になろうということは、相当難しいことだ。学歴が低すぎては、仕事を見つけるのはもとより、将来子供の教育にしても大変なことだが、学歴が高すぎては、自分に合うような結婚相手を見つけるのがなかなか難しいことだ。

「には」在表示假定的用例不多见,一般只限于与「なし」的搭配。「には」本身不表示假定,而只是表示"在……方面",有时可以用来翻译汉语句的"如果没有"的假定句。

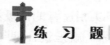

## 练 习 题

翻译下列句子

1. 因为西红柿营养丰富,水分又多,细菌一旦在它里面安家落户,它很快就会腐烂。

2. 如果蒸的时间太长,西红柿就不能保持原来的色泽;蒸的时

间太短，又不能保证将细菌全部消灭，还有腐烂的可能。

3. 我觉得如果不多跑几家公司，就不可能找到适合自己的工作。

4. 倘若有来生，我依然要做你的女儿。不过我要健康、快乐地生活，不会让你如此地牵挂。

5. 要是早来十分钟也不至于误了末班车。这么晚了，看来只能打的回去了。

6. 以前在餐馆里要啤酒时，如果不先问一句"有没有冰啤酒？"端上来的一般是不冰的啤酒。如今，无论在哪家餐馆都能喝到冰镇啤酒了。只有冰镇的啤酒才是真正的啤酒似乎习以为常了。

7. 试想一位身高一米五六的小姐穿上的话，就会在视觉上产生修长而美丽的效果，而这种效果正是借助松糕鞋这个道具而实现的。

8. 毎年3月になると、春風が吹き始め、人々の間では必ず「今年は桜がいつ満開になるかなぁ」という話題が出てきます。3月下旬に入ると、毎日テレビなどの「桜前線」の報道を聞き、人々は首を長くして、真冬の後に一番早く咲いてくれる花の満開を待ちます。

9. 居場所というのは、大人にとっても、子どもにとっても同じ意味を持つ…自分の家には居場所がないと感じている親がいるとしたら、間違いなくその子どもも自分の家に居場所はないと感じているものだ。

10. 時代は発展するものである。先生がおしゃったように、社会も人間も少なからぬ変化を起こしている。ただ、一つだけ変わらないものがあると言えるなら、それは、日本人の桜に対する熱い思いであり、中国人の牡丹に対する一途な思いだと言えよう。

第十九章

# 第二十章 目的关系复句的翻译

目的复句是分句之间具有行动和目的关系的复句。目的复句的典型形式是前分句常用"为了……""要"开头,后分句常用"……以便……""……以免……",有时也可说成"以、借以、用以、好让、让"等。日语中与其对应的形式有:

① …用言連体形+べく…
② …用言終止形+には…
③ …用言連体形+ために…
④ …用言連体形+ように…
⑤ …用言連体形+の+に…

**例句1**:为了让后面的学生也能听得清楚,在大教室上课时必须得用麦克风。

译文:後ろの学生たちにもはっきり聞こえるように、広い教室で講義をするとき、マイクを使わなければならないのだ。

**例句2**:为了把孩子们培养成适合社会发展的人才,好多家长从幼儿时期开始就十分注重对孩子的培养。

译文:子供たちを社会の発展に役立つような人材に養成するために、多くの親たちは、幼児期から子供たちの教育を、大変重視しているのだ。

这两个例句中,前分句表示目的,后分句叙述为了达到其目的的措施。表示目的应用助动词「べく」、「ため」。「〜べく」用于像「当然しなくてはならないと思うこと」、「〜しようと考えて」等的意思。因此,「〜べく」与表示目的的「〜ために」可以替换。但「〜べく」句型中含有理所当然的义务,而非个人的意志这样的语感。

例句3：写文章时为了让读者容易理解，要顺着说话的次序，一层一层地写下去，应该先说的写在前面，应该后说的写在后面，这样就不会颠三倒四，有头无尾。

译文：文章を書く場合は、読み手が肩を凝らずに読めるように、話の順を追って順々に書いていくこと。先に述べるべきことは先に書き、後で述べるべきことは後に書く。そうすると、話があちこちにとんだり、しりきれとんぼになったりすることはない。

例句4：つい先日、日本沖縄の某高校生からわれわれのところにお手紙が届き、牡丹の栽培方法を尋ねられた。彼が通っている学校は中国の学校と姉妹校を結んでおり、彼らが桜を送ったら、中国から牡丹の種が送られてきた。どうしてもこの牡丹を無事に咲かせるように、手紙で牡丹の種からの栽培方法を尋ねようとしたのである。

译文：就在前两天，我们收到来自日本冲绳一位高中生的来信，询问牡丹的栽培方法。他们和中国的学校结成姐妹校，他们给对方送去了樱花，对方回赠的是牡丹种子。他们一心想使牡丹绽放出花朵来，特来信询问打种子开始的栽培方法。

例句5：「ほのぼのした」という語句を説明していたときのこと。学生たちがイメージをつかめるようにと、この語句が当てはまるような情景はどのようなものかを学生たちと話し合っていました。このとき学生たちから挙げられた「ほのぼのした」情景は、「春の暖かい日におじいさんとおばあさんが一緒にお茶を飲んでいる情景」、「田舎・牧場」、「犬を連れた親子がのんびり散歩している情景」など。そんな平和でゆったりとした例がいくつか続いた後、ある学生から「先生、ほのぼのローンはどうですか」という声。「ほのぼのローン」とは、ある金融会社がコマーシャルのキャッチコピーとして使用している言葉です。暖かさやのんびりした感じ、やさしいイメージとは結びつきにくい金融業界が、敢えて近づきがたいイメージを隠すために、「ほのぼの」という言葉を使ったのではないでしょうか。

译文：这是我讲解「ほのぼのした（暖融融的）」这一词语时的事情。为了让学生形象地把握该词语的含义，我和学生们一起讨论它最能联想出的情形。这时，学生们列举的"暖融融的"情景有："在春天暖和的日子里，老爷爷和老奶奶在一起喝着茶"；"乡间与牧场"以及"家长和孩子一起牵着狗悠闲散步"等等。在列举了几个和平而安逸的例子之后，一个学生问道："老师，那'让您感到温暖的贷款'也属于这种情形吗？"所谓"让您感到温暖的贷款"，是一家信贷公司在做广告时使用的吸引人的词句。信贷行业在人们的心目中是很难与温暖、悠闲的感觉以及和蔼的印象联系在一起的，之所以使用了"感到温暖"一词，我想大概是为了掩饰其难以接近的印象吧。

例句6：メーカーが売れ残ったり傷が付いたりした自社製品を、安い値段で売るために作った直営店を「アウトレット店」と言います。「アウトレット」というのは、もともと米国で始まったシステムですが、日本でも衣類、食器、日用品、スポーツ・アウトドア用品など、いろいろなメーカーのアウトレット店がここ数年の間に、できてきました。

译文：厂家为了低价销售自己积压或者有瑕疵的产品而成立的直接经营的商店称为直销店，直销店这种经营方式原本是由美国兴起的，但是最近几年在日本也出现了各种各样的直销店，包括服装、餐具、日用品、体育用品等。

例句7：受験生の遅刻といえば、去年、列車を乗り違えた生徒を助けるため、東北新幹線が通過駅の宇都宮に止まった。JRには賛否の声が寄せられた。8割は「心温まる話」と好意的だった。残りは「甘すぎる」「不公平だ」。

译文：提起考生迟到的话题，叫人不由得想起在去年东北新干线为了帮助坐错了车的学生，在本不该停的宇都宫车站停车的事。于是，褒贬不一的各种反应一齐飞到了JR（注：JAPAN RAILWAY 原日本国有铁道）。其中8成是善意的，认为"体现了人间的温暖"。其余的则觉得"太迁就了""对其他乘客不公平"。

例句8：本番中に問題を聞き直すことはできない。勝負は一

度きりだ。思わぬ騒音で気が散り、「電池切れ」を起こす受験生がいないとも限らない。せっかくの勉強の日々が悔し涙で終わらぬよう、今度の土曜の夕方、会場近くの方々はどうかくれぐれもお静かに。

译文：正式考试时试题是不能重听的。胜负在此一举。然而，难保没有考生因意外的噪声而分散了注意力，从而导致"思维断电"的现象。所以恳请下周六傍晚在考场附近的诸位，一定要保持安静，以免有的考生在憋屈的眼泪中结束寒窗苦读的日日夜夜。

**例句9：医療関係者は広く市民に対して、衣服の加減、体の鍛錬と抵抗力の増強に注意し、日常の学習や仕事に支障をきたさないよう呼びかけている。**

译文：医生提醒广大市民注意增减衣服、加强锻炼、提高抵御疾病的能力，以保证正常的学习、工作和生活。

## 练 习 题

翻译下列句子

1. 他为了能够拥有自己的房子而在拼命地节省。

2. 上海悄然掀起了网球热。许多上海人将打网球视为一种高雅的社交活动。为了让未来的"生意人"——大学生学会这种独特的社交本领，上海各大学新修了网球场，成立了网球运动部。

3. 碰到不会写的字，为了节约时间，避免打断思路，可以先空在那里，或画上个圆圈。等到写完了，再查字典，或问别人，把它补进去。

4. 写文章要用大家口头常说的普通话写，不要自己生编硬造或使用家乡话，以免叫人家看了莫名其妙。

5. 为了获得广大选民的支持，讲解时要使用老人、孩子们容易听得懂的词句。

6. 为了将来不后悔，趁年轻好好学。学习是为了你自己！

7. 被告曾利用欺骗、贿赂等各种手段进行活动，以达到其目的。

8. 別の私大のベテラン教員は、一昔前のこんな話を教えてくれた。辞書の持ち込み可でフランス語を訳す試験を行ったところ、ある学生は仏和辞典だけでなく、国語辞典も持ち込んだ。訳文に正確さを期するためだった。これまた失われた風景だという。

9. イチローといえば振り子打法だが、本人はその打撃フォームは毎年少しずつ変えていた。大リーグに移ってからはアメリカのスピードに対応するために大きく変えた。

# 第二十一章 多重关系复句的翻译

汉语中有两个或两个以上层次的复句叫多重复句。多重复句的一个或每个直接组成部分本身又是复句形式,即复句中包含着复句形式,一层套一层,整个复句在结构上就形成了两个或两个以上的层次。多重复句与一般复句相比,分句多,层次多,结构复杂。翻译时不能急于下手,首先要分析清楚原文的结构层次问题。在对一般复句分析的基础上,用层次分析的方法,逐层剖析,以便在弄清其结构层次关系及各分句间意义关系的基础上,确定复句的类型,准确理解多重复句所表达的较一般复句更为丰富的意义内容。然后考虑适当的译词。

例句1:与大阪和京都的农村相比,//东京的农村简直是尚未开发,///而且显得格外贫瘠。/不过,伊豆的生活还比较好过。

译文:大阪や京都の田舎に比べると東京の田舎はまるで開けていません。そして余計に瘦せているようです。ところが、伊豆は生活が割合楽のようです。

例句里有三个关系层次,第一个关系层次表示转折,第二个层次关系表示假定,第三个层次表示递进。弄清了关系层次,就为我们找到日语中相对应的关联词并译好整个复句做好了铺垫。

例句2:这宝贵的友谊之所以多是由青少年时代建立起来的,//大概是因为在青少年时代各自都能诚实地面对人生,////从而在生活中也能诚实地暴露自己,///所以在彼此的交往中,彼此以诚相见的成分也就多。/换句话说,也就是因为在青少年时代,以自私的、功利的思想与人交往的成分,要比在成年人的社会少。

译文:こういった尊い友情が若いときに作られることが多いということは、そういう若い時代には各自が素直に人生に直面し

ており、したがって素直な自己ををさらけ出して生きているので、心と心が素直に触れ合うことが多いからでしょう。言い換えれば、青春の時代にあっては、打算的・功利的な考えで人と交際することが、大人の社会に比べて少ないからでしょう。

　　例句3：另外一种情况是：这样说确实不符合一般规律，//可是确实有人说，///而且多数人都认为可以这么说。/这就不能算是错误，只能说是"例外"。

　　译文：もう一つの状況は、このような言い方は確かに一般的な法則には合わないのだが、言う人が確かにいて、その上、多くの人が皆このような言い方ができると認める、というものである。これは誤りだとは見なせず、「例外」であるとしか言えない。

　　例句4：要是真的成了仙，那可是享受不尽的清福啊。就是成不了仙，//学会点法术，/将来身不动膀不摇的就不愁吃不愁喝，//要什么有什么。

　　译文：もし本当に仙人になれたら、そりゃもう安楽に暮らせるってもんだ。たとえ仙人になれなくても方術を少しばかりマスターすれば、行く先は働かずにじっとしていても飲み食いを心配することもないし、欲しい物はなんでも手に入る。

　　区分多重复句和一般复句，关键看是否有两个或两个以上的层次，至少要有三个分句。但三个以上的分句并不一定都是多重复句。因为并列、承接的一般复句常有三个以上分句组成，递进、选择关系("取舍"除外)也偶有一进再进和多项选择的。分句再多，但只要是一个层次，仍是一般复句。

　　例句5：日本人对逻辑敬而远之，特别喜好联络感情。讲逻辑一般是在书本和讲义中，在研究室，在律师的工作中，而不在沙龙、茶室、饭馆和酒席上。

　　译文：日本人は論理よりも感情を楽しみ、論理よりも感情をことのほか愛するのである。論理は本や講義の中にあり、研究室にあり、弁護士の仕事の中にあるのであって、サロンや喫茶店や、食卓や酒席には存在しない。

本例句是写同时存在几种情况的并列复句,用日语表达时,各分句之间可用中顿的方式连接。

**例句6**:**小学校でも教えられる史実だが、専門的研究者は他分野に比べて少なく、まとまった研究書も多くないのだそうだ。深く研究すると、日本の古代や中世の政治や文化の基盤が、ほとんど中国からもたらされた事実が明らかになり、自国の優位性を強調する戦前の風潮に合わなかったからだともいう。なんと狭量な学問的姿勢だろう。**

译文:日本的小学校也在教授这些史实,然而与其他领域相比,这方面的研究者很少,完整的研究著作也不多。原因在于,如果深究的话,日本的古代和中世的政治、文化基础基本上都源自中国的事实就会大白天下,这不符合战前强调本国优越性的潮流。多么狭隘的学术姿态啊。

**例句7**:**中国語の授業や補習は、ネイティブの先生と日本人の先生とチームティーチングなので、発音の微妙な違いを丁寧にチェックしてもらえたり、中国の文化などについても説明を受けられたりします。**

译文:因为汉语课和补习课由中国人老师和日本人老师联合授课,所以不但发音中微妙的错误能得到耐心的纠正,而且可以学到有关中国文化方面的知识。

**例句8**:**経営が行き詰まった会社が再生するには、必死で生まれ変わるしかない。それでも、倒産するところがある。日航には、すべてひっくるめて2兆円にものぼる有利子債務があり、客離れも進んでいる。今のままでは、先が危うい。**

译文:走进死胡同的企业要想得到新生,也许只有彻底脱胎换骨。不过有些企业还是难逃破产厄运。日航公司一共有2兆日元的有息债务,而且客源在不断流失。照此下去,前途堪忧。

**例句9**:**東京都世田谷区にある重症心身障害児の通所施設「あけぼのの学園」でも今週、成人式が開かれる。今年お祝いする2人のうち、1人が山下さんだ。この20年間に、山下さんは知的な成長**

第二十一章

を確実にしてきた。だれも教えていないのに、テレビを見たいときにはテレビに視線を向けて声を出すようになった。ビデオが終わりそうになると、声を出して家族を呼ぶ。

译文：本周，东京都世田谷区重症残疾儿童机构——"曙光学园"也将举行成人仪式。在今年参加冠礼的2人中，其中1人就是山下。这20年来，山下的智力一直在稳步发展。想看电视的时候，知道将视线对着电视机，并出声示意；录像放完了，会发出声音呼喊家人。这些事谁可是都没有教过。

例句10：

女：这工作确实不错，陪着客人吃吃喝喝、说说笑笑、唱唱跳跳，就能挣这么多钱。男人可真有意思。

男：他们哪，高兴的时候像绵羊，//一翻脸///就会变成魔鬼！/你可不能小看男人。

译文：

女：ここの仕事はいいわ。客について食べて、飲んで、しゃべって笑って歌って踊って、それでこんなに稼げるんだもの。男の人っておもしろいわね。

男：男の人を軽く見ちゃだめよ。彼らは、喜んでいる時は羊のようだけど、怒り出すと鬼のようになるからね。

例句11：在中国，家务活往往是妻子和丈夫分担的，/妻子做饭，///丈夫洗碗；//妻子洗衣，///丈夫扫地；//妻子管孩子吃穿，///丈夫送孩子去托儿所，类似这样的分工很普遍。

译文：中国では家事は妻と夫で分担するもので、妻が食事の用意をすれば夫は食器を洗い、妻が洗濯すれば夫は掃除をし、妻が子供の着る物や食べ物の世話をすれば、夫は子供を託児所まで送っていく——こういった仕事の分担はかなり一般的である。

例句12：他和死神也打了好几次交道，/死神对他已不感兴趣了，//他对死神也满不在乎了。

译文：彼は死神と何度も付き合ったことがあるため、死神も彼にはもう興味を感じていなかったし、彼も死神のことは全く意に

介していなかった。

例句 13：長いこと、人々は中国人の背丈は日本人より高いと思い込んできたが、最近になって、中国人の背丈が日本人より低くなったと言われている。中国国家スポーツ総局の調査によると、中国人の成人の身長は全般的には伸びる傾向にあるが、その伸び幅は日本の同じ年齢の人より倍以上低い。中国の40歳以上の男性は日本の同じ年齢の人の身長の平均値より1.2センチ高く、39歳未満の男性は日本の同じ年齢の人より0.68センチ低い。中国の女性の成人の各年齢層の身長はいずれも日本の同じ年齢の人より高いとはいうものの、年齢が小さくなるほど、その差が小さくなってきている。

译文：长期以来，人们都认为中国人比日本人高，但是，近来却有中国人的身高已低于日本人的说法。据中国国家体育总局调查，中国成年人的身高在总体上呈增长趋势，但增长幅度比日本同龄人低一倍以上。中国40岁以上男性比日本同龄人身高的平均值高1.2厘米，39岁以下男性则低于日本同龄人0.68厘米。中国女性成年人各年龄层的身高仍然高于日本的同龄人，但是，随着年龄的减小，差距也越来越小。

## 练习题

翻译下列句子

1. 他才三十出头，而且没什么学历，但是他非常认真负责，所以社长总把一些重要的工作交给他。

2. 古语说："临渊羡鱼，不如退而结网。"一旦我们在国外发现自己国家不如人的地方，不单是望人家吞口水，替自己流眼泪就能解决的。

3. 现在学生谈恋爱，不仅不怕别人知道，而且有故意让人知道的心态，甚至有人向人炫耀有了异性朋友。

4. 她认为不该花的钱，就是磨破嘴皮也不支出一角一分。她总是苦口婆心地说："父母的钱也是血汗钱啦，节俭是一种美德啦……"

5. 这家医院设备很好,医生也没什么可挑剔的。要说有什么不满的话,就是住院费贵这一点了。

6. 说他脑筋灵活好呢,还是说他很有才气好呢,总之他确实很优秀,但也不是一点问题都没有。

7. 这些白领们一般都会点儿外语,但不算纯熟,在外国人面前说话喜欢外语里掺汉语,在同事面前说话喜欢汉语里夹外语。所以外国人看他们是中国人,中国人看他们有点像外国人。他们一般都对一心向往的国度耳熟能详,说起纽约、伦敦就像说自家的阳台。

8. 反正没做亏心事,即使被人看到也不用怕。

9. 我爱花,所以也爱养花。只不过没有工夫去作研究与试验,因此我还没成为养花专家。我只是把养花当作生活中的一种乐趣,花开得大小好坏都不计较。只要开花,我就高兴。在我的小院中,到夏天,满是花草,地上没有小猫儿们的运动场,它们只好上房去玩耍。

10. 每篇文章都有它的主题,比如一篇小说,读完以后,应该想想,作者究竟想说什么。

11. 南でもイケスを泳いでいる魚介類を自分で選んで食べさせる海鮮料理屋があるが、確かに蒸したり炒めたりだった。「用心深いのかな」とも思う反面、東京で刺し身に目がない中国人を見ると、頭の中が混乱してしまうのだった。

12. 街路樹はまだ殺風景なのに、ウインドーをみていると、春の兆しを感じる。受験に、引越し準備に、卒業旅行計画など気忙しい学生達。春が待ち遠しい人が多い。そして、春になると幸せと感じる人がほとんどだ。「幸」という字は、藤堂明保文学博士によると「罪人の手にはまる手かせを描いた字。手かせをはめられる危険から逃れることをあらわす。あやういところで助かり幸せだと思う様子」だそうだ。確かに、春は苦しい受験や就活から逃れた仕合わせの時。

# 练习篇

1. モネはポプラ並木をたびたび描いた。よく知られるのが1891年制作の「4本のポプラ」だろう。伐採される予定だったのをお金を出して延期してもらい、描き続けたといわれる。水辺に立つポプラのほっそりとした幹だけが描かれている。水面に映る幹とつながって画面を区切り、一見幾何学的な構図だ。しかし、木と水の微妙な揺らぎが伝わってくる、モネらしい繊細さをたたえている。4本のポプラの最後の姿であり、遺影ともいえるだろう。

2. 盗難車を売りさばく闇のルートもあるらしい。レバノン元首相が自動車爆弾で暗殺された事件では、神奈川県相模原市で昨秋盗まれた日本製トラックが使われていた。警視庁の鑑識課員が国連調査団に加わり、残された破片から持ち主を特定した。

3. 盗まれた車の運命をたどるのは難しいが、正規の輸出分だけで年間約110万台にのぼり、行き先は熱帯から極北まで世界160カ国に及ぶ。職場や家庭で慣れ親しんだ車の余生である。願わくは、戦争や暗殺とは無縁の平和な仕事に就いてほしいものだ。

4. 在休息室候诊的时候,我突然听到诊察室里传出婴儿的哭声和有人用汉语交谈的声音,引起了我的好奇。十分钟后,一个年轻的母亲抱着一个婴儿出来了。我试着用汉语和她交谈,她果然是中国人。她很吃惊我会说汉语,然后告诉我她是从哈尔滨来的,小宝宝是在日本出生的,现在只有十个月大。她发现小宝宝的背部有点弯,很担心,所以带小宝宝来看病。医生说新生的婴儿都这样,没有问题,不必太紧张。年轻的妈妈一边拍着宝宝,一边轻声地和我说话,脸上充满了慈爱。这时候,我被这位母亲的爱子之心深深打动了。

5. 東武によると、30代の運転士で、埼玉県から千葉県へ向かう普通列車を運転していた。この乗務で勤務が終わる予定だった。途中駅で、運転士の妻が長男と2歳の長女を連れて先頭車両に乗り込んだ。

父親の姿に興奮したのか、男児が運転室のドアをたたき「パパ」「パパ」と声をあげた。妻はむずかる女児を抱きかかえて手がはなせない。注意しようと運転士がドアを細く開けたすきに男児

は運転室に駆け込んだ。連れ出そうとすると、泣いてしゃがみこむ。約4分の子連れ運転となった。

6. イスラム教の預言者ムハンマドの風刺漫画が欧州の新聞に掲載されたのをきっかけにして、イスラム各国で反発が広がった。最初に漫画を掲載したデンマークなどの大使館が放火され、デモ隊に死傷者が出たとの報もあった。

掲載された漫画の一枚では、ムハンマドが、導火線に火のついた爆弾型のターバンをかぶっている。イスラム教の信者が、この「危険人物」扱いに抗議したいのは分かるが、大使館への放火や、死傷者が出るような騒ぎにまでなったのは残念だ。

7. 这是一篇中国女大学生的文章。父母离婚后和父亲过着平静的生活,但是15岁的时候,父亲和一位日本女性再婚了。结婚典礼那天,她牵着被称为小白的小狗离开了家。父亲说:"不想叫妈妈的话,可以叫阿姨。"可是她仍然冷漠地拒绝了。她不允许继母碰自己的东西和小白。

临近音乐学院的升学考试时她得了一场大病住进了医院。继母输了血给她。苏醒以后看到继母疲惫的笑脸,她内心受到了极大的震撼。去音乐学院的时候,拜托继母来照顾小白,继母流泪了。她决心寒假回家时一定要叫她妈妈。

寒假回家的时候"妈妈"已经不在了。继母带着小白去接女儿的时候,为了追赶快速奔跑的小白,出车祸去世了。在她的日记上记载了期盼着那一天的喜悦心情。文章的结束语是"继承母亲的遗志成为中日友谊的桥梁"。

8. ロイター通信による印象的な写真があった。屈強な警官隊が金属の盾を持って列をなしている。ヘルメットに雪が降りかかる。女性がひとり、手を盾の方に差し出す。指先にはさんだカーネーションを盾の小さな丸い穴に差し込む。一つの盾に一つずつ、カーネーションが植えられてゆく。

先のウクライナ大統領選では、「親ロシア派」の首相が当選とされた。女性は、選挙の不正を指弾する「親欧米派」の元首相の支

持者という。「盾と花」は、力での衝突に至るかどうかで緊迫する現地を象徴していた。

9. 駐日大使に赴任したのは77年。氏が自らコーヒーを入れるここに、当時はまだ一般的だった日本女性のお茶くみの慣習への抗議の意味が込められていたという。そのお茶くみの習慣は、それをさせられる人をおとしめると彼は考えた。「私がコーヒーを入れることで、彼女たちの立場を楽にしてあげたかった」と著者に語っている。

10. 中国の科挙の時代にも、カンニングはあったという。宮崎市定著『科挙』には、『四書五経』や注釈、70万字以上がびっしりと毛筆で書き込まれたカンニング用の下着の写真が載っている。

11. 茫然とたたずみ、涙を流す12歳の少年の姿が何とも痛々しい。目の前で両親と弟が津波にさらわれ、一人助かった杉本遼平くん。安否不明のお母さんがどこかで生きていてほしいと願うばかりだ。

12. 要交朋友,因特网是个便利手段——我想说的不是这点。说真话,已经不想多结识人了。到了这个年纪,和人交往有时甚至觉得有些麻烦。

但是,遇到一种坚强的志向,身心就会不由自主地做出反应。我想说的是,同志出真朋。强大的志向,能够打动许多人,吸引他们,终成挚友。志向是一种普遍的力量,远远大于因特网,可以超越国籍、年龄、性别、职业等因素,把人联结在一起。

13. 日本では家庭論争が比較的少ないのは、亭主が家へ帰る途中で駅前の飲み屋に立ち寄って一杯引っかけて、そこの女将さんにうさをはらしたあとで帰宅するからだという奇妙な説を出す人がいます。

14. アウトレット店はメーカーにとって、売れ残った商品や傷が付いた商品を、売ることができるし、消費者にとっては、気に入った物があれば格安で買うことができるというメリットがあります。日本では長引く不況の影響で地価が下がったこともあり、大

型のアウトレット店が相次いでオープンしていますが、どの店も売り上げは好調だということです。

15. 中国と違い、日本の学校は4月に始まる。小学生になった子供と親たちが手をつないで入学式に出かけ、桜咲く校庭で記念写真をとるのは、昔から変わらない日本の風物詩だ。

16. 八泊九日の旅の間、重要な交通手段は大型観光バスであった。あのバスの閉ざされた空間から、中国の日常を見下ろす。すると、見慣れない雰囲気の町並みやら、知り合いの誰かと似たような顔が、目に飛び込んできたり、消えていったりする。それはまるでテレビの大画面から異国の風景を楽しむような、私とは違う世界がガラスの向こうに在るのだと思わせるような、現実感も危機感もない娯楽みたいなものだった。

17. その違和感を感じなかった瞬間があった。家庭訪問先に向かうタクシーの車中であった。いつものバスからの風景とは違い、チャリと排ガスとクラクションとの混沌の中、実に生き生きとした上海の街を走っていた時。中国の人々の目線と同じ高さでやっと何かに触れた気がした。

今考えると、心のどこかに巣食う日本人の優越感と背の高いバスから風景を見下ろす姿勢がどこかリンクして、中国の姿を真正面から捉えられない自分がいたのではないか。同時にそんな自分に抵抗する心もあって、あの違和感が生まれたのかもしれない。

18. 有很多同学将来想从事与汉语有关的工作，我也不例外。因为我将来想当一名汉语老师，所以想进一所外语考试可以考汉语的大学。但因为没有高考复习用的语法书和参考书，再加上外语考试允许选择汉语的大学屈指可数，还有一定的困难。我认为无论是教材还是大学，可以选择的范围越广，前景就越开阔。我希望汉语学习能进一步地渗透到教学机构中去。

19. 女性は命を創造し、生命を育むことができる。これが男性と根本的に違うところだ。10ヶ月間妊娠し、出産、子育てを体験する女性は、その経験を通して一つまた一つ成長してゆくのだと

言える。そしてそれと共に人間性もゆっくりと成熟してゆくのだ。母親になる一つ一つの過程は、女性が成長してゆくための、いはば節目の連続なのである。

20. このようなロボット兵器はカートくらいの大きさの胴体に、暗視装置付きのズームレンズを積み、機銃を装備する。荒れ地を乗り越え、鉄条網も突破する。こんなものに追っかけられたら、たまらない。

ロボットには食料も訓練も必要ない。攻撃されても、機械がこわれるだけだ。イラク戦争の泥沼化で犠牲者が止まらず、採用兵員が募集目標を下回り続けている米軍にとっては、兵士の代用にもなる。

愛知万博では、トランペットを吹くロボットが人気者だ。今や、お掃除ロボットも現れた。そんなニュースの中で、戦闘用ロボットの話は気持ちを暗くさせる。

21. アインシュタインは、1922年、大正11年に日本を訪れ、1ヶ月余滞在した。「相対性博士」は各地で講演し、大歓迎を受けた。帰国に際し、朝日新聞に謝辞と希望を寄せた。

「特に感じた点は、地球上にも、まだ日本国民の如く謙譲にして且つ実篤の国民が存在してゐることを自覚した点である」。山水草木は美しく、日本家屋も自然に叶い、独特の価値があるので、日本国民が欧州感染をしないようにと希望した。

その日本国民と山河とを、後に原爆が襲う。ナチスが先行するのを恐れて、原爆の開発を米大統領に進言する手紙に署名したことを悔い、戦後、平和を訴え続けた。そして50年前の4月18日、76歳で他界した。

22. ポプラの語源はラテン語のポプルス（人民、人々）だという。古代ローマの人々はその木陰でよく集会を開いた、と伝えられる。だからというわけではないだろうが、ポプラはしばしば人の姿に擬せられる。寿命も60—70年といわれ、人間に近い。

23. 最近では、日本の人口を超える客を年ごとに運びながら、

東海道新幹線が今月、開業40周年を迎えた。地球から太陽までを5往復したことになるという。
　列車あたりの平均の遅れは、10秒にまで短縮された。正確さを追求してきた人たちの努力のたまものだろう。そして何よりも、この間、衝突のような事故が全く無かったことに安堵（あんど）させられる。

　24. 19世紀のパリで活躍した画家オノレ・ドーミエの代表作の一つ「ガルガンチュア」だ。大食漢になぞらえて政権の腐敗を痛烈に皮肉ったこの風刺画は、検閲にひっかかったが、ドーミエの名を世に広めた。国王ルイ・フィリップが、巨人のようにどっかりと王座に座っている。その大きく開かれた口に、下の方から次々に国民の税金が運び込まれてゆく。王座の周りには、うまい汁を吸おうという議員や高官が群がっている。

　25. 8年ほど前、ある運送会社で社員に髪を黒く染め直させようとしてもめたことがあった。髪を黄色く染めた若手を、上司が「取引先に印象が悪い」と説得した。社員は「好みの問題」と譲らず、3週間やり取りした末に解雇される。社員が訴え、争いは裁判の場に持ち込まれた。「染髪で社内秩序が乱されたというのは大げさ。解雇権の乱用だ」と会社側が敗れている。

　26. 閉まりかけたドアをこじあけて、男性が乗り込む。すぐ車内に車掌の声が流れた。「駆け込み乗車はおやめ下さい。そんな乗り方でけがをした時はお客様の責任です。」
　先月初め、JR中央線の電車が東京の国分寺駅を出た直後のことだ。乗り合わせた客が「寄せた言い方だ」と苦情を寄せた。JR東日本は事情を調べ、「好ましくない放送だった」と車掌に注意した。乗務歴30年近いベテランだった。

　27. 許せないのが傘の持ち方の下手な奴だ。傘の真ん中あたりを握り、先の部分を後ろにして地面に平行に持って歩く人。これには腹が立つ。すぐ後ろを歩いている人間はたまったもんではない。いつブスッと刺されるか分からないからだ。

**練习篇**

28. 1世紀近くを経た今、若い人たちの中から新しいアイドル——歌手安室奈美恵が現われた。彼女がレコーディングしたCDの売上げ枚数は毎回記録を更新した。97年秋、彼女は記者会見で、自分が妊娠していて近く結婚すると発表した。そして、出産準備のため、1年間歌手としての活動をしないとも言った。その記者会見のあいだじゅう、彼女は満面、幸せそうな笑顔で溢れていた。それはまさに、母親になる喜びの表情だった。その後98年5月、安室奈美恵は無事に男の子を出産し、また話題になった。

29. しかし、すべての女性がこの点を認識しているわけではない。日本女性の中には安室奈美恵と正反対の人も多い。若者の中では今、母親になりたがらない風潮が広がっている。多くの若者が「子供はいらない」「子育てはめんどうくさい」と明言している。その一方で彼女たちは大量の宝石類を買い、流行のファッションを追うことに命を懸けているのだ。自分の趣味に満足し、生命の意義を考えようとはしない。このような日本女性が増えてきているのは実に残念なことである。

30. 中国にいると、日本人はどうしても刺し身が恋しくなる。北京では大連あたりから新鮮な魚が入るが、南ではそうはいかない。作家の陳舜臣さんから面白いことを聞いたことがある。刺し身はもともと中国でも食べていたが、食中毒で死んだりしたので熱を通すようになったという。

31. そしてわざとカバンの下に隠れている本を手を伸ばす。学生は不機嫌そうな顔でカバンをずらす。その本はなんであれ、私は一応手に取ってふむふむとページをめくってから、再びあった場所へ戻す。そして彼がまた別の本の上にカバンを置いていたら、もう一度同じ行為を繰り返すのだ。しまいには学生はムッとしてその場を去る。ほくそ笑む私。

32. 似たようなことは数え切れないほどある。私達が日本語版の翻訳レベルの低迷に悩んでいる時、私の学生の一人が自分の中国留学時代の友達を紹介してくれ、これによって、われわれは初

めて日本語を母国語とする校正者を得たと同時に、編集部で日本人パートを採用する先例を切ったのだ。

33. 小夏那天真纯洁的笑脸,有一种能使别人的嘴角松弛的魔力。她的笑容告诉我:"能笑是非常幸福的事！不是因为快乐才笑,而是因为笑才快乐哟！"

34. デモクリトスは、有名な原子論だけではなく、ずば抜けた博識で知られていた。彼にはかなわないと思ったプラトンが、集められる限りの彼の本を焼き捨てようとしたが、既に広く世に流布しているのだから焼いても効果がないと止められたという逸話もある。

35. ある暑い日のことです。休み時間に、学生たちがペットボトルの回し飲みをしていました。「回し飲み」というと、日本人の感覚では同じ容器に複数の人間が口を付けて飲むことを想像します。

36. 最近、上海から直輸入される上海ガニは日本人の間で人気急上昇だ。特に左党がそのシーズンを待ち焦がれている。あのねっとりとしたカニのミソと熱燗の紹興酒が合うのだ。食べ頃は10月から12月まで。上海近郊にある陽澄湖、洪沢湖、太湖などが産地だ。大きさにもよるが、市場では1匹50元—100元、ホテルでは3、4倍の値段になる。

37. 作家のビクトル・ユーゴーが、疑問符だけを記した手紙を出版社に送る。来た返事には、感嘆符が記されていた。売れ行きを尋ねる「？」に、極めて良好の「！」が届いたという逸話だ。

　符号の順序がこれとは逆になったのが、自民党の旧橋本派の1億円ヤミ献金事件の成り行きだ。はじめ、巨額献金の発覚という大きな驚きの「！」で始まり、村岡元官房長官の無罪判決で大きな「？」が残った。

38. 一直到初中,我从没有发自内心地笑过。和朋友说话的时候只是讨好地笑或敷衍作笑而已。更不善于主动找别人搭话,不善于与人交际。

39. 春が来た。中国の大地には、季節の交代を告げる色様々な花が咲いているだろうと思う。日本は桜のシーズンだ。亜熱帯の沖縄では、1月から咲いているが、そろそろ九州や四国からも、桜の開花の便りが届くころだ。日本は南北に細長い国だ。長い時間をかけて、南から北へ、順に桜の花が開いていく。

40. 私が仕事で、北京に駐在していた時、家族で、玉淵潭公園へ、花見に出かけた。訪れた時期が少し早かったためか、桜の花は少なかったが、公園は大勢の人たちでにぎわっていた。『人民日報』海外版は、玉淵潭公園には7種類、約3 000本の桜があると紹介している。一斉に、満開になると、さぞかし美しいだろう、と想像している。

41. 分煙を実施しているところは、珍しくなくなった。宮崎県日向市の日向警察署もその1つ。来訪者には強制しないけれど、室内は禁煙。吸いたい署員、一階と二階の踊り場が喫煙所だ。ただし取調室だけは「特殊なところなので」と喫煙か。理解はできる。

42. 苦手な英語を長時間聞き続けていると、きまって集中力がとぎれる瞬間が訪れる。慌てて耳を引っ張ったり指で掃除したりするが、もう遅い。話の筋に追いつくのは至難のわざである。

43. 孤独がおしよせるのは、街灯がまるくあかりをとおす夜のホームに降りた瞬間だったりする。0.1秒だか、0.01秒だか、ともかくホームに片足がついたせつな、何かの気配がよぎり、私はあっ、と思った。あっと思った時にはすでに遅く、私は孤独の手にすっぽりと包まれているのだ。孤独の手は大きくて冷たい。

44. 当翻訳センターは、2010年の世界博覧会開催を控え、ますます経済発展が進んでいる国際大都市上海に位置し、現代ネットワーク情報技術をビジネスと日常生活に応用し、総合的なサービスをお客様に提供しております。私たちは、お客様の満足と信頼を得るために、あらゆるニーズに合わせ、創造力にあふれ、責任あるスピーディな対応を心がけ、お客様の、おビジネスやお旅行、日常生活のお手伝いを致します。当翻訳センターは、誠実さと優れ

た管理理念、そして高品質のサービスで、多くのお客様より高い評価を頂いております。

45. ヨーロッパで暮らしていた時は「なぜならば」でつないでいく会話に苦しめられた。しかし帰国したら「やっぱり」が多いことに気づいた。「なぜならば」には自己主張があるが、「やっぱり」には、人と重なる部分に意味を見出すという心の働きがある。「やっぱり」には、思った通り、案の定の意味がある。政治のことになると、この言葉は始末が悪い。防衛費が三兆円を超えても、やっぱりねえ、思った通りさ、と割り切って驚かない。都心の地価が暴騰を続けても、減税公約が守れなくても、やっぱりねえ、である。物分りがよすぎて、怒りがひっこむきらいがある。

46. 从清晨就要练柔功、翻跟头、蹲功、还有倒立。最苦的要数练倒立了。要把两条腿绑住,就那样坚持几十分钟,有时练得头昏脑涨,直流鼻血。

47. 東横は東京に1号店を開いて、今年で20年になるそうだ。今の約120店舗を、2022年までに国内外で1 045（トーヨコ）店にするのが、社長の目標だという。増やしに増やし、いずれ世界のトップをめざす。ライブドアと同じようなかけ声が、ここでもうつろに聞こえてくる。

48. 東京は多種多様な広告に彩られている。これは東京の特徴の一つと言えるかもしれません。広告は隅々に行き渡っているようです。テレビで流れる広告、ラジオのコマーシャルソング、さらに店の入り口で配られるチラシや割引券など。

49. お互いに一つの心配を持つ身となった二人は、内に思うことが多くてかえって話は少ない。なんとなくおぼつかない二人の行方、ここで少し話をしたかったのだ。民子はもちろんのこと、僕よりも一層話したかったに違いないが、年の至らぬのと、浮いた心のない二人は、なかなか差し向いでそんな話はできなかった。

50. 日本には「情けは人のためにならず」ということわざがあります。これはつまり、人に情けをかけておけば、それに相応しい

练习篇

だけの良い報いがあるということです。このことわざは日本人の「恩返し」の考え方を反映しているように思います。

51. 私は小さい頃から「世界は一つ」という、この会社のテレビCMを見て育ちました。世界中を相手に、ビジネスを展開されるこの会社に憧れて、学生時代にもアルバイトとしてお世話になったことがあります。

52. 2008年の北京オリンピックの開催、リニアモーターカーの運行、有人宇宙飛行の成功など、国際社会における中国の一挙手一投足は今、世界の注目を集めています。

53. 眼がいつも薄く赤く充血して酒を飲んでいるように見えるが、そういう体質らしい。一見ノーブルな造作なのだが、ハンサムという感じがしないのは鼻のせいであろう。鼻すじが真っ直ぐに通った形の良い鼻であるが、顔全体の面積に比較して、鼻が大きすぎるのである。そのために鼻が目立ってしまう。

54. 外出推销职员的会话（请使用郑重语体翻译）。A：男 B：女
A：该吃中饭了，吃什么呀？
B：是呀，时间怎么样？
A：不能太磨蹭。
B：那就去麦当劳吧，怎么样？
A：好吧。在陌生的地方我也大多是去麦当劳。
B：我也是。
A：进去时也不会有压力。
B：是啊，并且价格味道也都是规定好的。
A：听说消费指南中写得可全了。
B：全都写着？比如说有什么？
A：据说按规定，桌子的高度必须是72厘米、面包的厚度必须是17毫米。
B：连这些都是定好的？那么，对客人讲话也是有规定的了？
A：听说每句都有规定的。首先，客人点东西后要大声说"谢谢"。

B：啊？说"谢谢"是常识，可加上"大声"这样的条件可就有意思了。

55. 母亲与高中生儿子的对话（请用简体翻译）。

儿子：我想换个手机。

母亲：前些日子买的怎么了？

儿子：不好用啊！

母亲：真的吗？可昨天我打通了呀！

儿子：是能通，但短信有时不好发。

母亲：等上一会儿再发不就行了吗？

儿子：给朋友必须得马上回信呀！

母亲：那么急的事吗？

儿子：不是急不急的问题，要是不马上回信的话会让人讨厌的。

母亲：是吗？

儿子：不给买的话我就自己打工买。

母亲：打工？

儿子：今年要参加考试，本来不打算打工的。

母亲：手机等考完试再买怎么样？

儿子：你不给我买吗？

母亲：话费又贵，又要交考试费。

儿子：那我去打工了。

母亲：即使打工也得好好学习！

儿子：那我可没法保证。

母亲：是吗？那么晚上我和你爸爸商量吧。

56. 青年演员张瑜在总结自己的表演艺术时说了一句很精彩的话，大意是由于我们"眼睛里缺墨水，脸庞上缺文化"，因此很难攀上更高的表演境界。著名导演郑洞天在一篇《"星路"与文化》的杂文中也触及这一重要课题。

57. 晩年にワシントン市内の事務所で取材したときも、97歳の同氏が、バランスを失いそうになりながらコーヒーを持ってくるのに恐縮したものだった。このほど翻訳された伝記『マイク・

マンスフィールド』を読んで、そのコーヒーの謎が解けた。

58. 花と国民性に関する西園寺先生の見解には独特なものがある。よく考えてみると、日本人を桜にたとえ、中国人の性格特徴を牡丹にたとえることは、十分に適切だとは言えないが、しかし、それほど強引でもないような気がする。

59. 栃木県小山市で起きた幼児誘拐事件では、3歳の弟に続いて、4歳の兄が遺体でみつかった。思川（おもいがわ）という切ない名をもつ流れが、まれにみる残忍な事件の現場となってしまった。

60. アンデルセン「みにくいアヒルの子」「人魚姫」「マッチ売りの少女」…世界中の子どもだけではなく、大人になってしまった子どもの心にも生き続ける物語を数多く残した。アンデルセンの作品が持ち続けてきた大きな魅力の底の方には、深い孤独が感じられる。生家には複雑な人間関係があり、俳優への夢は挫折する。みにくいアヒルの子や、マッチを売る少女の際だった孤立感が、幼い頃の作者と重なって見える。

61. 試験中に騒音でもしたら受験生は集中できない。いくつかの大学に尋ねると、「試験日は音量を控えて」と近隣にお願いしたそうだ。たとえば普天間飛行場に近い琉球大学は、ヘリコプターや軍用機が試験日に会場上空を飛ばないよう、防衛施設局を通じて米軍に申し入れた。

62. 在国外开展工作,经常遇到一些问题,那些不同于中国的各种规章制度首先就是一道难关。我一位做经济咨询师的朋友,一直无偿地帮助我们,为我们出谋划策,跑前跑后。他说:"我在中国东北长到十几岁,那是我的故乡。对日本过去的行为,我想在自己力所能及的范围内做点补偿。虽然微不足道,但是我的心意。"语言朴素真诚,令人动容。

63. 新幹線の駅のホームで、のぞみが通過するのを見る時、その爆走ぶりを実感する。走るというよりも飛んでゆく感じがある。「後ろからムチで打たれて追いかけられているようだ」と述べた中国の要人がいたが、本当の速さは、乗っていては分からない。

64. 如此感喟,是因为五月一日是一个特殊的日子。这一天是《人民日报》网络版日本站建站两年半、日文版创刊一年半的一个小小纪念日。可以说,没有各个方面的支持和帮助,日本站和日文版能有今天的发展,是不可想象的。成功的原因之一,是我们受惠于很多日本朋友。

65. 无论是学语言还是学艺术,"亲身感受"和"熟能生巧"至关重要。只靠课堂上的学习是远远不够的,必须要去"感受"和"实践"。只学不运用就学不好一门语言,只练功不表演给观众看,同样也不会在演技上有所长进。只要你对某件事感兴趣,就应该敢于尝试,敢于实践,这种态度是必须的。

66. 大学審議会が二十一世紀の大学像、改革策をまとめた。その中に、卒業を厳しくする「出にくい大学」の実現という項目がある。日本の大学はずっと、「入りにくく出やすい」といわれてきた。それでは学生の質が落ちる。しっかり鍛えて有用な人材に育てよう。と、それが狙いのようだ。

67. 会社にせよ、役所にせよ、もろもろの組織には内輪もめがつきまとう。そこでは、いつもは隠れている人間の業があらわになっていて、正視しづらいものがある。

68. 人们常说青年人不懂人生。但是,他们这么说的时候,却忘记了这样一个重大的事实,即所谓的人生,正是由这些不懂人生的人创造出来的。当我们结婚的时候,果真知道结婚是怎么回事吗?再比如说,当我们各自选择自己职业的时候,又果真了解这一职业实际上又是怎么回事吗?

69. 今、日本では看護婦不足が大きな問題になっている。看護婦の仕事はいやいややれるような仕事ではない。本当に人間を愛し、仕事を愛していなければつづけられない。救急車で病人が運ばれたとき、家族はおろおろする場合が多い。入院が長くなれば、患者もその家族もぴりぴりしてくる。しかし、どんなときでも看護婦はにこにこ話をし、相手の心を落ち着かせるようにしなくてはならない。また、真夜中でも、呼び出しビザーがなれば、きびき

びと行動しなければならない。それがどんなにつまらない用事でも、むっとした顔をしてはいけない。もし看護婦がげんなりした顔をして仕事をしていたら、病人は心まで病気になってしまうだろう。このように心も体もへとへとになってしまう仕事だから、看護婦になろうとする人が少ないのも無理はない。

70. 私の許に十数人の少女が波に打ち寄せられる桜貝のように寄ってきては、巣立っていく。十年いた子も、三ヶ月で帰る人もいる。

71. 三四郎がじっとして池の面を見つめていると、大きな木が、幾本となく水の底に移って、そのまた底に青い空が見える。

72. 山道を歩きながら、こう考える。
　智に働けば角が立つ。情に棹させば流される。意地を通せば、窮屈だ。とにかく、人の世は住みにくい。

73. 梅雨が上がって夏が来る。豪快な雲の峰が、青空に涌きあがる。それは一つも同じ姿ではない。城になったり、上がり竜になったり、人の顔になったり、逃げていく雲、千切れる雲、雲の中に割り込んでいく雲、まるで雲の戦争ごっこのようである。

74. 巨大な赤い焔のかたまりが刻々と水平線に沈むに連れて、屏風のように広がる雲の色が黄金色に紫に、そして臙脂色へと急激に変化する。

75. 現在のトウモロコシは味わいは薄っぺらなくせに、外見だけは粒をそろえて見ばえがよい。昔のようなトウモロコシは、どこへ行ってしまったでしょう。

76. 彼女は花模様のついた軽いワンピースを着て、白い細い腕を出していた。

77. ならの類だから黄葉する。黄葉するから落葉する。時雨が私語く。嵐が叫ぶ。一陣の風、小高い丘を襲えば、幾千万の木の葉が高く大空に舞って、小鳥の群れの如く遠く飛び去る。

78. 人々の生活が裕福になるにつれて、電気ヒーター、電気カーペット、テレビなどの販売が促進され、そのことがさらに電力需

要を急激に増加させたのである。

79. 始末に終えぬ雑草だが、青い山並みを背景にススキの穂のそよぐのは、日本の秋になくてはならぬ風物だ。

80. 夕暮れ、トウモロコシの葉を静かにゆする風が快い。それにしても、この夏、おいしいトウモロコシに出会わなかったのは運が悪いせいだろうか。

81. あんなに相手にすげなくして、旅の途中にわざわざ立ち寄ってくれた者を心からの言葉一つかけてやれずに帰らせてしまったのか、とその日の自分がいかにも大人気ないように思われたりした。

82. …便りのできない、あるいはする気になれない彼女もまた、どこかでこの名月を仰いでいながら、嵯峨野の月を、寂庵の月明かりの庭を思い出していてくれはしないだろうかと、私は月に問うような気持ちになっていた。

83. 我们是好朋友,有什么事情的话,既不可以不闻不问,也不可以敷衍了事。

84. 要解决这一问题,可以找上级领导请求解决,也可以直接找具体办事人员协商解决。

85. 作为女人也真不容易,一边同男人们一样地工作,一边还要照顾好家庭和孩子。

86. 他也太贪心了,三天的假期既想去云南,又想去广州。

87. 休息了两天,又是带着孩子出去玩,又是到处跑着购年货,真是累极了!

88. 无论现在也好,过去也好,人类热爱自然的感情是永远不变的。

89. 找对象一方面要考虑对方的家庭背景,另一方面更要考虑本人的学历和能力。

90. 看到王阿姨介绍的这个女孩儿,既文静大方,又彬彬有礼,心里十分满意。

91. 妈妈一边说着那么远的地方我可不去,一边却在急急忙忙

地准备着旅游用品。

92. 我不是说这样做不可以，而是说你所用的方法不得当。

93. 这么大的工程，不是依靠一个人的力量就可以完成的，而必须得靠集体的智慧和力量。

94. 九月初开学，也就是说在剩下的一周时间内，必须得把实习报告写出来。

95. 我国有这样一种习惯，过春节时，一家人要聚在一起吃吃年夜饭，并且还要吃饺子。

96. 学校里是有这样的规定的，学习成绩好、各方面表现都不错的学生，可以申请奖学金。

97. 不知怎么回事儿，刚才还在笑，突然一下子哭了起来。

98. 这次的会议很重要，日程定下来的话，马上通知我。

99. 小李没找到工作，又被恋人抛弃了，情绪非常低落。

100. 从今年开始，除了还住房贷款外，还得交孩子的学费，真够受的。

101. 一到冰雪节，哈尔滨不要说周末和假日了，就连平常也挤满了游客。

102. 你这么做，非但解决不了问题，还会得罪人。

103. 她哪里是独身！有三个孩子呢！

104. 我家小孩一到周末不是和同学出去玩，就是在家里玩游戏。

105. 平时老是在食堂吃饭。偶尔在家里做一次，不是菜做得不好吃，就是米饭做得太硬。

106. 看着他就心烦！我宁肯对着墙说话，也懒得搭理他。

107. 多数人与其整天无所事事，还不如选择忙碌而充实的生活。

108. 看到老奶奶倒在地上，他不但没上去救助，反而怕惹祸上身，急忙溜走了。

109. ヨーロッパでフラン、マルク、リラなど欧州貨幣が「ユーロ」に統合されたのは99年の1月1日のことです。欧州通貨統合

がスタートしたことによって、ヨーロッパ市場統合がさらに一歩進められることになった。

110．グローブとは球体としての地球の意味。グローバル化とはこれまで存在した国家、地域などタテ割りの境界を越えて、地球が一つの単位になる変動と過程であるとされている。

111．将来の世代のために、資源や環境の消費を再生可能な範囲にとどめ、他方で、現在の基本的必要を充足していく社会発展を推進しようという持続可能な開発の長期的発展の理念を持ってほしい。

112．2008年の北京オリンピック開催が決まり、2001年には中国のWTO加盟も決まったなど、世界の注目が中国に集まった。

113．ITを駆使し、ネットワークeビジネスは市場規模を拡大しつつある。

114．従来のモノの貿易から、弁護し、会計士などの海外進出へのサービス貿易が近年盛んに行われるようになった。

115．日本において、新規学卒者の就職難に示されるように、近年、若年者失業の問題は次第に深刻さを増している。

116．現在、高校や大学卒業後、自らの意志でフリーターを選択する人が多くなった。

117．日本総務省の統計によると、高齢者世帯主の平均貯蓄は約2700万円、さらに土地、建物といった実物資産を持っている。そこで、これらの裕福な高齢者を対象に、新しいシルバー産業が誕生してきている。

118．目下、術者が直接臓器に触れることなく、ロボットに命令を出して行わせるロボット手術が応用されている。

119．今後、太陽光発電や風力発電など新たなクリーンエネルギーの研究を進める必要がある。

120．最近、若い女性が二人で、アパートを借りて、シングル居住をするのが多いようだ。一人暮らしに比べると、安全だし、心強い。

121. 物事や人物に対して、肯定とも否定ともしない「ビミョー」の評価の評判はよくないことである。

122. 「ヤバイ」は、本来は都合が悪いとか否定的ニュアンスの言葉だったが、最近は反語的にいいという意味で使われることもある。

123. 僕のようなリーマン、そんなに高いマンションを買うなんて、できるもんか。

124. 最近、人々がそれぞれ自分の趣味を追及し始めるマイブームが高まりつつある。

125. シドニーオリンピックの水泳女子400メートル個人メドレーで、銀メダルを獲得した日本選手田島寧子がインタビーで「金メダルを取れなかったため、めっちゃ悔しい」といった明るさは、新時代の日本人像である。

126. あれこれ頭で考えるより、むしろやりながら解決していこう。

127. 障害者支援の場において、ボランティアの果たす役割は大きい。

128. 彼はマイペースなので、周りの人に迷惑をかけることが多い。

129. 衝動買いをできる避けなければならない。特に多くの人がわれ先と買い求めているときや店が売り出しをしているときに、買うべきか買わざるべきか迷うようなものに対して、必ず財布の紐をきつく締めなければならない。

130. 对我来说，上海是一个人生地疏的地方，今后公事私事都免不了要麻烦您。陈总您是老上海，各方面都了如指掌。

131. 中国和日本距离很近，并且日元牌价上升时，来中国旅游与日本国外旅游的费用就差不多了。此外，在日本商店大减价的时候有抽奖活动，中奖者可以免费去国外旅游。

132. 留学生来学校报到，均与服务台签订住宿合同，每人缴纳30美元押金，学习结束离校时，宿舍家具等物品完好无损，押金如数

退还。

133. 今日から8月、真夏の会議は手際よく進めたい。1時間たつと冷房が切れてしまう会議室でもあれば、議事も多少はひきしまるだろうか。

134. 「電話が無理なら、手紙でもいい」というのは、懐かしい曲の一節です。電話をかける余裕がないほど貧乏だった子供に、せめて安くて済む手紙でもいいから、近況を知らせてという、都会にいる我が子を思う親心を克明に描いたものです。

135. 豊かさと便利さにすっかり慣れ切った私たちは、もしも、社会事情の思わぬ急な変動や、自然現象の異変にぶつかった場合、はたして、悩まされることなく、抜けられる自信を持っていると、誰が言い切れるだろうか。

136. 一位をとってやろうと自信を持って、試合に臨みましたが、くだらないところで、へまをやってしまったため、相手にリードされてしまい、結局は、二位しか取れませんでした。

137. 食事の席についた時は、箸を手にする前に、もてなしを受ける意志を公言しなければならない——「いただきます」と。デイナーに招待されたからではない。自宅でも同じ事をいう。家族みんなの食事を作ったのが自分自身であったとしても。これは友人とレストランへ行っても同じこと。シェフは厨房にいてどうせ聞こえないし、自分たちは食事代を払うというのに、いったい誰に対して礼を尽くしているのだろう。

138. 日本人で「あの人はよくしゃべる」というと、なんか軽く見られます。私などはよくしゃべるほうですから、ずいぶん軽く見られているのですが、私はどうも西洋のほうが好きだったから、どうしても言語に頼るところがあるのだと思います。真に大切なことは言語で表現できない、とは言っても、人間は言語によらずに多くのことを表現することは不可能です。

139. 何か交渉ごとをしているとき、京都、大阪の人から「あの話、考えさせてもらいます」という返事が来たとします。これも考

慮中という表面の意味と反対に、断りの返事なのだが、なんとなく考えてもらって、後で色よい返事がもらえるかもしれない期待を持たされる言葉である。東京の人など、後で返事を催促して、「いや返事は、ずっと前にしました」と言われてカンカンになることもある。何らかの期待を相手に持たせることによって、相手の心を当座の間傷つけないようにする、という配慮から発達した表現だが、なかなか厄介な言葉である。

140. 豊かな自然はかつて日本国中にあった。豊かな自然が、世界でもまれに見る多種多様な動植物と地域文化を育んできた。それが日本の宝であり、魅力だったはずだ。しかし、日本人があまりにもそれに気づかずにいたのだ。

141. 60年前の東京大空襲を、作家の早乙女勝元さんは12歳で経験した。皇居の安否には言及しながら、市民の被害を「其ノ他」で片付けた大本営発表にこだわる。「『死は鴻毛よりも軽しと覚悟せよ』とは、軍人勅諭の一節だが、民草と呼ばれた国民の命は、鳥の羽よりも軽かったのである。」

142. 役職の階段を上りながら、周りを敵と味方に色分けして勢力の拡大を図る。自らの今と将来のために突き進むことが横行すれば、組織は乱れる。乱れた時には、やはり役職者の心構えに戻ることだろう。例えば、役職は「授かりもの」であり、それに伴って受け取る人材は「預かりもの」、という考え方だ。

しかし、人間とは弱いものだ。役職は「取りにゆくもの」で組織は「わがもの」という手合いが支配する時もあるだろう。「取るもの・わがもの」の時代が長く続いたのでは、いずれ行き詰まる。

143. 夜中の二時頃、自宅で原稿を書いていると、電話が鳴った。

「佐久間、呼んでくれる」

聞き覚えのない声だった。中年の男で、かなり酔っている感じだ。

うちには、佐久間という人はいない。間違い電話だった。

「どちらにお掛けですか」
「いいから、早く佐久間を呼んでよ」
「何番にお掛けですか」
「だからいいんだよお前は、佐久間呼べよ、早く」
　その時点で、かなり頭に来ていた。間違い電話自体、迷惑な代物なのに、それに加えていきなりの「お前」呼ばわりはないだろう。
「お酒入ってるでしょう？　間違えて掛けちゃったんじゃないですか」
「違うよ、いいんだよここで」
「何番にお掛けですか」
　こういう時は、掛けようとした番号を聞くのが一番である。あんまり腹が立った時は、控えておいて、後で苦情を言えばいい。実際はそこの番号の人（この場合は佐久間さん）に罪がないのだが、言わせてもらえれば一蓮托生である。

　　144. 漓江的水清澈而透明，连水底细沙的颜色都可以看得清清楚楚。

　　145. "不用休息啦，熬惯了。大病小病一挺就过去，我发现'忙'可是治百病的良药。"

　　146. 她很漂亮，并且一笑就会露出两个小酒窝。

　　147. 每天一起床就得送孩子上学，而做饭、洗衣之类的事更得我做。

　　148. 兴趣是最好的老师。许多连大学的门都没进过的人，却取得了惊人的成就。

　　149. 恋愛をすると、ドーハミンの一種であると言う物質が大量に分泌され、それが睡眠を誘発する神経を抑えてしまう。だから眠くならないし、たとえ寝不足でも、目の下にクマをつくって肌荒でご出勤みたいなことにならないわけで、『寝不足は美容の大敵』という、動かぬ法則も平気で覆した。

　　150. 安全運行がすべてに優先するのは言うまでもないし、家族を先頭車両に乗せるべきではなかった。それでも、多くの人命

を預かる仕事だと再認識させたうえ、再び乗務の機会を与えるかどうか検討するといった選択肢はなかったのだろうか。勤労感謝の日のきのう、電車の運転室のドアの前で思いを巡らせた。

151．三月の声を聞くと、自然は正直なもので、目に見えて春めいてくる。秋枯れの草花を、いくらかでも冬の間の保温にと、そのままにしておいたのが、急にむさくるしくなった。取りのけると、その下に新しい芽がニョキニョキと土の中から出ている。

152．对你这次疏忽，我就当没看见。你可不要再有第二次了。

153．天下的事情有困难和容易的分别吗？去做它，困难的就也变得容易了；不去做，容易的也变得困难了。人们求学问有困难和容易的分别吗？去学习它，困难的就也变得容易的，不去学习，容易的也就变得困难了。

154．嘴里该怎么说的笔下就该怎么写，嘴里不那么说的，笔下就不该那么写。写文章决不是找一些稀奇古怪的话写在纸上，不过把要说的话用文字写出来罢了。

155．三个日本人做生意，好，这次是你的，下次是我的。中国人做生意，就互相拆桥：你卖五十，我卖四十，你卖三十，我卖二十。

156．中国有一句话："一个和尚担水吃，两个和尚抬水吃，三个和尚没水吃。"人多有什么用？他们从根本上就不了解合作的重要性。

157．别人练健美操，越练越苗条，你怎么越练越丰满。

158．"现在的年轻人，说来就来，说走就走，可是一点都靠不住啊。"

159．有句古话——"浮生若寄"，变成白话就是"马马虎虎地瞎混"。这是句不着边的，要不得的话。咱们住在哪儿就应该在哪儿扎下根去。

160．食欲は人間の三大欲望のひとつだ。食文化ひとつをとってみても、中国人の嗜好は果てしがない。人間の研究という意味でも、尽きることのない、奥深い、最も面白い民族であると、私はつくづく思う。

161. いやな人とお付き合いで食事する場合、カニを選ぶとも聞いた。足を割って肉を出すことなどに労力を費やし、食べるのに一生懸命になるので、自然と会話をしなくてもすむからだ。カニは体が冷えるので、食べ過ぎると腹をこわす。

162. 感想文に書きたいことが二つある。一つ目は「通じ合う心」のことだ。たくさんの中国の高校生たちと交流してみて、最も強くこのことを感じた。日本語の話せる子、英語の話せる子、どちらもあまり話せなくて中国語のみの子、それはさまざまだった。けれど、同じ年頃ということもあってか、すぐに仲良しになることが出来た。分からない言葉があっても漢字を紙に書いたり、色々な工夫をして何となく分かり合えた。そして笑顔で話し合えた。

163. 昔、米軍の基地を「包囲」しようとしたことがある。ただし、ひとりで、てくてく歩いて一ゲートから、フェンスの外の道ぞいに歩いた。しかし、行っても行ってもフェンスは途切れない。かなりの暑さの中、3時間近く歩いたところで「包囲」を断念した。地図を見ると、歩き終えたのは、まだ外周の半分足らずだった。

164. 每个人在地上画一条蛇谁先画完,就让谁先喝这壶酒。

165. 外语是练出来的,而不是学习来的。游泳的话,应该直接到水里去,而不该一直在游泳池的旁边研究如何游泳。越研究越傻,这就是我的方法。

166. 我个人喜静不喜动,不喜欢对各种问题表态,能不说就尽量不说。

167. "小款"常出入合资企业,穿梭于洋人之间,在白领面前是准白领,在蓝领面前自我感觉是白领,其身份不尴不尬、收入不高不低。

168. 唯独在书店门口或旧书摊前,人再多,爸爸也要挤进去,而且一翻起书来就是一个多小时,好像完全把我忘了,不再担心我走丢了。

169. "三个臭皮匠,顶个诸葛亮",这就是说,群众有伟大的创造力。

170. けれどもこの案は現場の大学の先生の間で、必ずしも評判はよくない。むろん賛成者もいるが、批判的な声のほうがより聞こえてくる。卒業できず留年する学生が増えれば、教室は不足するし、先生も手が足りなくなる。定員を大幅に超過し、動きが取れなくなる。つまり、現実的でないというのである。

171. 消夏纳凉，会几个"同好"品茶聊天，亦乐事也。一日，忽言及稿费之事。某君戏曰："眼下做文章，还不如卖汤元。"某某君忽出妙语曰："何不劝夫人卖汤元以济先生做文章？"于是相与解颐而笑。

172. 日本人が特に天気に関心を持っているのは決して偶然ではなく、日本の独特の風土がそうさせたのである。これは世界各国の気象と日本の気象を比較してみるとよくわかる。日本に生まれ、日本に育った日本人は幼いときから天気の変化に関心を持っている習慣があるので、これが当たり前と思っているが、実はそうではない。気象学から見れば、日本は世界でもあまり見られないところである。例えば、梅雨での現象は日本と中国の揚子江流域には見られるが、他の国では見られない。毎年やってくる台風は強度といい、回数といい、世界一の暴風雨をもたらしてくる。また、冬の日本海沿岸は世界でも有数な豪雪地帯である。季節の変化が大きいのは大きな特徴であり、雨も多く、山の多い地形と相まって、風光明媚な日本の風土を構成している。

173.「大企業の下で、下請けの仕事をする」これがいままで私たちが持っていた中小企業のイメージではないでしょうか。しかし日本人の生活が豊かになり、消費者の求めるものが質的に変化を始め、中小企業の活躍の場も広がってきました。たとえば、他人とは違う個性的なものがほしい（需要の多様化）、デザインに飽きたので買い換える（短サイクル化）など、こういう要求に大規模な設備を持つ大企業では、応じきれない部分があるのです。そこで中小企業の機動性と創造性が生きてくるのです。現在エレクトロニクスの分野などでは、独自の製品を開発し、世界のシェアーの半分以上を占めている中小企業がいくつもあります。こうなると、

大企業が頭を下げてその製品を買いに来るようになります。大企業の下請けというイメージとはだいぶ違いますね。そして海外に輸出される製品の40％以上が中小企業によって作り出されています。中小企業が日本の経済を支えていると言っても言い過ぎではないでしょう。

174. 日本人は近年著しく西欧化されたにもかかわらず、依然として貴族主義的な社会である。人と挨拶をし、人と接触する時には必ず、お互いの間の社会的間隔の性質と度合いとを指示せねばならない。日本人は他の多くの太平洋諸民族と同様に、「敬語」というものを持っている。そしてそれとともに、適当なお辞儀や坐礼を行う。このような動作はいずれも実に細密な規則と慣例とによって支配される。誰にお辞儀をするかを知るだけでは不十分であって、さらにその上にどの程度にお辞儀をするかを知ることが必要である。日本人はどういう礼がそれぞれの場合に相応しい礼であるかということを学ばねばならない、しかも子供の間に学ばねばならない。「頭を下げる」とういうのは決して無内容な身振りではない。それは頭をさげる人間が、本当は自分で勝手に処理したいと考える事柄において、相手が意のままにふるまう権利を承認し、受礼者の方は受礼者の方でまた、その地位に当然ふりかかってくるなんらかの責任を承認することを意味する。性別と世代の区別と長子相続権とに立脚した階層制度が家庭生活の根幹になっている。

175. 道は暗み、虫が鳴き始め、水溜りがそこここに瀕死の夕明かりを映して横たわっていた。左右は湿気をふくんだ微風にゆすられている稲田である。暗い澎湃としたものを包んでいる田、そのうなだれた稲穂は、昼間の実りの輝かしさにも似ず、喪心した植物の数限りない集まりのように見えた。田舎に特有の退屈な無意味な迂路をめぐって、悦子は小川のほとりの小径へでた。小川と小径の間に竹籔がつづいている。この地方から長岡にかけては孟宗竹の産地として名が高いのだ。悦子は木橋をわたり、元の小

作人の家の前をすぎ、楓やさまざまな果樹のあいだを、茶樹の垣根に囲まれて迂回して上ってゆく石段を登り切ると、杉木家の内玄関に出た。

176. 日本人の「ワリカン文化」は外国人留生にとって、ときに妥当に、ときにうっとうしく感じられる出来事の一つである。日本人学生と交流したりアルバイトをしたりという体験を通して日本人の「ワリカン文化」に驚きあきれる外国人留学生は少なくない。

日本人はどのような気持ちでワリカンするのだろうか。他人のお金なんて出したくない、自分が食べたり使ったりした分だけを出せばいいというケチで合理的な考えから？いや、決してそうではないだろう。実際に、レストランや喫茶店のレジ前で、「わたしが出します」「いや、わたしが」と言い合う人々の姿をあちこちで見かける。これは「相手に払わせてはいけない。」「自分が負担しなければ。」という気持ちからお勘定を自分で出すと主張しあう日本人の姿である。

しかしこのような「主張」、「気の遣い合い」が疲れることは言うまでもない。そこで人間関係を長続きさせるには「気を遣わないこと」が一番だという考えから「ワリカン文化」は浸透していったのではないだろうか。一見、冷たく、けちに見えるワリカンの習慣も実はその経緯を考えてみると日本人の和の心につながっているのかもしれない。

177. 恐らく日本にいる外国人の中で、日本の「建前」と「本音」に悩まされない人はいないと思います。「建前」と「本音」は、大和民族特有の表現文化です。前者は表に出しているもの、後者は内心に思っているもので、両者間のギャップは、時には天と地の差があると言っても決して過言ではありません。「建前」を通じて「本音」をいかに的確に掴むかは日本人の幼い時からの訓練の積み重ねであって、外国人の我々にとっては決して簡単に身につけられるものではありません。取りあえず、日頃からダイレクトに自分の

意思を表現しない日本人が表に出している事に対しては、文字通りの単純理解は極めて危険です。

　殆どの外国人は進学なり、就職なりで日本で面接を経験したことがあるわけです。そこで一つの経験談があります。もし、面接官が目の前であなたを褒め尽くしているとしたら、ほぼ結果ははずれに違いありません。

　私自身も要領を得なかった経験があります。ある日、自分のアンダースカートのレースが表に露出してしまったことに全然気が付かない私は、日本の友人に「綺麗なレースですね」と声をかけられました。その意味を間違って褒め言葉として受け止めた私は、気分揚々得意になり、全く自分に対する注意とは思いもしませんでした。あの日から幾年も過ぎましたが、思い出すたびに自分の鈍感さに顔が赤くなります。

# 参考答案

# 第一章

翻译下列句子

1. あいつは有名なほら吹きだから、その口車に乗らないように、気を付けなくちゃ…。

2. 在日本,看电视时会发现有关食物的节目非常之多。不论哪个频道,每天大多要播出三个左右烹调的节目。现在的日本,被称为"饱食时代",世界上任何地方的美食佳肴在日本都可以品尝到。日本菜、中国菜、印度菜、韩国菜、希腊菜、意大利菜等等,简直不胜枚举。

3. 隣で夫婦の口喧嘩が終わったかと思ったら、お皿でも落とし壊したような音がした。

4. 因为彼此都很了解,对方的留言即使听漏一点基本也能准确地理解其意思。

5. 网上购物的话,尽管最终还是自己付款,但感觉上却像是从亲近的人那里收到了礼物似地高兴。

6. 如果自己不事先穿戴整齐的话,就无法对孩子们的服装作什么要求。

7. 据说最近有的人在家里工作,这种工作方式将来会越来越多。

8. 尽管各个城市建了很多住宅,但是,市民的住房问题依然十分严峻。

9. 银行以及大公司的总部基本上都设在东京。

10. 在日本,医疗费用个人承担的部分是多少呢?

11. 他是个最不可思议的一个人,想法、做法总和别人完全不一样。

12. 船渐渐地沉了下去,大家都做好了死的准备。

13. 都已经过了二十岁了,却一点判辨能力都没有。

14. 这次的医疗事故,患者准备将医院告上法庭。

15. 因为到年末了,催款单像雪花一样飞来。

16. "大和房屋工业公司"也将从明年3月总公司搬迁之日起,在地上22层、地下3层的整个建筑物内禁止吸烟,一般人可以利用的地下咖啡馆也不例

外。这样做的最大好处是一年可节省近1 000万日元的经费。可以免去安装在吸烟场所的空气清洁器的电费、清洗烟灰缸的人工费、被烟熏黄的房间所需的内饰装修费等。

# 第二章

一、翻译下列专用名词

エジソン　ガリレイ　アインシュタイン　アンペール
オーム　キュリー　コペルニクス　ダーウイン　ニュートン
ノーベル　ボルタ　ワット　ベーコン　ルソー　アンデルセン
イソップ　グリーン　ゴーリキー　シエークスピア
シエリー　ツルゲーネフ　トルストイ　ハイネ　バルザック
マーク・トウエイン　モーパッサン　モリエール　ユゴー

二、翻译下列句子

1. パリ、ウィーン、ベルリン、ニューヨーク、ジュネーブ、ベニス、ロンドン、モスクワに生まれれば良かったものを、不毛の地の貧乏な山村に生み落とされてしまった。

2. このたび愛知県日中友好協会主催の「シルクロードを巡る旅」一行は去る10月20日西安に到着し、そこから一気にウルムチに飛び、シルクロードの中心地トルファン、敦煌などを巡り、昨日から首都ペキンの名所旧跡を訪ねて十四日間の日程を終え、明日一路帰国の途につくことになりました。思えばこの二週間、私たちは貴国のスケールの大きさを肌で感じ、毎日が感動の連続でありました。

3. 2002年アメリカのソルトレークシテイーで開催する予定の冬季オリンピック大会の誘致活動をめぐる収賄疑惑について、IOC・国際オリンピック委員会のサマランチ会長は、記者会見し、特に悪質だった6名の委員を一時追放処分にし、辞任を促していくことを明らかにした。追放処分を受ける6名の委員は、それぞれコンゴ共和国、エクアドル、スーダン、マリ、ケニアとチリから選出されている。

4. 私の友だちは辛いものが好きなので、マーボー豆腐を注文した。でも彼にはこの料理はちっとも辛くなくて、量も少なかった。食べ終えてから、彼がまだ物足りないのがわかったので、更にラーメンを頼んだ。ウェイトレスに「ラーメンを作るとき、唐辛子を多めに入れてもらえますか」と聞いた。彼

女は「タンタンメンの調味料はできあいなので、他のものを加えられませんが、ラーメンなら、作るときにトーバンジャンを多めに入れられます」と答えた。私は「わかりました。じゃあ、トーバンジャンをいっぱい入れてください」と言った。

5. 中世纪以后，时值日本幕府末年的1861年，在这个原本各州分立、各城割据的长筒靴子形状的半岛上出现了"意大利王国"。推进祖国统一与解放运动，最终都灵被定为最初的首都。如今，它已成了菲亚特等汽车以及机械工业的生产中心。

6. 狄更斯写了《一首圣诞颂歌》，安徒生写了大年夜的《卖火柴的小女孩》。我一边畅想着分别描绘出19世纪岁末的这两个人之间的对话，一边融入了人潮之中。

7. 例如写着"某某保育院"的接送车却用来运送全副武装的阿富汗人，美军车辆行驶在靠近地雷阵的坑坑洼洼的道路上，车身上赫然写着"宅急便"的字样。除此之外，还能看到写有诸如"JA 盛冈市""大阪瓦斯"的汽车。汉字或假名等酿造出的氛围和战乱之地的混乱极不相符。

"为什么不把日语给涂掉呢？"喀布尔当地的业内人士介绍说："原封不动地保留原来的字样，可以证明在日本没出过事故，能卖得比一般日本车的价钱高。"据说在当地重新喷漆的时候，有的客户特地要求"保留那些日语字样"。

8. 事件发生在风和日丽的上午。有几个男女架好照相机，正在给虫鸟照相。这时走过来10多个托儿所的孩子。"好了，开始捕捉蝴蝶吧！"带队的男老师开始分发捕虫网。这时手持相机的男子制止他们说："这里规定不准捕捉蝴蝶。"据老师回忆，气氛马上变得紧张起来。老师说："几年前开始我们就一直在这里捉虫子的。"对方反驳道："捕捉刚刚羽化的蝴蝶不好。"于是便争吵了起来。有一位照相的人用手机给110报了警，警车来了。警官听了双方的辩解后说："你们的心情我都理解，双方就到此为止吧。"

# 第三章

一、把与同义词"打"有关的句子翻译成日语

1. 今度のインフルエンザがひどいもので、注射をしないと、治らないでしょう。

2. とても遠いから、タクシーで行きましょう。

3. 傘を持って行きなさい。雨が降っているよ。

4. あっ、雷がなってるよ、早く行かないと、雨に降られるよ。
5. 明日、朝八時に迎えに来てくれって、李さんに電話してください。

二、把与同义词"包"有关的句子翻译成日语

1. 今の若者はお正月まで餃子を作りたくないようで、本当に怠けているね。
2. 平ちゃんへ出すものはもう荷造りしましたから、午後出かけるとき送ってください。
3. 今度の夏休みは、車を借り切って、家族と蘇州や南京へ遊びに行くつもりだ。
4. 日本では、ホテルと旅館はたいてい朝食つきだそうだ。

三、把与同义词"抢"有关的句子翻译成日语

1. なんと運が悪いことでしょう。また彼女に先を越されたね。
2. あそこの治安が悪くて、かばんやお金などひったくられることがよくあるそうだ。
3. 二級試験の申し込みがなかなか難しくて、一日中パソコンの前で申し込んでも、できなかった人が大勢いる。
4. 雨が降りそうだ。急いで仕事を片つけよう。
5. 今日、遊びに行ったとき、男性のクラスメートが先を争って支払ったので、私は一銭も使わなかった。

四、翻译下列句子

1.「お父さん、分りきったことじゃないか。お母さんは二十年も小学校の先生をして、今病気で動けなくなったけど、お母さんの学校は医療費を出すこともできない。お母さんは一日中寝たきりで、お父さんや僕たちが授業の終わった後で面倒を見るしかないんだ。あの四川から来た若いお手伝いさんは面倒くさがって、一日中やめるってぼやいている。」
2. その晩、先生は家庭訪問して、小虎は授業を妨げる、しかも先生に口答えする、家のしつけが足りない、今後二度とこのようなことがあれば停学処分にすると言いました。
3. 一郎选手为什么能打出那么多的安打呢？经常听人们说一郎选手是个练习狂。原来在日本职业棒球队时,就经常以机器为对手,连续练上好几个小时,直到自己满意为止。
4. 奥姆妄想制造一个国中之国,矛头直指日本这个国家。无辜的平民百姓

成了其替罪羊。因此,我们不仅要防止再次发生无差别恐怖事件,还应该给被害者以及家属大力的援助。

## 第四章

翻译下列句子

1.「有朋自遠方来不亦楽乎(とも有り、遠方より来る。また楽しからずや)。『論語』の冒頭に出てくるこの一節は、日本人の間でも、比較的よく知られている。私の世代では、10代の初めで覚えさせられた。40年たったいまも、新しい友と出会い、古い友人と再会するたびに、繰り返し思い出す。

2.『論語』の巻を開くと、真っ先に「子曰く、学んで時にこれを習う、またよろこばしからずや」という有名な一節がある。この学ぶというのは『詩経』、『書経』などの孔子の教科書を読むことを指している。一度読み方を教えられた本を時々暗誦し直し、おさらいするごとに理解が深まり、人生の喜びはこれに越したものがないのである。

3.「少年老い易く、学成り難し」という格言は真理だが、困ったことに、この格言の重みを実感できるのは往々にして年を取った後のことである。

4. 父は結婚アルバムを見て、冗談めいた口調で、「お前のおっかさんは、子供を生む前は、あんなにきれいだったのに…」と言った。母の昔の面影を懐かしむような眼差しだった。

5. 遗书上写到,大河内屡次被人当成"跑腿的"使唤。这并不是他情愿做的,而是强加在他头上的苦役。也就是说,大河内被剥夺了"人身自由"。

6. 那小子是一个败家子!他爸一辈子辛辛苦苦积攒下来的钱,几天就让他花光了。

## 第五章

翻译下列句子

1.(男)もし、仕事を放り出すことができれば、本当にすぐに君のそばに飛んでいきたい。もうこれ以上自分は気取っていられないのだと僕は認める。

(女)もし、仕事を放り出すことができれば、本当にすぐにあんたのそばに飛んでいきたいの。もうこれ以上自分は気取っていられないと私は認めるわ。

2.「わしはちょうど、よい具合に、ここに金貨をたくさん持っているから、お前にみんなやってもよい。さあ、その袋へ入れてやろう。」と福の神が言いました。

乞食は喜んで、袋を福の神の前に出しました。

「ところで一つ約束がある。それはもしこの金貨が、袋からあまって出て、土の上に落ちたら、みな塵になってだめになってしまうということだ。お前の袋は、大分古いようだから、あまりたくさん入れないほうがよいぞ。」

乞食は大喜んで両手で、袋の口を広げました。

その中へ福の神は、バケツに水を入れるように金貨を注ぎ込みました。

「もう、これくらいで、いいだろう。」

「もうすこし、ください。」

「わしは構わないが、ふくろが破れはしないか。」

「大丈夫ですから、もうすこし。」

「おい、もうこんなに、大金持ちになったぞ。」

「でも、もう一つかみだけ。」

「さあ、これで一杯だ。」

「でも、もう一枚だけ。」

「よし、入れるぞ。」

そこで、福の神が、一枚の金貨を落としますと、たちまち袋の底がぬけて、金貨は、一度に土の上に落ち、そうして、約束通りに、みな塵になってしまいました。

3. 絶大なるご協力、感謝の極みでございます。ここに書面にてご返事し、再度感謝の気持ちを述べさせていただきます。

4. 河南の嵩山(すうざん)少林寺で、大風が吹いたことがあった。風がようやくやんだ頃、杖をついた老人が門を叩いた。

「すみません、一晩、宿をお借りしたいのじゃが。」

すると、門の中から面倒くさそうな声が返ってきた。

「門はもう閉めました。外に小屋があるでしょう。そこに泊まりなされ。」

小屋には寝床もなければ、筵(むしろ)一枚ない。しかし、老人は何も言わずにその小屋に泊まった。

5. A：ねえねえ、鈴木課長の話、聞いた?

B：ううん。鈴木課長はどうしたの?

A：この間、サービスカードの会員を集めたでしょ。
B：うん、あちこち回って疲れたわ。
A：あなた、何人会員になってもらった？
B：一週間歩き回って、20人余。
A：そうでしょう。私も18人。
B：みんな大体そのくらいじゃないの。
A：それが、鈴木課長が100人集めたんですって。
B：100人！
A：そうなのよ。ありとあらゆるツテを使ったんですって。
B：へえ、こちらに知り合いがいるわけでもないのにね。
A：すごいわね。

# 第六章

一、把下列成语译成日语

邯鄲の夢　騎虎の勢い　鶏群の一鶴　九牛の一毛　竜頭蛇尾　飼い犬に手を噛まれる　惻隠の心　空中の楼閣　乾坤一擲　日進月歩　滄海の一粟（いちぞく）　白昼夢（はくちゅうむ）　八面六臂　千慮の一失　博引旁証　故郷に錦を飾る　畠に蛤　腹に一物（いちもつ）　鳩に豆鉄砲　人のふんどしで相撲を取る　傍目八目（おかめはちもく）　後の雁が先になる　冑（かぶと）を脱ぐ　海の幸、山の幸　後ろ髪を引かれる　生き馬の目を抜く　一石二鳥　浜の真砂（まさご）　雀の涙　暮れぬ先の提灯（ちょうちん）　鵜の真似をする鴉は水に溺れる　嘴（くちばし）が黄色い　我田引水　弁慶の立ち往生　同じ穴の貉（むじな）　株を守って兎を待つ　驕れるもの久しからず　白駒（はっく）隙（げき）を過ぐ　雨垂れ石を穿つ　雨後の竹の子　玉に疵　二股かける・二足のわらじを履く　目糞、鼻糞を笑う　羊頭を掲げて狗肉を売る　とんびが鷹を生む　ドル箱　案ずるより産むが安し　目からうろこが落ちる　勝って驕らず、敗れてしくじず　一寸の虫にも五分の魂　氷山の一角　悪事千里を走る　九仞の功を一簣に欠く　風前の灯火　針の筵に座る　玉虫色　色目を使う　片思い　風采が上がらない　先見の明　見掛け倒し　移り気　肝に銘ずる　枕を高くする　門前払いを食わされる　替玉を使う　堪忍袋の緒が切れる　泰山鳴動して鼠一匹　過ぎたるは及ばざるが如し　図に乗る　手に汗を握る　飴と鞭　つつもたせ　朝メシ前　燈台下暗

し　朱に交われば赤くなる　もったいぶる　腹を下す　コネをつける　目配せする　役人風を吹かす　金の草鞋を履いて探せ

二、翻译下列带成语的对话

1. A：近頃、私も刺身や納豆が好きなようになりました。

B：そうですか。このごろは、在日外国人であなたのような人が増えていますよ。郷に入っては郷に従えと言いますからね。

2. A：先生、「気圧」の「気」は中国の字と間違えたじゃありませんか。

B：あっ、ほんとだ。「弘法も筆の誤り」ということがありますね。

3. A：どんなことをするにしても、最初からじっくりと考えて、ちゃんと計画を立ててやるべきだ。

B：そうですね、急がば回れということもよくあるのだからね。

4. A：そんなたくさんの資料を入力させられて、嫌だったでしょうね。

B：いや、そんなことありませんよ。私にはちょうど日本語の勉強にもなったし、入力の練習にもなったので、一石二鳥ですよ。

5. A：前から、杭州はきれいなところだと聞いていましたが、今度行って見たら、やっぱりその美しさに目を見張ったものだ。

B：百聞は一見に如かずでしょう。

6. A：今度の夏休みは、全員で日本へ旅行に行くそうですが、本当ですか。

B：まるっきり、根も葉もないことですよ。誰から聞いたのですか。

A：でも、「火のない所に煙が立たぬ」でしょう。やっぱり誰か言ったと思います。

7. A：広州の貿易会社にも行きたいし、上海をも離れたくないから、どうしたらいいでしょう。

B：二兎を追う者は一兎をも得ずのだから、行くかどうか早く決めたほうがいいのよ。

8. A：向こうについたら、ガイドがあるから、地図なんかいらないと思う。

B：備えあれば憂いなしと言うのだから、持って行きなさいよ。

三、翻译下列句子

1. 小説ではよく目は心の窓と言いますが、全くその通りです。彼の目は清らかで、誠実です。

2. 彼はそれを聞いて腹を立てて言った。「お前の銭は少しは貯えておくべきだ。毎月、そんなにやっていたら、僕らのほうは霞を食って生きろとでも言うのかい!?」夫婦は口論を始めた。姑はそれを聞いて火に油を注いだように怒り、あげくの果て、家中誰も何日も口を利かなくなった。

3. 現在、私たちの古典文学研究においては、古人の意味もない些細なことのために多くのエネルギーと時間を費やして考証し、そのあげく際限のない論争をするようにまでなっているが、まったく針小棒大というものである。

4. 「放蕩息子の改心は、金にも換えられない。」この諺は、悪い習慣に染まったり、道を踏み外したりした人間が、もし改心できたならば、それは黄金よりも貴いものだ、という意味です。

5. 中国有句老话叫"滴水之恩,当以涌泉相报"。日本站和日文版从零起步,今天有了十几个人,并开始有了日本正式职员,版面上也得到一定程度的充实和改观。特别是,每天来访的这支上万人的"网友"队伍,大大壮大了我们的朋友圈子,让我们感到辛苦的价值,增添了发展的信心。

6. 在中国有"大德不言谢"这句话,的确如此,实际上谢也是谢不过来的。一篇千字的小文,书不尽我们所得到的支持和帮助之万一。他们所做的,不仅仅使我们个人、我们的工作受益匪浅,更是为中日友好的大业尽心尽力,是两国民间交流事业的一个重要组成部分。对这一切,我们无法一一娓娓而道,但始终不会忘怀,唯有努力工作而已。

7. 人の目を意識して生きるのは大切なことだが、八方美人になれ、と言っているのではない。

8. ああ、あれは日常茶飯事で、少しも怪しむことにたりません。

9. 今の世の中には、あいつのような恩を仇で返すような者がめったにないんだ。

10. あっ、あの携帯、安くなったじゃない。王さんに早く買いに来させてよ。この前見てたとき、喉から手が出るほどほしがってたのよ。

11. 専門的な話は、彼に言っても「馬の耳に念仏」と同じことだ。聞き取れるはずがない。

12. 分からないことがあったら、すぐ聞いたほうがいいと思う。聞くは一時の恥、聞かぬは一生の恥だからね。

13. 政治家はほとんど机上の空論をいうのが得意なんだ。

14. 能ある鷹は爪を隠すという言葉は、まるで彼のことを言ってるよう

だ。いい友達として彼のことをよく知っていたつもりだったが…。

15. 人上了岁数,对饮食也执著起来。虽不到掰着指头数今后还有几顿饭可吃的地步,可饮食确实成了每日的乐趣之一。

16. 中国悠久の歴史の中で、儒教は重要な働きをした。儒教を理想国家としているのは周代の文王の世である。彼は100人の子供に愛されただけなく、数万人の人々から長として仰がれた。昔から人々に知られている「百子戯蓮」はここから伝わったものである。

17. 头一次吃蝎子是在山东省。蝎子是山东的特产,报上不时出现一些养蝎子发大财的"养蝎大王"的报道。蝎子也能炸着吃,吃起来就像脆饼干一样,淡淡的。有一次一家北京饭店的餐厅举行山东省商品展销,其中就有蝎子。本以为孩子们可能不会喜欢这东西,没想到却很受欢迎,说是"像吃点心似的"。

18. 日本许多传统家纹也含有祈愿吉祥的意味。女性们离不开的梳子上面就有这样的家纹。这种梳子往往是由母亲传给女儿的,称之为"和梳"。日本的漆器表面也大多是绘有蕨菜、笔头菜及蝴蝶等等与多子多产相关的图案。庆贺宴席上拿出来的餐具上面,也时常有着"鼠曲草"的图案。镌切在刀柄上的"花纹"图案寄托着多生男孩子的愿望。这种传统还体现在婚宴的和服上,图案经常是十几只乃至二、三十只鸳鸯,而鸳鸯则是和睦夫妻的象征。

19. 在银座,一号柜台前面的队伍特别长,尽管在隔壁二号柜台立刻就能买到。这是因为人们认为"一等奖就要排一号队",一号柜台前面的人特别多。商家也很精明,开辟了两个一号窗口,尽管如此,"大安"这天要等上三个小时。

20. 我觉得小琴很喜欢逗人笑。她从不勉强自己,不受约束,自己怎么感受到的、心里怎么想的就怎么告诉对方。我觉得她的这种性格非常好。小琴在学校里和谁都能相处得融洽。在打工时对自己的工作勤勤恳恳,得到伙伴们的信赖。在家里的小琴则有些任性,总喜欢和家里养的小狗和小猫玩。而和我在一起的小琴,从摄影开始到摄影结束渐渐地更接近我了。了解了小琴的各个方面,我才发现,我之所以烦恼是因为我太勉强自己了。可小琴不论什么时候,在谁面前她都能保持"自然大方"。和这样的小琴在一起,我也开始放松自己,自然而然地露出了笑脸。

21. 高校卒業後は迷うことなく京劇の世界に進みました。北京の中国戯曲学院付属中学に入って、「武丑」という持ち役をもらい、本格的に京劇の勉強を始めました。京劇役者の多くは幼少の頃から修行を始めます。そうでないぼくにとって、肉体訓練は想像以上に厳しいものでした。

# 第七章

翻译下列句子

1. A：外の爆竹の音がほんとうに賑やかですね。
   B：そうですね。中国人は爆竹の音の中で旧い年を送り出し、新しい年を迎え入れることが好きなのです。

2. 電話での年始には、メリットが四つある。一つは時間の節約。これまでだと、半日以上かかったことが四、五分で片付く。その二は省エネルギー。長時間または短時間の「旅」で疲れることもなく、電波で友情が伝えられる。その三は交際費の節約。顔を合わせるわけではないので、おみやげを用意する必要もない。その四は言葉の節約。四、五分で年始が終わる。簡潔にして要を得た話になる。

3. ずっと昔にもうすでに「華封三祝」という話が伝わっていた。それは華山地方の封人(国境警備の役人)が当時の領袖だった尭に捧げた祈りの言葉の中に多福(裕福で)、多寿(寿命長く)、多男子(男児多く)という三つのことが含まれていたというものである。この三つの「多」に、数千年にわたる伝統的社会が理想としてきた生活の基本的考えがまとめられている。

4. 最近工作很忙连吃饭时间也没有，经常买便利店盒饭吃。

5. 昨天和朋友去迪斯尼乐园玩了，中午在麦当劳吃的。

6. A：学兄，能告诉我面试时什么最重要呢？
   B：首先，不要错过预约的时间。再就是面试要着正装，这是基本的礼节。

7. 七五三节是武士阶层为了给孩子避邪而举行的仪式。因为在孩子们的成长过程中，三岁、五岁、七岁这三个年龄身心上都分别处于一个关键的阶段。

8. 千利休的孙子千宗旦为了振兴千家倾注了心血。从他的孙子们开始，分为三个流派——宗守"武者小路千家"、宗左"表千家"、宗室"里千家"。三个流派均继承了"侘茶"的传统。

9. 现在哪里都很注重售后服务，出售的商品如出现什么问题，都会按照"三包"规定处理。

10. 「ジャパニメーション」一词是指日本电视和电影中的动画片。

11. 漫步走过历史名城的古桥时，常常仿佛听到往昔走过往行人的脚步声。我曾到意大利的古城佛罗伦萨，伫立在那意为"古"桥的贝奇欧桥上，追忆堪称500年前那场文艺复兴运动的三大代表人物的英姿。

1504年秋,年仅21岁的拉斐尔胸怀青云之志来到佛罗伦萨之时,52岁的达·芬奇正挥动神笔描绘"蒙娜·丽莎",年将30的米开朗琪罗则刚刚完成他的巨型雕塑"大卫"。拉斐尔通过对这2位巨匠的作品的揣摩学习,创出了自己独特的优美华丽的风格。

12. 为了成立联合国教科文组织,在第二次世界大战结束60年前的秋天,在伦敦召开了会议。英国首相艾德礼在演讲中说:"战争爆发于人的内心。"

这是联合国教科文组织宪章序言中著名的一段:"战争爆发于人的内心,因此,必须在人们的心中筑起和平的堡垒。"这段话包含了这样的反思——为了不再发生战争,世界各国需要互相了解。我衷心期望知床的大自然也能成为人们心中堡垒的基石。

# 第八章

翻译下列句子

1. 少数の俳優や歌手は所属の芸術団体の通常の演出に参加せず、もっぱら「アルバイト出演」して、大金を稼いでいる。

2. 電話を事務室にかけてきて、まずお世辞でおだてて最後に手の内をさらけ出す——VIPカードがあなたを待っている。またいかにも好意があるように言葉を濁しながら引っ掛けようとする人もいる。「それほど力を入れなくてもよいサイド・ビジネス。金儲け間違いなし。」何回も問い詰めると、例のペテン——マルチ商法だと分かった。

3. 「小金持ち」は、料金の高いシャレードのタクシーに毎日乗っていてはたまらない。まあ、人が見ているところではシャレードにも乗ろうが、見ていなければ安い乗り合いで十分。これで少しはゆとりも出ようというもの。

4. 「お父さんは、パソコンを買って家でインターネットにアクセスすればいいじゃん。お勉強もできるし、私と遊べるし。どうせ私は大学のお勉強も家でインターネットでするわ。お父さんからもお母さんからも離れない。」

5. 外国人が一人っ子を見る場合、彼らが幼いとき甘やかされてわがままに育った一面を見るが、中国大陸では一人っ子は肩の重荷と責任を意味する。「小さい皇帝」の幼年時代の後、この世代の若い人は、自分一人の肩に両親、祖父母、外祖父母の六人の老後の責任を担っていることを、だんだんと認識するようになる。

6. 这个数码相机拍出的照片看不清啊!

7. 哪家百货店的礼仪小姐都又高又漂亮,穿上时装就像模特一样。

# 第九章

翻译下列句子

1. 「はだしの人は靴を履いている人を恐れないことだな。」「その心は。」「失うべきものを何一つ持っていない人は、理不尽なことをし出すと、一段とすごいってことだよ。」

2. 和尚にくしを売りつけようとするようなものじゃないか。無駄な努力だよ。

3. ほら、今二人はアツアツだけれども、本当はね、うさぎのしっぽさ、そう長くないよ、などとうわさされるのです。あらゆるこれらの流言蜚語は理性的に判断すれば私も信じたりはしないのですが、それらのうわさはまるで強烈な衝撃波のように、私の理性の扉に襲いかかってくるのです。

4. 論文のことは彼に相談しようと思うなら、全く見当違いだね。学問にかけては、彼には、めん棒で火を吹くようなもので、全く通じないのだ。

5. 彼に頼んだところで、どうにもならないだろう。彼自身だって危ないのだから。

# 第十章

翻译下列句子

1. よそ者の言葉遣いをする民工たちが柵の外の街道を行き来している。だれもが頭はボサボサ顔は垢だらけで、しょんぼりとしている。

2. 妻はゆったりとソファーにもたれ、ベイジュ色のセーターを編んでいる。ほっそりとした指は軽やかに動いている。

3. 手のひらで叩くと、西瓜はポンポンと軽やかな、極めて爽快な音がする。はちきれそうに充満している命が応えているのである。

4. 彼女の鼻は高く、額はやや前に突き出ていますが、それも出すぎということはなく、彼女の高い鼻筋とよく均整がとれています。彼女のひとみは黒く潤いがあり、キラリと輝いています。まつ毛は長くまばらで明かりに照らすと数えることができるようです。

5. 乗り過ごした人々の仕草は実にさまざまである。時刻表を覗き込む人、駅員にぶつぶつ言っている人、自分の頭を叩いている人、乗り過ごしたこ

とを他の人に気付かれないようにタクシー乗り場に向かう人。

6. 过了店铺的一个坡道边上，竖着一块告示牌，上面写着今天的通知——节分祭(注：立春前日，即驱鬼节) 三日下午三点撒豆。森鸥外在短篇小说《追傩》里，描写了明治时期节分日的情形。人们坐在饭馆的房间里，离开场时间尚早，正不知如何打发时间。突然，一个身穿坎肩的老婆婆风风火火地闯了进来。

7. 只见她略微打了个招呼，就撒起豆子来，还口中念念有词道："福请进，鬼请出。"之后，几个女子接二连三地鱼贯而入，拾起撒了一地的豆子。"老婆婆的神态极有生气，使人为之一振。"

8. 强劲的秋雨哗哗地下了一夜。次日天空晴朗如洗，一尘不染，山峦清晰可辨，仿佛拉近了与我们的距离。

9. 清晨，当我还在酣睡之际，外边下起了静静的细雨。好久没有下雨了。连日来的狂风也停止了。望着那湿漉漉的树梢，仿佛觉真的是置身于山中的温泉里。

# 第十一章

翻译下列句子

1. 人を助けるのが好きかどうかは、あの人が人のために何をしているのを見るべきであって、何を言っているのかを見るべきではないのだ。

2. 会社には、よそで二年以上働かなければならない社員が家族を連れて行ってもいいという決まりがある。

3. 世界の都市人口は過去30年間に倍増して18億人となった。これはつまり10人のうち4人は都市居住人口であるということになる。国連の人工統計学者によると、20年後には世界の人々の半数以上が都市に住むことになろうと推計されている。

4. 酒を勧めるのには、だいたい「敬酒」と「罰酒」の二種類の方法がある。貴賓、年配者には、礼儀正しく「丁寧にお勧めする」ことで、無理強いはいけません。これが敬酒です。しかし、「罰酒」は大体同世代の親類友人同僚間で行われます。

5. 向かい側に、一人の若者が腰を下ろしたかと思うと、窓から首を出して大声で叫びながら牡丹マークのタバコを見送りに来た仲間たちに分けている。

6. 彼女は急いで、そっとドアを開けた。彼が論文のカードを整理しなが

ら、足でリズムガルに揺りかごを揺り動かしているのが見えた。

7. かれは高級インテリをよく理解していなかったのだ。謝琳の微笑はやさしそうであったが、なによりもプライドに満ちていてた。また装飾でもあり、よろいかぶとでもあった。

8. 伦敦伊斯兰人权委员会进行了问卷调查,回答自己"是英国社会的一员"的伊斯兰教徒仅在40％左右。而回答"受到歧视对待"的人有80％。即便是在自己的祖国也没有安居的住所,想必为数不少的青年在这种痛苦的煎熬中度日吧。

9. 一月再访保定古莲池时,正值雪后初晴,园中没有游人,静静的是那亭台楼阁,小桥曲径,假山荒柳。去年来时的满池残荷,变成平静的冰雪池面。沿着碎石小径,我来到幽静的西小院,黑玉石的"张裕钊宫岛大八师生纪念碑"就立在那里。正面碑文为日本著名书法家、张氏书法的第三代传人上条信山所书。横额"谊深学海"四个大字,是中国著名书法家启功的题字。碑的背面铭文,记述了一个很久以前的故事。

10. 日本明治时代的女记者矶村春子曾经活跃在《报知新闻》。她在没有妊娠假、产假等苛刻的劳动条件下,居然生下并抚养了8个孩子。她养育了众多的孩子,构筑了家庭的美满,同时实践了自己的生活方式,真可谓非凡女性的先驱。

11.「生（なま）」这一词含有"新鲜的、未经加工"之意,除了食物之外,还广泛用于其它领域。比方说「生番组」一词其意为电视直播节目。电视节目通常是在拍摄后经过编辑才播放的,而「生番组」则是指不加编辑、边拍摄边播放的节目。还有一个新词为「生脚」,这是指女孩子脚上没有穿袜子或者长筒丝袜,再者是指光脚。该词是产生于女青年之间的俗语,同时也主要用于女性。

12. 记得小时候,在春天父母带我去赏花时,在开满了桃花、梨花的花丛中,边散步边赏花。而日本则是大家坐在樱花树下,边吃"便当",边喝着酒,高谈阔论,有时还会又唱又跳。尤其是平日那般严肃认真的中、老年日本男人们更让人不可思议,他们在樱花树下,仿佛顽童般地手舞足蹈、引吭高歌……

13. 朗德姆哈斯《英日大词典》(小学馆)的第二版中收录了"借用日语的英语"。它们是英美的主要辞典和新语辞典中出现的英语化日语,大约有900个。从"海啸""和服""切腹"这些19世纪以来的古代词语,到20世纪90年代为止的词语均按照阿拉伯字母的顺序排列着。这些词语既折射出世界投向日本目光的变迁,也展示出日本对外的风貌。

14. 有些人彩票还没买,就盘算着中了3亿日元派什么用场并暗自欢喜,还有一些人中了奖却浑然不觉。去年年末的特级彩票70张一等奖中有5张(相当于10亿日元)还没人来兑换现金。真是一个代价昂贵的"粗心"啊。

15. 在日本饭菜中生吃的食物很多。除了广为人知的生鱼片以外还有"生肉""生蔬菜"等生吃的食物。也就是说有很多食物既不用炖也不用烤就可以吃。

16. 据说如果职业女性剧增,将会产生与男性社会一样的现象。忆往昔,风衣加上围巾是男性上班族的标准装束,而现在女性似乎继承了这个传统,但我觉得她们的装束是以前的"升级版",从而更加别具一格了。如今穿制服的人锐减,上班族的装束趋于"休闲化",因此她们端庄的装束使人耳目一新。

# 第十二章

翻译下列句子

1. 夕べは実に疲れたもんだから、ベッドに横になったら、もうこんな時間になってしまった。

2. 仕事の合間に庭に出て眺めまわし、こちらの木に水をやったり、あちらの鉢を動かしたりして、それから部屋に戻り、少し書いて、また外へ出るという具合に繰り返して、頭脳労働と肉体労働を結びつけるのですが、これは心身双方に有益であり、薬を飲むより効果的なのです。

3. 店の方はいささか困惑の体である。というのも、客がパンをひとつひとつ手にとって押してみたり、鼻にくっつけて匂いを嗅いでみたりした上で、さてどれを買おうか思案するからだ。店のほうでは、パンが大勢の客に触られ、商品価値がなくなるのを心配している。

4. 外人の働くオフィス・ビルにすっかり馴染んでいるせいか、手振り身振りも大げさになり、何かと言えば両手を広げて肩をすくめ、「シカタナイネー!」という表情をつくってみせる。

5. 11月实施"回收再利用活动"。召集志愿者到提供协助的家庭里收集旧报纸、旧杂志、纸板箱等,然后再卖到收购站。实施这个活动所得的收入都积攒了起来,在学校创立十周年之际,买轮椅捐献给了入间市。这个活动一直继续到现在。

6. 作为对灾区的慰问方式可谓别出心裁。新潟出生的作家新井满先生送给遭受地震之灾的故乡的人们不是援助金,而是一千支康乃馨。这是受阪神大

地震时的一些见闻的启发而萌生的念头。他的一个朋友带着所能买到的瓶装水和郁金香深入灾区现场。接过瓶装水的灾民仿佛都无动于衷,但看到了郁金香就立刻为之动容。有人微笑盈盈,有人热泪长流,各种情态,不一而足。

7. 屡屡遭遇几乎丧生的危机,却总在千钧一发之际脱离危险,其中的"秘诀"是什么呢? 每当有人问阿拉法特这个问题时,他都回答说没有,同时又说:"不知道为什么,面临危险时就会有直觉。"并且例举了一个事实为例。"在贝鲁特有一个巴勒斯坦和黎巴嫩的指挥部的联席会议,我一进入会场就说:'马上出去!'果然没过五分钟,以色列的战斗机就轰炸了这个会场。"

8. 继承了中国考选官吏的科举制度传统的韩国,大学的升学考试是件举国重视的一大盛事。自古以来祈祷考试合格的必需品就是糖果。据说紧粘在一起与合格是同一个动词。在开考的当天,妈妈们会在考场的校门上粘上糖果来祈祷考试合格。

# 第十三章

翻译下列句子

1. この種の参観はデトロイト市の旅行業の伝統的プログラムであるばかりでなく、そのまま生きた広告として、自動車都市の繁栄した姿を世界各地に知らしめるものであった。

2. こんな寒い天気は大人でさえも耐え切れないのに、まして子供にはなおさらのことだ。

3. 「川に泳ぎに行かないで」と何回も言ったのに、彼は全然聞いてくれなかったし、弟まで連れて行った。

4. 中国には女性の大臣や女性の校長、女性の記者、女性の工場長、女性の教授などがおり、男性ができる仕事はほとんど女性にもできる。さらに、紡績労働者、看護婦、託児所の保母といった職業は、ほぼ完全に女性に「独占」されている。

5. 世間の人々が貴族になりたいと思っているこの時代。彼らは豪華な邸宅に住み、高級車に乗るだけでなく、美酒とコーヒーまでほしがる。しかし私はむしろ、籬(まがき)に囲まれた平屋に住みたいと思う。庭には瓜と豆を植え、ついでにボタンやカイドウなども植えたい。庭の外には池があって、そこでガチョウとカモを飼い、ついでにオシドリのつがいも2組飼いたいのだ……。

6. 我是在高一时开始学习摄影的,起初并没有认真地去做。高二快结束的时候,我下决心走"摄影"这条路,这才开始认真投入。起初我对别人对我拍摄的作品品头论足非常恼火和反感。特别是年轻时也搞过摄影的爸爸提出的意见使我接受不了。明明知道自己的摄影技术不足,但我就是不愿意承认这一点,还为此委屈得流过眼泪。

7. 在上海我参观了高中的音乐课,对中国学生的活力感到震惊。上课前学生们的一声洪亮的"老师好!"使我感到心中的震撼。一直在我脑海里的中国学校的形象是：在光线暗淡的教室里,毫无表情的学生们像机器人一样默默地啃着书本,但事实告诉我,这种想象是错误的,我觉得中国的学生和日本学生几乎没有什么两样,甚至比日本的高中生还要精神饱满、充满活力地上课。

## 第十四章

翻译下列句子

1. 昔、数人の人が一壷の酒のために争い始めた。一人の年寄りが言いました。「一人が一口ずつ飲んだのでは、もの足りない。一人に心ゆくまで飲ませてやるほうがましだ。」

2. それはぶっつづけ三時間の授業を受け、往復二時間もバスの中でもまれて疲れたというのではなく、煩わしい恨みごとを聞くのを恐れたからである。

3. 彼を行かせるか、それとも行かせまいか、ほんとうに迷っちゃうね。彼に行くなというと、文句を言うし、行けと言うと、今度は行こうとしない。

4. 与其说像东京人喜欢吃荞麦面,还不如说喜欢荞麦面条铺。《多在荞麦面条铺休息》这本书建议人们在荞麦面条铺享受片刻的安宁。书中写道："今天能做的事明天也可以做,反正都是活到死。"后面的一句话深深地映入了我们眼帘："这么心急火燎的,你究竟要去哪儿?!"

5. 三武女士说："现在来的客人,已不是为了日常开销了,很多人是因为零花钱不够才来的。"从前,还有人楞提着树杈似的大玻璃吊灯来当,好家伙,把人吓一跳。如今的当头已大多成了衣服、电器,还有贵重首饰、品牌包什么的了。

## 第十五章

翻译下列句子

1. いい友達だからこそ、お金を貸してあげたのに、十年たっても全然返

してくれない。本当にあきれたなあ。

2. 学校の近くに大きなスーパーがあり、よくそこで買い物をするので、店のレジの女性と顔なじみになりました。

3. 心配していると思えばこそ、こうして電話をしているのに、いきなり怒鳴りつけることもないでしょ。

4. 英語ができると言ったばかりに、通訳をさせられ、赤恥をかく羽目に陥った。

5. 日本のお正月料理には昆布と豆が欠かせないように、中国の旧正月の料理には魚がなくてはなりません。それは中国語の「魚」と「余」が発音が同じなので、人々は年の始めに魚を食べるのは今年一年の生活に余裕があるようにと祈るためです。また、大晦日の夕食の料理をわざと残すのも、この一年の生活に余裕があったことを示したいためです。

6. 子供たちにとっても春節は特別に楽しみな日です。それは、お年玉がもらえるからです。春節には目上の人は「紅包(ホンバオ)」と呼ばれる赤い封筒にお金を入れ、未成年の子供に渡します。この「紅包」には幸運を願い、邪気を払うという意味が込められています。

7. なぜこういう状態になったかといえば、全く彼が事情の成り行きを皆さんにはっきり言わなかったからだ。

8. いい友達だからこそ、注意しているんです。

9. 彼は物事を処理するのに不注意で、まじめな態度に欠けているため、しょっちゅう過ちを犯すことになる。このような人を俗語では「馬大哈」と呼ぶ。

10. 多产的女性受到赞誉,这是古来的习惯,这可能是因为那时死产、早产太多的原因吧。

11. 莲池书院接收日本留学生始于张裕钊,宫岛大八为第一人。宫岛大八到莲池书院时名额已满,但他表示,自己慕名而来,只愿入张门下,不愿他就。见其心诚,张裕钊特报请李鸿章得准,收了这个渡海而来的学生。按照中国的习惯,行了师生跪拜礼。为便于与中国学生交往和表达自己向学之心,宫岛大八也留起发辫,穿起中国服装。

12. これまで、パスポートの取得手続きがたいへん煩わしかったため、長い間、海外を自由に往来する人の数は極めて少ない状態が続いていた。そのため、普通の中国国民にとって、パスポートは珍しく、神秘的なステータスシ

ンボルになった。しかし、9月1日から、上海ではパスポートの申請方法が変わり、ニーズによるパスポートの申請が実施されることになった。

# 第十六章

翻译下列句子

1. 私はあらゆるポケットを裏返して、虱潰しに探したが、それでも見つからなかった。

2. 日本では病気のお見舞いに鉢植を持っていってはいけないそうですが、中国ではそんなことはありません。でも、上海近辺ではリンゴを持っていってはいけないと聞いたことがあります。その地方の方言では「リンゴ」と「病死」の発音が同じだからということです。

3. その手紙は読んではみたものの、回りくどくて、何が言いたいのか、さっぱり要領を得なかった。

4. 「皇后」の周りにいる青年の中に、劉宇というのがいた。彼はその若者の中でも、一番大人しく、一番純朴であった。ところが、賢明な人がしきれないことを、大人しい人は敢えてするものである。

5. …それから、ねえ、窓のそとの、垣根に残っている最後の藤の葉をご覧なさい。どうして風があんなに吹いているのに、その葉はびくともしないのか——あなたはそれについて考えたことはありませんか。

6. いろいろな意見があることについては、私も関心があるし、聞くべき耳は持っているつもりです。ただ、かなりピントはずれの言い方をされるので、私もだんだんと気にしないようになってきました。

7. 私は日本語専攻で、もう日本語とは十年以上のつきあいになります。ただ、自分の経験から言っても、単語を一つ一つ暗記していくのは確かに時間はかかるけれど、やはり効果的な方法だと思いますよ。根気がなければ語学をものにすることはできません。

8. 彼のことを思ってわざわざ忠告してあげたのに、逆恨みされてしまいました。

9. 开始我以为自己对(中日)战争比较了解,但参观南京的大屠杀资料馆时,我感到一阵剧烈的心痛。从日本出发之前我读过有关大屠杀的书,但我发现那本书所涉及的只不过是残虐的日本人的一面。我无法原谅那些用难以想象的残暴手段去屠杀中国人的日本人。这使今天想为中日友好作贡献的我,不

知今后如何去面对中国人。

10. 据在东京都内私立大学教授二外西班牙语的朋友讲,没有词典的学生年年都在增加。每年第一次上课的时候,总要推荐几本词典给学生,但今年上到第三次课的时候,他询问学生买了没有,结果全班30个学生仅有3个学生买了。如果是从前的话,学外语买词典那是常识。据说现在的学生不买词典的理由有三:"贵""重""查起来麻烦"。

11. 这个根据不攻自破,这个事实基本上已经昭然若揭了。也许是美国国民注意力都转移到对下一届总统选举候选人的投票问题。但是,在此不能不再度审视由于先发制人造成的惨重灾害的程度。据推算,数以万计的人在此次战争中丧生,受伤的人更是不计其数!进攻方的伤亡也还在不断的增加,仅美国就已经上升到千人。

12. 说起来不好意思,宫岛大八和张裕钊的名字,我都是第一次听说。说句为自己开脱的话,执笔这个专栏的日本人中,只有我一个人不是中国问题专家。对于其他执笔者来说,也许是理所应当知道的人物,可是,我想大多数的日本人同我一样,对于这两个人,均是一无所知。

13. 明治4年初夏,岩仓具视等高官集聚一堂,对日本开国后的服饰进行了激烈的辩论。和服派呼吁:"难道愚蠢到连服饰也要学习外国吗?"但西服派却以"在与外国交际时不可缺少"为由力压和服派。这就是世上流传的"西服大议定"。

试着幻想一下,如果那个时候西服派输了的话,尽管那些公卿礼服和短外套不至于一直延续到现代,但是,在日本这个靠近亚热带的国家,盛夏里打领带的人数应该是远远少于现在吧。

# 第十七章

翻译下列句子

1. 私は高所恐怖症である。遠ざかる地表をエレベーターからの中で見下ろして、目が回りそうになった。風景から顔を向けても、怖くて冷や汗が出た。

2. 酒を飲んで車を運転してはいけない。自分ではしっかりしているつもりでも、ブレーキをかけるのが遅くなる。居眠り運転にもなりやすい。

3. 隔てているのは川であれ、海であれ、その向こうには何かがあるに違いないのだから、どうしても行って見ずにはいられないのが人間だ。

4. 私は、小さい時からとりとめもない話に耳を傾けるのが好きな子供であった。大人が話をしていると、それがよもやま話であろうと、人のうわさ話であろうと、私はいつもかたわらで聴いていた。

5. 人間、一つの意地を貫き通すために百の格好悪いことをすることだってある。だが、それでいいじゃないか、自分にとって大切なことなんていうのは、そんなに多くあるわけじゃない。

6. 風が吹こうが、雨が降ろうが、彼は一度も欠勤したことがないので、ほとんど毎年皆勤賞を獲得しています。

7. 在中国,人们通常相信多育的家庭是繁荣和幸福的。所以,人们不论社会地位高低、贵贱,都对能够多生孩子的人抱着一种感谢的心情。

8. 无论是谁往往都想,反正也要分手了,那就好合好散吧。既不怨恨对方,也不想被对方怨恨。

# 第十八章

翻译下列句子

1. ロンドンのタクシーは図体が大きく、いささか不格好だが、丈夫で、安全だ。住所さえ告げれば間違いなく目的地に連れて行ってくれる。

2. ペニシリンを二、三本打ちさえすれば、直りますから、たいしたことはありません。

3. 昔、広西では、お正月には書店に入らないという風習がありました。中国語の「書」は「輸」(負ける)と同音で、だれでも負けるのがいやで、お金で「輸」を買いたくなかったからです。近年来、人々は「書」を買って知識を増やしてこそ、はじめて「輸」から逃れることができることがようやく分かってきました。

4. 「格好よく生きろ!」と言うのは簡単だ。だが何も表面さえきれいに飾ればいい、と言っているのではない。要するに自分自身に強烈なる意地を持てと言いたい。そんな意地を持った生き方をすることこそが、周囲を納得させるのだ。

5. アメリカ人の買い物はまるで先を争って買っているようだ。必要なものでありさえすれば、手にとってはカートに投げ入れる。往々にして見もしないで。

6. あのレストランは出前のサービスを行っており、電話一本すれば、家

まで料理を届けてくれる。

7. 本次事件暴露了医院管理方面的漏洞，教训深刻。对于众多毫无防备的生命，院方保护不力。除了有必要对医院进出人员进行严格管理外，也可以采取一些其他措施，比如只要装一台监控设备，一旦发生此类事件，就能提供线索，帮助警方迅速抓到犯人。

8. 已故的德国文学专家种村季弘先生在文章里写过，在东京常光顾当铺的都是些"人生地不熟的进京者"。而最近，光顾三武女士当铺的，好多是来自亚洲各国的"进京者"。据说老板娘只要一听说是要给生病的母亲寄钱什么的，就心一软多给两个。

9. 航空公司每天都维系着众多的性命，岂能被内讧等事务牵着鼻子走。才指望日航能重整旗鼓以东山再起，这回以廉价机票为卖点的航空公司又东窗事发。航空界后起之秀天界航空公司（SKYMARK AIRLINES），对客机机体上的瑕疵未作彻底的修理，超期9个月后该飞机还在继续飞行。一想到发生事故时的惨状，无论多么小的瑕疵都不能掉以轻心。

# 第十九章

翻译下列句子

1. トマトは栄養が豊富で、水分も多いため、一度細菌が中に入って住み着くと、たちまちのうちに腐ってしまう。

2. もし蒸す時間が長すぎると、トマトはもとの色つやを保つことができない。また蒸す時間が短すぎると、今度は細菌を全部消滅する保証ができず、腐る可能性が残る。

3. もし何軒かの会社に訪ねてみないと、自分に合うような仕事が見付からないと思う。

4. 来世があるものなら、またお母さんの娘になりたいわ。ただ、こんなにご心配させなくて、元気に、明るく生きて行きたいわ。

5. 十分ぐらい早く来られれば、終着電車に間に合ったかもしれないけど、こんな時間で、もうタクシーで帰るより仕方がないようだ。

6. 以前のレストランではビールを注文する時、「冷えたビールはありませんか。」と言わないと、ぬるいビールが出されるのがふつうでした。今、市内のどこのレストランでも、冷たいビールが飲めるようになりました。冷やしてこそビールなのだというのは、どうやら常識になったようです。

7. 150センチか、160センチくらいの娘が厚底靴を履けば、いきなりスラッとした足長美人のできあがり。厚底靴がなかったら、こんな経験はできなかったよね。

8. 每逢三月,当春风刚刚吹动时,人们便开始谈论这样的话题:"今年的樱花哪天盛开呀?"进入三月下旬,在电视等媒体每天"樱花前线"的报道中,人们更是翘首盼望着严冬后春天第一花的绽放。

9. 所谓的"安生之处",不管是对大人还是对孩子,都有着同一个意思……如果父母在自己的家里感到没有安生之处的话,毫无疑问,他们的孩子理所当然地在自己家里也会感觉到没有安生之处。

10. 时代是发展的,正如先生所说,无论是社会,还是人,都会有不小的变化。如果说,有一点不会变的,大概就是日本人对樱花的热爱、中国人对牡丹的钟情吧。

# 第二十章

翻译下列句子

1. 彼はマイホームを持つべく、節約に節約を重ねた。

2. テニスが上海で静かなブームを呼んでいます。多くの上海人はテニスをすることを上品な社交活動と考えています。その独特な社交技術を未来の「商売人」——大学生に習得させるため、上海の各大学ではテニスコートやテニスクラブを作りました。

3. 書けない字があったときには、時間を節約し、考えることを中断せずにすむように、空けておいたり、マルを付けたりしておいて、書き終わってから、字典を調べるなり他の人に聞くなりして、そこを埋めていけばよい。

4. 文章は皆が口で普通に話している共通語で書くこと。人が読んでちんぷんかんぷんにならないように、自分で無理やり創作したり、故郷の方言を使ったりしてはいけない。

5. 広範な選挙民の支持を得るためには老人や子供にも理解できるような、分かりやすい言葉で語りかけることだ。

6. 後で後悔しないように、若いうちに学べ。勉強は自分のためにするものだ。

7. 被告はその目的を遂げようとして、詐欺や賄賂など、あらゆる手段を使った。

8. 另一所私立大学的资深教员稍前跟我讲过 10 年前发生的这样一件事。一次法语翻译考试允许带词典，有一位学生不但带了法日词典，还带了日语国语词典，目的是求得译文的准确性。据说这种情况也已经不再发生了。

9. 一说到一郎，人们想到的就是他的钟摆式打法，但事实上他每年都在一点点调整着击球姿式。加盟美国职业棒球联赛以来，为了适应美国棒球的速度，他在很大程度上改变了自己的打法。

# 第二十一章

翻译下列句子

1. 彼は三十をちょっと出たところだし、たいした学歴を持っていないが、非常に真面目に責任を果たしている。それで、いつも社長から重要な仕事を任せられています。

2. 昔の言葉に、「淵で魚を羨むより、引き返して網を編んだほうがよい」とある。我々は外国で自分の国が、よそに及ばないところを知ったら、ただ単にこれを眺めて生唾を呑んだり、自分のために涙を流したりしているだけでは、問題が解決できないのだ。

3. 現在では学生の恋愛は、他人に知られても平気なばかりでなく、わざと人に知られたいという気持ちを持っている。さらには恋人ができたことを人に見せびらかそうとする心理さえある。

4. 彼女がいったん必要ではないと判断したら、たとえ一銭でも、私が口を酸っぱくして頼んだところが、承知してくれない。彼女は「親のお金は汗水を流して稼いだものですよ、節約も美徳ですよ」などと、老婆心から繰り返し忠告している。

5. この病院は設備といい、医者といい申し分ないが、入院費が高いことは、不満といえば不満だ。

6. 彼は頭が切れるというか、才気走るというか、確かに優秀ではあるが、問題がないわけでもないね。

7. 「これらのホワイトカラー」は片言の外国語を話すが、ペラペラというわけにはいかない。外人と話すときには英語の合間に中国語をはさみ、同国人と話すときには中国語の間に英単語をちりばめる。外人から見れば中国人だが、中国人から見ると、どこか外人くさい。あこがれの国には、ことのほか研究熱心で、ニューヨークやロンドンについて喋らせたら、まるで自宅の庭

である。

 8. やましいことはしていないのですから、誰かに見られたとしても、なにも恐れることはありませんよ。

 9. 私は花が好きなので、花を育てるのも好きである。ただ私は花について研究したり、実験したりする時間がないので、まだ花を育てる專門家にはなっていない。私は花を育てることを生活の中の楽しみの一つとしているだけであって、花が大きく咲いたか、美しく咲いたかどうかというようなことを問題にしていない。とにかく花が咲きさえすれば、それで嬉しいのである。私の小さな庭は、夏になると、花や草でいっぱいになり、猫たちは地上に運動場がなくなって、屋上にあがって遊ぶしかなくなるのである。

 10. どの文章にもそれなりのモチーフがあるはずだから、小説なら小説を読んだ後は、作者が何を言おうとしているのか、考えるべきである。

 11. 在南方,有些海鲜馆把活鱼贝类放养在鱼缸里,让顾客自己挑选,但都是蒸着或炒着吃的。那时我想:"中国人真够小心的。"可是当我在东京看到大嚼生鱼片的中国人时,顿时一头雾水。

 12. 虽然行道树还是一片残枝败叶,但向窗内望去,还是能感受到春天将至的气息。学生们忙于迎考、准备搬迁、策划旅游,许多人都热忱地期望春天的来临。并且到了春天,大部分人都沉浸在幸福之中。关于"幸"这个汉字,文学博士藤堂明保先生诠释道:"铐在罪犯手上的手铐的象形,表示从将被手铐铐住的危机中挣脱出来,危难之际转危为安而庆幸。"的确如此,春天是从应试、就业活动的困苦中挣脱出来的时节。

## 练 习 篇

 1. 莫奈曾多次描绘路边的白杨树,众所周知的要数 1891 年所作的"四株白杨树"吧。据说本来这些树是准备砍伐掉的,是他出钱请求延缓砍伐日期,才完成了这幅画。画中只是描绘了伫立在水边的白杨树细长的树干。树干与水面上映出的倒影形成一体,又把画面切割开,乍一看像是一幅几何图形。但是却描绘出了树木和水面的轻微的摇曳,称得上莫奈式的细腻。这是四株白杨树的最后的姿态,也可以称作它们的遗像吧。

 2. 好像有倒卖被盗车辆的非法渠道。黎巴嫩前任首相被汽车炸弹暗杀的事件中,使用的汽车就是去年秋天神奈川县相模原市被盗的日本生产的卡车。警视厅的鉴别员协助联合国调查团调查,从残留的碎片中鉴定出了车的主人。

 3. 寻找被盗汽车的下落是很困难的,每年正当途径出口的汽车就有 110 万

辆之多，销售地波及从热带到北极的160多个国家。这就是那些在工作单位、家庭与人们朝夕相处的汽车的余生。但愿这些失窃车辆远离战争、暗杀，为和平工作效力。

4. 待合室で待っている時、診察室のほうから赤ちゃんの泣き声と中国語の話し声が聞こえて、ぼくの好奇心を誘いました。10分後、若い母親が赤ちゃんを抱いて出てきました。ぼくは中国語で話しかけてみました。やはり中国の方でした。彼女はぼくの中国語に驚きました。そして、自分が中国のハルビンから来たこと、赤ちゃんは日本で生まれてまだ十ヶ月であること、背中が少し曲がっているようなので心配で診察に来たことを教えてくれました。医者は生まれたばかりの赤ちゃんはみんなそうなので、病気ではないから心配しなくてもいいと言ったそうです。若い母親は我が子の背中を軽く叩きながら、やさしい声でぼくと話をしていました。その顔は愛に満ちていました。この時、ぼくはこのお母さんの我が子を愛する心に感動しました。

5. 据东武介绍，驾驶员年龄30多岁，当时驾驶一辆从琦玉县到千叶县的普通列车，按照规定开完这趟车就可以下班了。在中途的一个车站，驾驶员的妻子带着大儿子和两岁的女儿进入头一节车厢里。

大概由于看到父亲的身影的缘故，大儿子兴奋得敲打驾驶室的门，大声呼喊："爸爸，爸爸"。妻子抱着哭闹的女儿腾不出手。为了制止儿子，驾驶员把门开了一条缝，儿子乘势闯进驾驶室里。驾驶员想把他带出去，小孩哭闹，蹲在地上不肯离开。于是父亲带着儿子行驶了大约四分钟。

6. 近日欧洲国家的报纸登载了伊斯兰教预言家穆罕默德的讽刺漫画，引发了伊斯兰各国的强烈抗议。有报道称，最初刊登该漫画的丹麦等国的大使馆被纵火焚烧，示威游行队伍中也出现了死伤者。

在报纸刊登的这幅漫画中，穆罕穆德头上戴着一个导火线已经点燃了的炸弹形状头巾。伊斯兰教信徒抗议这幅漫画将自己的领袖当作"危险人物"对待，其心情是可以理解的，但抗议升级为焚烧大使馆，造成人员伤亡的骚乱，实在令人遗憾。

7. 中国の女子大生の作文である。離婚した父と平穏に暮らしていたが、15歳のとき、父が日本人女性と再婚した。結婚式の日には、シロという犬を連れて家出した。「母と言いたくなければおばと呼んでもいい」と父は言ったが、冷たく拒否した。継母には自分の持ち物やシロに触れさせなかった。

音楽学院の入試をひかえて大病にかかり入院した。継母は自分の血を

輸血してくれた。意識が回復し、疲れた笑顔の彼女を見て心が大きく動いた。音楽学院に行くとき、シロの世話を彼女に託した。継母は涙を流した。冬休みに帰ったら、お母さんと呼ぼうと心に決めた。

冬休みに帰宅しても「お母さん」はいなかった。シロを連れて娘を迎えに出たとき、急に走り出したシロを追いかけ、車にはねられて亡くなった。残された日記には、その日を楽しみにしていたことが書かれていた。「お母さんの遺志を引き継いで中日のかけ橋になりますよ」と作文は結ぶ。

8. 路透社的一幅照片给了我们难忘的印象。强悍的警察手持金属盾牌站成一排，头盔上落着积雪。一名女性伸手指向盾牌，将夹在手指间的康乃馨插入盾牌的小圆孔中。一面盾牌一支，依次将康乃馨插过去。

在前一阵的乌克兰总统大选中，"亲俄派"的总理当选了。据说那名女性是指责选举不公正的"亲欧美派"的前总理的支持者。"盾牌与花"，象征着当地暴力冲突一触即发的紧张局势。

9. 他就任驻日大使是在1977年。当时日本普遍都是由妇女来倒茶，而他亲自动手沏咖啡据说就含有对这种习俗抗议的意味。他认为，这种倒茶习俗，是在贬低倒茶的人。他对作者说："我是想通过我亲自沏咖啡的举动，能使她们感到轻松一些。"

10. 据说在中国的科举时代也有舞弊的。在宫崎市定所著的《科举》上登有一幅照片，那是件舞弊用的内衣，上面用毛笔密密麻麻地写了约有70万字以上的《四书五经》及注释。

11. 茫然而立，泪流满面，这位12岁少年的模样让人看着揪心。他就是在这场灾难中孑然一人活下来的杉本辽平，父母和弟弟就在自己眼前被海啸卷走了。他唯一可做的，只是祈祷生死未卜的母亲还在某个地方活着。

12. 友人を見つけるのに、インターネットは便利だということを、私が説きたいわけではない。本当のことを言えば、知り合いはもうあまり増やしたくない。この年になると、人とのつきあいがめんどうにもなってくる。

しかし、強い志に出会うと、ついつい体と心が反応してしまう。私が言いたいのは、「朋」を作り出すのは、志であるという話だ。強い志は、多くの人の気持ちを揺さぶり、引きつけ、友人にしてしまう。志こそ、国籍や年齢、性別、職業を超えて、人を結びつける、インターネットよりはるかに普遍的な力なのだ。

13. 有人提出一种奇怪的论调，说什么日本的家庭纠纷之所以比较少，是因

为丈夫回家途中,在车站前的酒馆里坐上一会儿,喝上一杯,对老板娘发通牢骚解解闷后再回家的缘故。

14. 直销店有如下好处。对产家而言,可以销售滞销的和有瑕疵的商品;对消费者而言,如果有看中的商品,可以低价买到。由于长期经济萧条的影响,地价贬值,据说在日本大型的直销店如雨后春笋般地涌现,每家店铺销售业绩都不错。

15. 和中国不同,日本的学校是4月份开学。刚刚成为小学生的孩子们拉着爸爸妈妈的手参加入学典礼,在樱花盛开的校园里照相留念。这是一首经久未变的日本风情诗。

16. 在九天八宿的旅程中,重要的交通工具是大型观光巴士。我们坐在巴士封闭的空间里俯视中国的日常生活。陌生的城市景观、和某个熟人长得相似的脸庞时而跳进我的眼帘时而又消失了。就好像从电视的大屏幕上欣赏异国的风景,让我们感到玻璃窗的外面完全是另一个世界。我们似乎置身于一场娱乐活动中,既没有现实感也没有危机感。

17. 那种别扭的感觉也有过消失的瞬间,那是在去访问中国家庭的出租车上。这时看到的与总是从巴士上俯视到的情景不一样。自行车、汽车尾气还有喇叭声混杂在一起,出租车沿着充满生机的上海街道行驶,我的视线与中国人的视线处于同样高度,这些时候我才第一次感到我真正地触摸到了什么。

现在回想起来,隐藏在我心中深处的日本人的优越感以及从高大的巴士上俯视风景的姿态交织在一起,使我没能够正视中国的真正风貌。同时,我对自己的这种心态也感到抵触,所以才产生了那种别扭的感觉吧。

18. 学生の中には、将来、中国語関係の職業に就きたいという人が少なく、私も例外ではありません。私は、日本語の教師になりたいと思っているので、外国語の試験は中国語で受験できる大学に入りたいのですが、受験用の文法書や参考書が少ないこと、中国語で受験できる大学が限られていることなど、いくつか難点があります。教材も大学も、選択の幅が広くなるほどその先も広がると思います。中国語学習がもっと教育機関に浸透したら良いなと思います。

19. 女性可以创造和培育生命,这是和男性根本不同之处。可以说十月怀胎,体验了生儿育女的女性,从而经历了一次又一次的成长,同时其人性也逐渐趋于成熟。成为母亲的每一个过程,是一个女性成长的一个又一个人生驿站。

20. 这种机器人武器体积如手推车大小,上面装有夜视变焦镜头,并配有机

枪。它既可以越过荒地,也可以突破铁丝网。如果它跟在你屁股后面追赶,那可真是件要命的事情。

机器人既不需要吃饭也不需要训练。即使受到攻击,也只是机械受损。伊拉克战争陷入泥潭,死亡人数不断上升,并且征兵不能完成计划数。对于美军来说,它可以成为士兵的替代品。

在日本爱知世博会上吹小号的机器人深受人们欢迎,打扫卫生用的机器人也问世了。在这些新闻当中夹杂着战斗机器人的消息,未免令人沮丧。

21. 爱因斯坦1922年(大正11年)访问了日本,在日逗留一个多月。"相对论博士"在日本各地进行讲演,受到了热烈欢迎。在回国前夕,给朝日新闻社献上了谢词和期望。

"我认识到在地球上还有像日本国民那样谦虚且淳厚的国民存在,我这种感触尤其深刻。"(日本的)山水草木很美,日本房屋建筑也合乎自然,具有独特的价值,所以他希望日本国民不要被欧洲感染。

后来,这样的日本国民和山河受到了原子弹的袭击。爱因斯坦由于担心纳粹先发制人而在向美国总统建议研制原子弹的书信上签下了自己的名字,他为此而后悔。战后,他不断呼吁和平。50年前的4月18日,76岁的爱因斯坦溘然长逝。

22. 据说"白杨树"一词源自拉丁语的"人民、人们"一词。传说古代罗马人经常在它的树荫下进行集会。尽管可能并不是基于这种因果关系,可是白杨树经常被比喻成人类。白杨树的寿命是60—70年,和人类差不多。

23. 东海道新干线近年来每年都要运送超过日本总人口的旅客,本月迎来了开业40周年。其间行驶的累计距离足够从地球到太阳跑了5个来回。

平均每列车的晚点时间已缩短到了10秒,这是人们不断地努力追求精确的结晶。最最重要的是,在这期间里没发生过一起撞车之类的事故,让人心中释然。

24. 这是19世纪活跃在巴黎的画家欧诺雷·杜米埃的代表作之一"卡冈都亚"。这幅以饕餮来强烈讽刺政治腐败的漫画,虽然没能通过审查,却使得杜米埃名声大噪。

国王路易·菲利普如同巨人一般盘踞在王座上。他张开血盆大口,国民所缴纳的税金从下面源源不断地被吞入其中,王座的周围聚集着一群揩油沾光的议员以及高官。

25. 8年多前,发生过一起某运输公司让染黄发的员工染回黑发而发生纠

纷的事件。上司劝说染黄发的新员工"给客户留下的印象不好",员工认为"这是喜好问题",毫不让步,对峙三个星期后,员工终于被解雇。员工提起了诉讼,斗争的双方对簿公堂。"染发会破坏公司内部秩序的说法夸大其词。这是解雇权的滥用。"法院判决公司方败诉。

26. 某男性撬开大门,闯入车厢。不久车内传来了乘务员的声音:"请不要强行乘车。否则,造成损伤,后果乘客自负。"

这是上个月初,JR中央线的电车从东京的国分寺站出发后不久的事情。同乘一趟的乘客抱怨说:"这是种借题发挥的说法。"JR东日本着手调查了这起事件,批评乘务员说:"这种广播令人反感。"乘务员是位有近30年乘务史的老员工。

27. 我不能容忍那些不会拿伞的家伙。他们拿着伞的中间,伞尖朝后,伞与地面平行着走路。遇到这样的事我就气恼。跟着后面走的人可遭罪了,一不小心就会"扑哧"一下被伞尖戳着。

28. 经过将近一个世纪以后,年轻人中出现了新偶像——歌手安室奈美惠。她录制的CD唱片一次又一次地刷新销售数记录。1997年秋,她在记者招待会上宣布了自己已经怀孕近期要结婚的消息。同时她还宣布,为了准备生育孩子,她将停止歌手活动一年。在整个记者招待会过程中,她脸上始终洋溢着幸福的笑容,这是即将成为人母的喜悦表情。之后,1998年5月,她顺利地生下一个男婴后,再一次成为人们议论的话题。

29. 但是,并不是所有的女性都能够认识到这一点,不少日本女性与安室奈美惠截然相反。年轻人中正在盛行不愿做母亲的风气,很多年轻人明确表示"我不想要孩子","抚养孩子很麻烦"。另一方面,她们却在大量地购买装饰品,拼命地追逐时尚潮流,满足自己的兴趣,却不考虑生命的意义。这样的日本女性越来越多,实在让人遗憾。

30. 去了中国,日本人总要留恋生鱼片。在北京,可以从大连一带运来新鲜的鱼,到了南方就办不到了。我从作家陈舜臣先生那里听到过这样一件有趣的说法:中国以前也吃过生鱼片,因为发生食物中毒死了人,就改成加热后食用了。

31. 于是,我故意把手伸向压在书包底下的书,学生一脸不高兴的样子把书包挪开。我不管是什么书,拿在手中煞有介事地哗啦啦翻上一通,然后放回原处。如果学生又把书包放在别的书上,我就如法炮制一遍,直到那个学生气呼呼地离去。我则暗自得意。

32. 类似的事例不胜枚举。在我们为日文版翻译水平难以提高而苦恼的时候,我的一个学生给我们介绍了她在中国留学时的朋友,于是我们开始有了第一个母语日文校对,同时也开创了编辑部录用日本临时工作人员的先河。

33. なっちゃんの飾り気のない笑顔は、人の口元をほころばせる不思議な力がある。「笑えることってすごく幸せなことなんだよ。楽しいから笑うのじゃなくって、笑うから楽しいんだよ」ということを教えてくれた。

34. 德莫克利特不仅拥有著名的原子论,还以其超人的博识而闻名。甚至有这样一则轶事:柏拉图因自知不敌德莫克利特,就想尽可能地收集他的书并付之一炬,别人劝柏拉图说他的著作已在世上广为流传,即使烧了书也于事无补,只得作罢了。

35. 有一天天气很热。在休息时间,学生们轮流着喝一瓶装在塑料瓶中的饮料。说到"轮流喝饮料",日本人会觉得是几个人嘴对着同一个容器喝。

36. 最近,直接从上海进口的大闸蟹在日本人中间越来越受欢迎。尤其是爱喝两口的更是望眼欲穿地盼着吃蟹季节的到来。鲜稠的蟹黄配上香热的绍兴酒,堪称一绝。吃大闸蟹的季节通常在10至12月之间。上海近郊的阳澄湖、洪泽湖、太湖等地是大闸蟹的产地。根据大小的不同,一只螃蟹在市场上要卖到50—100元,在宾馆吃,更是身价飙升至3、4倍。

37. 这是一则逸闻。作家维克多·雨果给出版社寄了封信,上面只有一个问号,而回信中也只有一个感叹号。雨果用"?"询问自己书的销售状况,而出版社则用"!"表示非常畅销。

自民党旧桥本派1亿日元秘密政治捐款事件的进展却与上述逸闻中符号的使用顺序正相反。最初,发现巨额捐款时呈现在人们眼前的是令人诧异的"!",而后来原内阁官房长官村冈的无罪判决却又使人们的脑海中留下一个大大的"?"。

38. 中学校までの私は、心から笑うことができなかった。友達の会話に合わせて愛想笑いやつくり笑いしかできなかった。自分からほかの人に話しかけることも苦手で、人とのコミュニケーションもあまり上手にはできなかった。

39. 春天来了,中国大地当是百花斗艳,正在宣告季节的交替吧。日本正值樱花时节,位于亚热带的冲绳,一月份花就开开了,接着从九州、四国,很快就会传来樱花开放的信息。日本地形南北狭长,樱花从南到北依次开放,历时很长。

40. 我因工作常驻北京时,曾全家去玉渊潭公园赏花。可能是去得稍早了

一点,樱花还很少,可是公园里人群熙熙攘攘,十分热闹。《人民日报》海外版介绍说,玉渊潭公园的樱花有7种,约3 000株。可以想象,这些樱花一齐盛开的时候,一定非常美。

41. 限定吸烟区已经不是什么新鲜事了,宫崎县日向市的日向警察署也采取了这一措施。对来访者虽不是强制性的,但是室内禁止吸烟。想吸烟的警察署工作人员要到一楼与二楼的楼梯平台去吸,那里是吸烟区。不过,只有审讯室是例外,恐怕"由于这个地方有些特殊",才准许吸烟。这不难理解。

42. 长时间连续地听生硬的英语,肯定会有注意力分散的那一瞬间。于是慌了阵脚,抓耳挠腮也全不管用了。再要迎头赶上,弄清来龙去脉简直比登天还难。

43. 当我踏上傍晚那充满路灯柔和灯光的站台时,孤独便在那一瞬间袭来。仅0.1秒,还是0.01秒?总之,一只脚刚刚踏上站台,就闪现出一种异样的感觉,心里顿时"咯噔"了一下,说时迟,那时快,我已被完完全全地攥在孤独的手掌之中,这是一只又大又冷的手。

44. 本翻译中心坐落于2010年即将举办世博会、经济发展突飞猛进的国际化大都市——上海,它把现代网络信息技术应用于商务活动和日常生活中,为顾客提供综合性服务。为了赢得顾客的满意和信赖,我们将富有创意地、迅速而负责地应对顾客的每一个需求,做好顾客们商务活动,成为他们出行和日常生活的好助手。本翻译中心以诚信、先进的管理理念和完善的服务受到了众多客户的好评。

45. 在欧洲生活的时候,被用"这是因为"连贯下去的会话折腾得够呛。然而回国后发现"果然如此"用得太多。"这是因为"里有强调自己意见的成分,"果然如此"里存在想在与其他人的相通点中找到某种意义的心理活动。"果然如此"里有"正如自己想的那样","不出所料"的含义。一旦牵涉到政治,这个词就会埋下隐患。防卫费超过三兆日元,一句"果然不出所料",说得轻描淡写,一点也不惊讶。东京市中心的地价持续上涨,减税公约成为一纸空文,也是一句"果然如此",显得过于知情达理,有敢怒不敢言之嫌。

46. 早朝から柔軟運動や宙返り、長時間しゃがむ訓練や逆立ちなどの訓練がありました。特に逆立ちの訓練は、足を縛られたまま何十分もそのままでいるというもので、そのうちに頭がぼうっとしてきて鼻血が流れてきたこともありました。

47. 东横自从在东京开出第一家酒店以来,到今年已20年了。现在大约有

120家连锁酒店,据说社长的目标是在2022年之前把国内外总数发展到有(注:日语中1045是"东横"的谐音)家。疯狂地增加,总有一天要登上世界之最。这个口号听上去很空洞,与"活力门"不相上下。

48. 五花八门的广告给东京增添了一层色彩,这也许可以说是东京的一大特色吧。广告遍及每个角落,电视机里播着广告,收音机里放着广告曲,更有人站在商店门口散发着传单和优惠券。

49. 两人彼此怀着一腔相同的心事,心里想得过多,反而变得寡言少语了。总觉得前途不容乐观,于是都想互吐衷肠。当然民子比我更加感到有此必要,但是终因年幼,又是情窦初开,羞羞答答,难以启齿。

50. 日本有句谚语叫做"讲情义不仅仅有利于别人",意思是善待别人会得到相应的好报。这句话反映出日本人的"报恩"意识。

51. 我从小是看着贵公司的广告语"地球一家"长大的,该公司的贸易伙伴遍及世界各地,令人心驰神往,学生时代我就在这里勤工助学,得到贵公司的照顾。

52. 2008年北京召开奥运会、磁悬浮列车的运行、载人宇宙飞船的成功发射,中国在国际社会中的一举一动都引起世界的高度瞩目。

53. 眼睛总是充血微微泛红,看上去像喝过酒一样,可他似乎就是那种体质。虽说乍一看相貌高贵,可是又缺乏几分帅气,这大概是鼻子的缘故吧。他那鼻子虽然鼻梁挺拔,形状俊俏,可是相对整个脸盘的尺寸而言,鼻子大得比例失调,因此显得格外抢眼。

54. A:そろそろお昼だけど、どうします?
B:そうですね。時間はどうですか?
A:あまりゆっくりしていられませんね。
B:じゃ、マクドナルドにしましょうか。
A:そうですね。僕も、知らない土地では大抵マクドナルドのようなところに行くことにしています。
B:私もそうです。
A:気楽に入れますし。
B:ええ、それに値段も味も一定していますからね。
A:マニュアルには何から何まで書いてあるそうです。
B:何から何までって、例えばどんなことですか?
A:カウンターの高さは72センチ、パンの厚さは17ミリでなければいけ

ないと、決まっているそうです。

B：そんなことまで決まっているんですか？じゃ、お客さんに対する言葉遣いも決まっているでしょうね。

A：一言一句決まっているそうです。まず、注文を受けたら必ず大きい声で「ありがとうございます」と言います。

B：まあ、「ありがとうございます」は常識ですけど、大きい声でと条件がついているのが面白いですね。

55．息子：携帯電話、買い換えたいだけど。

母：このあいだ買ったのはどうしたの。

息子：調子が悪いんだよ。

母：本当？昨日私がかけたらちゃんと通じたわよ。

息子：通じるけど、メールがうまく送れないことがあるんだ。

母：しばらくたってからやり直せばいいんじゃないの？

息子：友達にはすぐ返事しなきゃいけないんだよ。

母：そんな急ぐこと？

息子：急ぐかどうかの問題じゃなくて、すぐ返事をしないのは嫌われるんだ。

母：ふうん。

息子：買ってくれないならバイドして買うよ。

母：バイド？

息子：今年は受験だからバイドしないつもりだったけど。

母：携帯電話は受験が終わってからでいいんじゃない？

息子：買ってくれないの？

母：電話代も高いし、受験料も要るし。

息子：バイドする。

母：バイドしても勉強はちゃんとしないとだめよ。

息子：それは保証できないよ。

母：そう。今晩お父さんに相談するよ。

56．青年俳優張瑜が自分の演技について語ったとき、なかなかいいことを言っていた。「私たちは『目はインクに欠けているし、顔は教養に欠けている』ので、演劇の面でもより高い境地に上るのが難しい」というようなことであった。有名な監督鄭洞天も『スターのたどった道と文化』というエッセーの

なかでもこの重要なテーマに触れた。

57. 在他晚年,笔者曾在华盛顿市的办公室里采访过他,当时已是97岁高龄的他依然颤颤巍巍地亲手给我端上咖啡,着实让人过意不去。最近在读了他的传记《麦克·曼斯菲尔德》的日译本之后,终于解开了那个咖啡之谜。

58. 关于花与国民性,西园寺先生的见解很有独到之处。细细想来,把樱花比作日本人,把牡丹比作中国人的性格特征,虽难说十分贴切,却也不算勉强。

59. 栃木县小山市发生的幼儿绑架案中,继三岁的弟弟之后,人们又找到了四岁的哥哥的遗体。思川,这是一个多么黯然神伤的名字,她汩汩流淌的河流见证了这起非常罕见的惨无人道的凶杀案。

60. 《丑小鸭》《美人鱼》《卖火柴的小女孩》……,安徒生创作了大量的传世佳作,一个个故事至今还活在全世界儿童及已经成年的人们心中。在安徒生作品独具的巨大魅力的深处可以感受到一种无尽的孤独。他出生的家庭人际关系错综复杂,想当演员的美梦成为泡影。从丑小鸭、卖火柴的小女孩等主人公的身上折射出作者小时候的孤独感。

61. 考试中如果有噪音,会分散考生的注意力。问了几所大学,说是已经和邻居们打过招呼,请大家"考试那天请控制音量"。比如与普天间机场近在咫尺的琉球大学,就已经通过防卫设施局,向美军提出了考试当天直升机以及军用飞机不飞临考场上空的请求。

62. 海外で仕事を展開する際、常に様々な問題にぶつかるが、まずは、中国と異なる各種規定や制度が一つの難関となる。そこで、経済コンサルタントである私の友人は、ずっと無償でわれわれを助けてくれ、いろいろなアイデアを出したり、私達のためにあちこち奔走したりしてくれた。彼いわく:「私は中国の東北部で十何才まで育っており、そこは私の古里である。日本が過去にやったことに、私は自分の力の及ぶ範囲で償って行きたい。微々たるものに過ぎないかもしれないが、私の気持ちである。」その素朴で誠実な言葉に胸を打たれる。

63. 站在新干线的站台看"希望号"开过时,真有一种风驰电掣的感觉。与其说是在跑不如说是在飞。有一位中国的要员曾说:"好像背后有人在用鞭子抽打追赶着。"其实真正的速度坐在车里边是不知道的。

64. これほど感無量なのは、5月1日がちょっと特別な日であるからだ。この日は、『人民日報』インターネット版の日本サイトが設立されて2年半にあたり、日本語版の創刊から1年半になる、ちょっとした記念日なのだ。各分

野の支持と協力がなければ、日本サイトと日本語版の今日の発展は想像もつかなかったことは言うまでもない。成功した理由の一つに、私達が多くの日本の友人に恵まれたことにある。

65. 言葉の学習と芸の修行で共通することは、「自ら感じること」と「経験によって身につけること」が大切だということです。教室の勉強だけで身につけられるものではありません。言葉は実際に応用しなくては身につかないし、芸は観客に見せなければ上達しません。何でもいいから興味のあることに挑戦し実践するという姿勢が必要だと思います。

66. 大学审议会勾勒了21世纪的大学形象,制定了改革方案,其中有一条就是要打造对学生毕业严格把关的"毕业难的大学"。人们历来认为日本的大学"入学难毕业容易",从而导致学生质量下降。千锤百炼,铸造有用的人才,这就是其目的所在。

67. 无论是企业还是政府机关,各个组织里都难免有内讧。于是人心中平时深藏着的罪孽便暴露无遗,有些东西简直不堪入目。

68. 人々は普通青年は人生を知らないという。だが、こういう時彼らは人生とはまさしく人生を知らぬ人間によって築かれるという大きな事実を忘れている。僕らは結婚するとき、果たして結婚生活は何かを知っているであろうか。まためいめいの職業を選んだとき、僕らは果たしてその職業が実地にどのようなものか知っていたであろうか。

69. 现在,护士紧缺在日本已成为一个大问题。除非是心甘情愿,否则便无法胜任护士这项工作。如果不是真的具有爱心热爱工作,便无法坚持下去。救护车将病人送到医院,家属大都会惊慌失措。住院时间长了,患者、家属都会提心吊胆。但是,无论在什么情况下护士都要带着笑容讲话,想方设法让对方情绪稳定下来。并且,即使是半夜,呼叫铃一响,必须敏捷地应对。无论那是件多么无聊的事情,脸上也不能露出厌烦神色。如果护士板着脸工作,病人连心理上都会患病。就是这样一种令人身心疲惫的工作,难怪愿意做护士的人寥寥无几。

70. 我身边有十几位少女就像波浪冲击下的樱蛤,不经意间投入我的怀抱,却又离我而去。有伴随我十年的,也有三个月就分道扬镳的。

71. 三四郎一动不动地凝视着池面,于是他看到有几棵大树倒映在水底,那树影底下是碧蓝的天空。

72. 我独自沿山路攀行,不禁浮想联翩。

人若过于理智,难免有欠圆滑;若率性而为,又不免过于放荡;意气用事,则又会到处碰壁。总而言之,人世难居。

73. 梅雨已过,夏日来临。澎湃的云彩涌上了蓝天,却姿态各异。有的像座城,有的像条升腾的龙,有的像张人脸。远离而去的云、支离破碎的云、挤入云层里的云……,它们就像在做打仗游戏。

74. 随着巨大的火焰团缓缓沉入地平线,云彩扩散开来,像一面屏风。其颜色在急剧地变化着,先是金黄色、紫色,接着变成了深红色。

75. 现在的苞米淡而无味,外观却颗粒整齐十分好看。昔日的那种苞米哪里去了呢?

76. 她穿着一件轻柔的带花纹的连衣裙,细白的胳膊露在外面。

77. 因为是小橡树类,树叶会变黄。树叶变黄便自然会凋落。秋雨私语,风暴怒吼。一阵狂风袭击过小山冈后,无数片树叶在高空中狂舞,宛如一群小鸟飞向远方。

78. 人民的生活越来越富裕,带动了电热气、电热毯、电视机等电器的销售,进而导致电力需求急剧增长。

79. 虽说是荒芜的杂草,但是在碧绿的山峦的映衬下,芒草穗随风摇荡。这正是日本秋季不可缺少的风景。

80. 日暮时分,晚风轻轻地吹拂着玉米叶,令人心情舒畅。尽管如此,今年夏天没吃到香甜的玉米也许是运气不佳的缘故吧。

81. 那天她想,自己太不像个大人了。为什么那么冷酷无情将一个旅途中特意来看望自己的人打发走了呢? 甚至没对他说一句发自内心的话。

82. 我不禁想询问月亮: 无法写信或无心写信的她,会不会此时此刻也在某处一边仰望明月,一边追忆嵯峨野的明月和寂庵月光皎洁的庭院呢?

83. いい友達として、何かあったとき、知らないふりをしてもいけないんだし、いい加減に扱ってもいけない。

84. この問題を解決しようと思うなら、上のリーダに頼んで解決してもらうか、直接担当している人と相談して解決する。

85. 女としては、容易なものではない。一方では、男の人と同じように働かなければならないが、一方では、家族と子供の世話をしなければならないのだ。

86. 彼の考えが甘すぎる。三日間しか休みがないのに、雲南へも行きたがっているし、杭州へも行きたがっているようだ。

87. 休みは二日間あったが、子供をつれて遊びに出かけたり、お正月の用意のため、あっちこっちへ買い物に行ったりして、ほんとに疲れた。

88. 過去にしても、現在にしても、人類の自然を愛する心は、いつまでも変わらないものだ。

89. 結婚相手を見つけるとき、向こうの家の事情を考える上で、個人の学歴や、能力などをも考えなければならない。

90. 王おばさんが紹介してくださったその女の子が淑やかで、礼儀正しくて、とても気に入っている。

91. 母は「そんな遠いところ、行きたくないわ」と言いながら、急いで旅行の用意をしていた。

92. そうしてはいけないと言っているわけではなく、やり方にはちょっと問題があるだけだと言っているにすぎない。

93. こんな大規模な工事は、一人の力では完成できることではなく、集団の智慧と力に頼らなければならない。

94. 九月の初めに学校が始まるのだ。つまり、実習についてのレポートは、あと一週間のうちに、書き終らなければならないのだ。

95. わが国では、大晦日の夜に、家族全員が集まって一緒に食事をし、そしてかならず餃子を食べなければならないという風習がある。

96. 学校には、成績もよくて、各方面も優れている学生が、奨学金を申し込むことができるという決まりが確かにあるのだ。

97. どうしたわけかしらないが、さっきまで笑っていたかと思ったら、急に泣き出してしまいました。

98. 今度の会議はとても重要ですから、スケジュールが決まったら、すぐ知らせてください。

99. 李さんは就職に失敗した上、恋人にもふられて、とても落ち込んでいる。

100. 今年から、住宅ローンに加えて、子供の学費も払わなければならないので、大変だ。

101. 雪祭りのシーズンになると、ハルビンは週末、祭日はもとより、平日も観光客でいっぱいです。

102. こんなやり方だったら、問題が解決できないばかりか、人にも嫌に思われる。

103. 彼女は独身どころか、子供を三人も持っているのだ。

104. うちの子供は、週末になると、友達と遊びに出かけるか、うちでパソコンゲームをするのだ。

105. 普通は、食堂で食べているのだから、たまにうちで一度ぐらい作ったら、おかずがまずかったり、炊いたご飯が硬かったりする。

106. 彼を見るだけでも嫌だ。彼に話しかけるよりも、むしろ壁に向いて話したほうがましだ。

107. 一日中ぶらぶらしているよりも、むしろ、忙しくて、充実した生活をするのがましだと思う人が多い。

108. おばあさんが地面に倒れているのを見て、彼は助けてあげようとしなかっただけでなく、何かあったら大変だと思って、さっさと逃げてしまった。

109. 1999年1月1日，欧洲把法郎、马克、里拉等欧洲货币统一成"欧元"。欧洲通过统一货币，进一步推动了整个欧洲市场的统一。

110. 所谓全球是指作为球体的整个地球。全球化就是打破以往对国家、地区等"纵向"的划分，全球趋于一元的走势与过程。

111. 为了后代，我们希望人类在资源、环境方面的消费能够限于循环再生的范围，同时要有推进满足现在的需求的社会发展的可持续开发的长期性开发理念。

112. 2008年的奥运会已定于北京召开、2001年中国又加入了WTO，这些都使得中国引起了世界的注目。

113. 运用信息技术、借助于网络进行的网络贸易正逐步扩大着市场规模。

114. 贸易已从以往的物资性贸易发展到向海外大量地派出律师、会计师等的服务性贸易。

115. 在日本，应届毕业生就业十分困难。这预示近几年年轻人失业问题愈加严重。

116. 如今，高中或大学毕业后，按照自己的意愿选择做自由职业者的人越来越多。

117. 据日本总务厅统计，老年人每户的平均储蓄为2 700万日元。并且还有土地、房产等实物资产。于是便出现了以这些富裕的老年人为对象的新的老年产业。

118. 目前，一种手术者不必直接接触病人的脏器、指令自动装置进行的不开刀手术已应用于临床。

119. 今后,有必要推进像太阳能发电、风力发电等新环保能源的研究。

120. 最近,很多女性两人合租一套公寓房,采取单身女子同居的形式,这与一个人生活相比既安全心里又踏实。

121. 对人和事物进行不置可否的"模糊性"评价是不好的。

122. 「ヤバイ」这个词本来表示情况糟糕或带有否定性语感,但是最近有时却作为反语用于好的方面。

123. 像我这样的工薪阶层,哪能买得起那么贵的公寓?

124. 最近,人们追求各自情趣的自我思潮日益高涨。

125. 在悉尼奥运会女子400米游泳接力赛中,获得银牌的日本选手田岛宁子接受采访时说:"没能取得金牌,真是遗憾。"她的爽快表情,代表了新时代日本人的形象。

126. 与其考虑来考虑去,还不如边干边解决。

127. 在帮助残疾人方面,志愿者起到了非常大的作用。

128. 他是个我行我素的人,经常给周围的人添麻烦。

129. 要力戒冲动型消费,特别是看到很多人在抢购或者商家搞促销时,面对一些可买可不买的物品一定要捂紧自己的钱袋。

130. 私にとって、上海は土地も人馴染みのないところですから、これから公私とも、教えていただきたいことばかりです。陳社長は生粋の上海人ですから、なにもかもお分かりでしょう。

131. 中国と日本は距離的にも近いし、外国為替レートが円高となった場合に、中国旅行と日本国内旅行の費用はあまり差がありません。それに日本ではバーゲンなどで抽選などがあって、それにあたると、無料で海外旅行ができるというケースもあります。

132. 留学生は入学手続きを取る時、宿舎サービスカウンターで寄宿契約書を作ること。それに敷金を30ドル入れること。修業期間満期になり、学校を離れる際、宿舎に備え付けた家具などが破損されていない場合、敷金を返還する。

133. 从今天开始是8月了,盛夏的会议希望能够速战速决。如果有的会议室过了1个小时空调能自动关闭,议事也多少能够紧凑一些吧。

134. "打不起电话,不妨写封信。"这是一首怀旧歌曲中的一句歌词。它入木三分地描绘出父母对生活在都市里的孩子的思念之情。孩子穷得连电话也打不起,书信比电话便宜,父母希望他们来封信报个平安。

135. 我们已经习惯于富裕和方便的生活,但是谁又能断言,当遇到社会情况的意外变动和自然现象的突变时能从容地摆脱窘境,而不为之所困呢?

136. 我充满信心地走向赛场,一心想拿冠军,可是大意失荆州,犯了低级错误,从而被对方领先,结果只得了第二名。

137. 在餐桌前坐定动筷子之前,日本人总要说一句"我开动了(itadakimasu)",公开表示接受款待的意思。这并不是因为有人招待你赴晚宴,在家里同样要说这句话,即便是一家人吃的饭菜都是你一个人做的。和熟人一起去餐厅就餐也是如此。厨师在厨房里,根本听不到你讲话,餐费也是自己付。那么究竟是向什么人致谢呢?

138. 日本人说:"那人能说会道。"其实是有点瞧不起他。我这个人算话多的,所以老被人瞧不起。可是我总喜欢西方式的表达方式,所以觉得有些事情不得不借助于语言。虽说对真正重要的内容,语言是苍白无力的,但是一旦离开了语言,许多事情人类便无法表达。

139. 假如你与别人商量某事时,京都人或大阪人回答你"让我考虑考虑"。这句话表面上的意思是"我正在考虑",其实是一种拒绝的答复,但隐隐约约地让你产生一种期待,认为对方会加以考虑,过后或许有一个令人满意的答复。事后催问下文时,对方会说:"怎么啦,这事不早就告诉你了。"因此使人大动肝火。这种表达方式或许出于对他人立场的考虑,即给予对方某种期待,以免当面伤害对方,但这的确是一种令人头痛的说法。

140. 日本全国都曾经有过非常丰饶的大自然,正是这些丰饶的大自然孕育出了世界上少有的、品种多样的动植物和地域文化。这些原本应是日本的财富和魅力所在。然而日本人却完全忽视了这些。

141. 早乙女胜元先生早年经历过60年前的东京大空袭,那是在他12岁的时候。他对大本营的告示颇有微词,告示上面提及到皇宫的安危,同时对市民的伤亡竟轻描淡写地以"其他"一词来概括。"要有'死得轻于鸿毛的觉悟',这是天皇对军人的圣谕的一节,被称作草民的老百姓的生命,简直比鸟的羽毛还要轻。"

142. 仕途上一级级地向上爬,将周边的人去分成敌我,扩大自己的势力范围。为了自己的现在和未来横冲直撞,肆意妄为,那么组织就会秩序大乱。陷入混乱的时候对职务的真正含义该幡然省悟了吧,比如想到职务是"授予之物",部下是"托管之物"。

可是人是脆弱的动物。职务是"争取而来之物",组织是我"囊中之物"这种想法有时会支配人们的头脑。如果"争取而来之物、囊中之物"的时代长此以往,总有一天会走进死胡同。

143. 半夜两点钟我正在家里写稿子。突然电话铃响了。
"叫佐久间听电话。"
这是一个不熟悉的中年男子的声音,好像醉得很厉害。
家中没有叫佐久间的人,是个打错的电话。我问:"您打哪里?"
"得了,快叫佐久间听电话。"
"废话,你小子,叫佐久间,快点!"
当时我就气不打一处来,本来打错电话就是骚扰行为,更何况哪有一上来就叫别人"你小子"的。"您喝酒了吧?是不是打错电话了?"
"没有的事,就是这儿。"
这种时候最好是先问一下他要打的电话号码,我想,在情绪激动的时候要控制一下自己,事后再发顿牢骚也不迟。实际上这个电话的主人(这里指佐久间)也是无辜的,说起来和我还是一根藤上的两个苦瓜。

144. 漓江の水は清くて、透き通っているので、その底にある砂の色まではっきりと見える。

145. 休むには及びません。我慢するのにもう慣れました。病気は大小にかかわらず、一ふんばりすれば消えてしまいます。私は「多忙」こそ万病の良薬だと気づきました。

146. 彼女はとってもきれいなのよ。笑うと二つの小さな笑窪が出てきます。

147. 毎朝起きるとすぐ子供を学校へ送らなければならない。それに、炊事、洗濯などのことも、みんな、私でやらなければならないんだ。

148. 興味は一番いい先生である。多くの、大学さえ入ったことのない人が、みんなをびっくりさせるほどの業績をとっているのだ。

149. 人在恋爱时,体内会产生出一种叫做多巴胺(Dopamine)的物质,抑制诱发人的睡眠的神经,从而使人减少睡眠时间。即使睡眠不足,也不会使你带着那眼睛下的黑圈、皮肤干巴巴地去上班。这一举推翻了"睡眠不足是美容的大敌"的普遍性法则。

150. 毋庸置疑,安全运行高于一切,不该让亲属坐在头一节车厢里,但是我想能否敦促当事人重新认识一下事关众多人命的工作的重要性,然后考虑再给他一次乘务的机会呢?昨天是勤劳感谢节,上面是我在电车驾驶室门前引发的思索。

151. 大自然诚实无比,一闻到春天的气息,春意明显渐浓。想到冬季多少能起些保温作用,便将秋季的干枯花草留在了地面,突然间显得十分杂乱。除

去干枯的花草一看，发现地面上已纷纷露出了新芽。

152. 今回の君の不始末は気が付かなかったことにするから、二度とやってはいけませんよ。

153. 世の中のことで、難しいと易しいの違いがあるだろうか。やってみれば難しいことも易しくなる。やってみなければ、易しいことも難しくなる。人が学問を志すのに、難しいと易しいの違いがあるだろうか。学べば、難しいことも易しくなる。学ばねば、易しいものも難しくなる。

154. 口に言おうとすることを文章に書くべきであり、口には出さないようなことを文章に書くべきではない。文章を書くのは決して奇妙きてれつな話を見つけて紙に書くことではなく、話したいことを文字で書き出すだけのことである。

155. 三人の日本人が商売をすると、今回はお前が儲けろ、そのかわり、次は俺、という調子でやる。中国人が商売すると、お前が五十元で売るなら、俺は四十元で売る。お前が三十元で売るなら、俺は二十元だ、とお互いに足を引っ張り合う。

156. 中国にはこんな諺がある。
「一人の坊さんがいれば、二桶の水を担いでくる。二人の坊さんがいれば、二人で一桶の水を担いでくる。三人の坊さんがいれば、飲み水は一滴も手に入らない。」
人間が多くても何の役にも立たない。彼らは根本的に協力の重要性を理解していないのだろう。

157. ほかの人はエアロビクスをやればやるほど痩せるのに、あなたはやればやるほど、ふくよかになるんだね。

158. 「現在の若者ときたら、全く腰が落着かないな。気まぐれにやってきたかと思うと、さっと出ていっちゃうんだから。」

159. 「人生浮き草のごとし」という古い言葉がある。口語では「いい加減にゆきあったりばったりの生活をする」ということになる。しかし、この言葉はつかみどころのない文句であり、役立たずの言葉だ。我々はどこに住んでいようと、その場所に根を下ろすべきである。

160. 食欲为人类三大欲望之一。单拿食文化来说，中国人可说是"欲壑难填"。我常常想，从人类研究的意义上说，这真是一个难以穷尽的高深莫测的最有趣的民族。

参考答案

161. 听人说,和不喜欢的人一起进餐,螃蟹为上选。掰开蟹腿取肉等很是麻烦,把劲儿都用在了吃上,可以不必多和对方废话。螃蟹属于凉性食物,吃多了会闹肚子。

162. 我想写的感想有两个方面。第一个方面是"心心相通",这是和很多中国的高中生交流的过程中感受最深的。他们情况不一,其中有会说英语的,有会说日语的,也有两样都不会只能用中文交流的,但因为都是同龄人的缘故吧,一见面就成了好朋友。有说不通的地方就在纸上写汉字,通过各种方法,我们之间总能够沟通思想,以微笑进行交流。

163. 从前,我曾作过"包围"美军基地尝试。不过,所谓"包围"也就我一个人,一步步不停地走着。我从大门出发,沿着围墙外的路走。可是走啊走围墙老没个完。我走了近3小时,终于酷暑难当放弃了"包围"的念头。一看地图,我所走过的还不到基地外围的一半。

164. 一人一人みんなが地面に蛇を描き、先に描き終わった者にこの酒を飲ませることにしよう。

165. 外国語っていうのは、習うより慣れろ、なんだよ。泳ぎと同じさ。まず水の中に入ってみるべきなんだ。プールの横でどう泳ぐのかを研究するなんてムダだね。考えれば考えるほど分からなくなる。これが僕のやり方だ。

166. どちらかと言えば、私は活動的なほうではなく、何事につけても自分の意見を述べるのはあまり好きではありませんし、言わずに済むことはなるべく言わないようにしています。

167. 「小金持ち」はしばしば合弁企業に出入りし、外人の間をウロチョロしている。ホワイトカラーの前ではちょっとくすんで見えるが、ブルーカラーの前なら立派なホワイトカラーに見えるつもりだ。社会的な地位はどっちつかず、収入は高からず低からず。

168. 本屋(さん)の入口や露店の古本屋さんの前では、父は人がいくら多くても押し分けて行こうとし、しかも、本をひっくり返し始めると必ず一時間以上も立ちつくし、まるですっかり私を忘れてしまい、私が迷子になることをもう心配しないかの様子だった。

169. 「三人寄れば文殊の知恵」と言いますが、これはつまり、人民大衆は偉大な創造力を持っているということである。

170. 然而,这种方案在教学一线的大学教师中间的反响未必能说好。当然也有人赞成,但是,批判的呼声要高得多。他们认为如果不能毕业的留级学生

一旦增多,不仅教室不够用,教师也会捉襟见肘。若大幅度扩招,学校就无法正常运营。也就是说在现实中,这种方法并不能实现。

171. 消化納涼のため、同好の士を数人集めて茶を味わいつつ世間話に興じるのも楽しい事ある。ある日ふと原稿料の事に話が至り、某君が戯れに言った。「この頃は文章を書くより元宵を売るほうがましだな。」別の某君が即妙に応じた。「奥方に勧めて元宵を売らせ、貴君が文章をものす一助としてはいかが?」そこで互いに顔をほころばせて笑った。

172. 日本人特别关心天气,这绝非偶然,而是日本人独特的风土使然。关于这一点,将日本的气象与世界各国的气象比较一下,就非常清楚了。人们也许认为在日本生长的日本人,由于从小就养成了关心天气的习惯,这是理所当然的,实际上并非如此。从气象学来看,日本在世界上也算是罕见的地区。例如,梅雨除了在日本以及中国的长江流域能见到以外,在其他国家是看不到的;每年都造访的台风,无论强度上还是次数上都数世界第一。另外,冬天的日本海岸是世界上为数不多的大雪地带。季节变化大也是一大特征,而且降雨又多,这些因素与多山的地形一起,共同构成了风光明媚的日本风土。

173. 依赖于大企业,承包加工业——这恐怕就是以往我们心目中中小企业的形象吧。然而,日本人的生活富裕之后,消费者的追求发生了质的变化,从而拓宽了中小企业的用武之地。例如,人们希望标新立异(需求多样化),追求新款式(短周期化)等,但拥有大规模设备的大企业却难以满足人们的上述需求。因而中小企业的灵活性和创造性便得以充分发挥。现在,在电子等领域,有不少中小企业努力开拓自己独特的产品,在世界范围内,其商品的市场占有率已高达50%以上。这样,大企业势必要低下头去购买中小企业的产品。这与以往承包大企业的部分加工这一形象已截然不同了。另外,在出口海外的产品中,有40%以上是中小企业制造的。即使说中小企业支撑着日本经济也不过分吧。

174. 尽管日本近年来西方化了,但依然是一个贵族式社会。人们每一次寒暄,每一次相互接触,都必须表示出双方社会距离的性质和程度。日本人像许多太平洋上的民族一样拥有"敬语",在使用时还伴有适当的鞠躬和跪拜。所有这些动作都有严格的规矩和惯例。不仅要懂得向谁鞠躬,还必须懂得鞠躬的程度。一个日本人必须学习在哪种场合该行哪种礼,而且从孩提时代起就得学习。鞠躬并不是徒具形式,它意味着:鞠躬的人原打算自己处理某件事,现在则承认对方有权随心所欲地加以干预;受礼的一方也承认要承担与其地位相应的某种责任。以性别、辈分以及长嗣继承等为基础的等级制是家庭生活的核心。

175. 道路昏暗，虫声四起，四周的水坑映现着垂暮的残照。左右两侧是稻田，稻穗随着带几分湿气的微风在摇曳。包围着幽暗的稻浪滚滚的稻田及低垂的稻穗，失去了白昼果实累累的辉煌，倒像无数丧魂落魄的植物的聚会。悦子绕着农村特有的、寂寞而无意义的弯曲道路，来到小河畔的小径上。小河与小径之间是一片连绵不断的竹林。从这地方到长冈因盛产孟宗竹而闻名。悦子跨过木桥，从原先是佃户的人家前面走过，穿过枫树和果树丛，再登上被茶树篱笆围着的迂回而上的台阶，到了尽头处，便是杉本家的旁门。

176. 对于日本人的一些习惯或作法，外国留学生有时会觉得很正当，而有时却认为很烦琐，"均摊文化"即为其中之一。不少留学生在同日本学生的交流中或者通过打工等亲身经历对日本人的"均摊文化"很感惊讶。

那么，日本人是怀着什么样的心情与他人均摊某项费用的呢？是出于不愿支付他人的费用，认为只要付清自己所消费的部分即可这种吝啬而又合乎道理的想法吗？不，我想绝不是如此。事实上，在一些餐馆或是咖啡厅的收款台前，我们也经常目睹顾客之间互相争着要付款的情形。这正是日本人出于"不能让对方花钱"、"今天得由我来"这种心情而互相主张要自己付款的。

但是，不言而喻，像这种"主张"以及"互相客套"的做法会令人精神上很疲劳。为了使人际关系长久地维持下去，人们认为最好的办法是在这一问题上双方"不必费心"，基于这种思想，"均摊文化"才得以在人们之间渗透吧。乍一看，"均摊文化"的习惯似乎很冷漠、吝啬，但是在了解它所产生的背景后发现，这种习惯或许与日本人的"和睦之心"有关。

177. 恐怕在日本的外国人没有不被日本人的"表面"和"真心"所困惑的。"表面"和"真心"是大和民族特有的表现艺术。前者是表面文章，后者是真心所在，要说两者之间的差距有时具有天壤之别都绝不言过。如何透过"表面"准确地抓住"真心"是日本人从小训练的积累，绝非我们外国人轻易可以掌握的。总而言之，在日常生活中对不直截了当地表达自己意思的日本人所言之事，单纯从字面上去理解的话，那是十分危险的。

绝大多数的外国人在日本都经历过升学或就职的面试。这里有个经验之谈：如果考官当面竭尽全力夸奖你，毫无疑问结果多半是落选。

我个人就有过不得要领的教训：有一天，我对自己的衬裙花边暴露在外毫无察觉。日本朋友便对我说"好漂亮的花边呀"。我错将这话理解成是赞扬话而得意洋洋起来，却全然不知是在提醒我。事过几年了，每当回想起来都为自己的迟钝而脸红。